WTO와 FTA로 살펴보는

국제무역질서의 이해

WTO와 FTA로 살펴보는 국제무역질서의 이해

박 영 기 지음

자유무역은 18세기 아담 스미스가 국제 분업에 따른 무역의 이익을 규명한 이래 모든 나라의 후생을 극대화시킬 수 있는 이상적인 무역정책으로 신봉되어 왔다. 자유무역이론은 완전경쟁과 생산요소의 완전 이동 등 고전학파의 가정 하에서 가격 기능이 가지고 있는 효율성에 그 근거를 두고 있다.

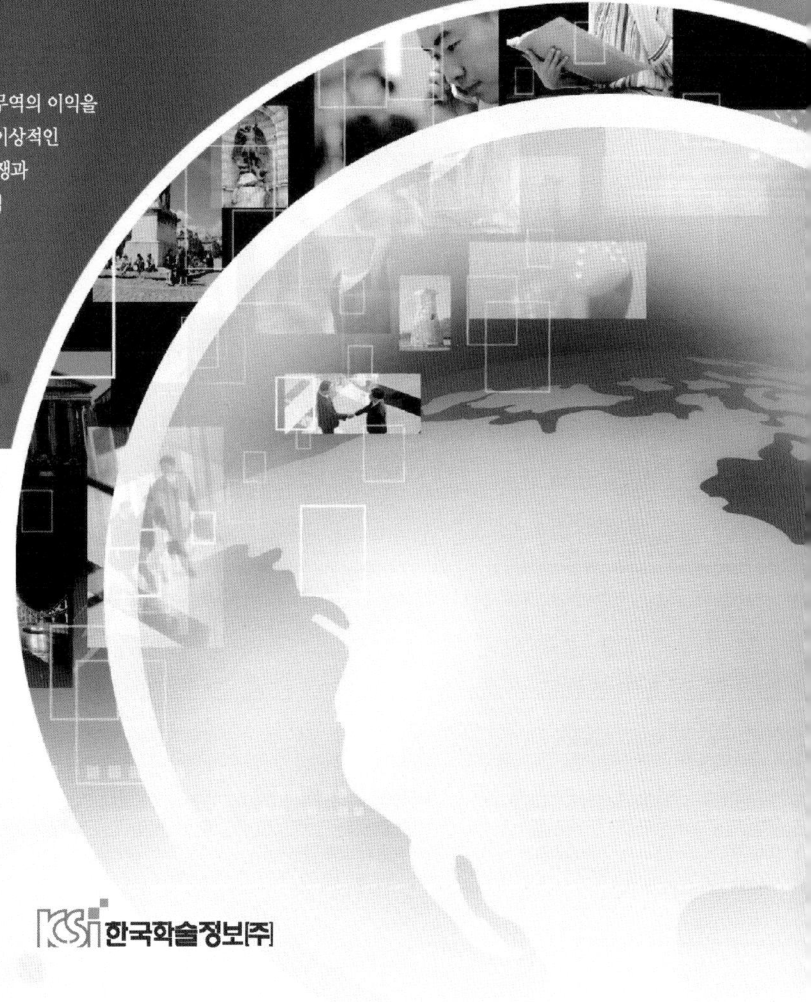

KSI 한국학술정보[주]

차례목록

제 1 장 무역장벽의 이해 / 11

제 2 장 WTO와 국제무역질서 / 39

제 3 장 WTO 국제규범과 무역질서 / 81

제 5 장 국제무역기업의 불공정무역 행위와 무역구제제도 / 181

제 6 장 WTO의 무역구제제도 / 199

제 7 장 한국의 무역구제제도 / 235

제 8 장 WTO 국제무역분쟁해결제도 / 275

제 1 장

무역장벽의 이해

무역장벽의 기초 개념 ①

무역장벽의 수단 ②

무역장벽의 정치경제학 측면 ③

■■■ 제 1 절

무역장벽의 기초 개념

자유무역은 18세기 아담 스미스가 국제 분업에 따른 무역의 이익을 규명한 이래 모든 나라의 후생을 극대화시킬 수 있는 이상적인 무역정책으로 신봉되어 왔다. 자유무역이론은 완전경쟁과 생산요소의 완전 이동 등 고전학파의 가정하에서 가격기능이 가지고 있는 효율성에 그 근거를 두고 있다. 즉 각국이 비교우위에 따라 국제 분업을 통하여 자유무역을 하게 되면 생산부문에서 생산요소의 효율적인 배분이 가능해져 효율성이 증대하기 때문에 주어진 자원과 생산기술하에서 자유무역은 모든 나라의 후생을 극대화시키게 된다는 것이다.

이러한 아담 스미스의 자유무역의 효과는 시장의 가격기능에 의해서 발생되기 때문에 가격을 왜곡시키는 조치, 즉 관세 등 보호주의적인 무역정책은 자원의 효율적인 배분을 저해하여 생산 및 소비부문에서 효율성을 저하시키고 그에 따라 보호조치를 취한 국가는 물론 세계적으로도 후생이 감소하게 된다는 점을 지적하고 있다. 따라서 아담 스미스의 자유무역이론에 의하면 어떤 국가가 특정산업의 보호 등 특정한 정책목표를 달성하기 위하여 시행하는 보호무역은 그 나라 또는 세계경제 차원에서 항상 효율성 저하라는 비용을 수반하게 되므로 정당화될 수 없다는 점을 강조하고 있다.

그러나 이러한 전통적인 자유무역주의는 자유무역이 가진 많은 이점이 있음에도 불구하고 오늘날까지 많은 논란의 대상이 되고 있다. 특히 자유무역이 교역당사국에 미치는 효과가 각국의 시장 환경에 따라 각기 다를 수 있고 전략적 선택, 안보 및 국방과 같은 비경제적 정책목표가 우선적으로 추구되어야 할 경우에는 오늘날 대부분의 국가들이 자유무역의 이점을 인정하면서도 완전한 자유무역보다는 제한적 무역이 더 바람직스럽다는 관점에서 여러 가지 형태의 무역제한 조치를 시행하고 있다.[1)]

1. 무역장벽에 대한 중상주의적 인식

무역은 각국의 경제적 후생을 증진시킨다는 무역이론의 결론을 현실경제에 비추어 보면 상당히 비현실적으로 보인다. 우선 어느 나라를 막론하고 재화와 서비스가 자유롭게 이동하는 것을 막는 여러 가지의 무역장벽이 존재하고 있다. 관세, 수입쿼터, 자율적 수출규제, 부품 국산화율규제 등은 우리에게 낯익은 용어들이다. 그리고 무역이 각국의 경제적 후생을 증진시킨다면 각국은 서로 자국시장을 개방해서 외국으로부터의 수입을 증가시키기 위해서 노력할 것이고, 일방적 무역시장 개방을 적극적으로 추진할 것이다. 그러나 각국의 무역협상에서 주된 과제는 항상 어떻게 하면 외국으로부터의 수입을 줄이고 외국시장에 대한 자국의 수출을 증가시킬 것인가 하는 측면에 노력이 집중되고 있다. 이에 따라 역설적으로 교과서에는 흔히 무역의 두드러진 특성 가운데 하나로 무역에 대한 국가의 간섭을 지적하고 있다. 즉 세계 어느 나라를 막론하고 무역에 대한 규제를 하지 않는 나라가 없다고 해도 과언이 아니다. 그러면 왜 이런 간섭이 존재하는가?

무역규제가 존재하는 단순한 이유는 일반 대중들이 가지고 있는 무역에 대한 인식에서 찾아볼 수 있다. 무역에 대한 가장 오래된 사고인 중상주의적 사고는 사람

1) 박형래, 국제무역환경의 이해, pp.43－61, 박형래・박영기, 국제경제와 무역의 이해, pp.100－122.

들의 상식적 판단으로 자연스럽게 자리잡고 있다. 즉 무역은 국부를 증가시키는 수단으로 사용되어야 한다는 것이다. 그리고 개인의 경우 돈 많은 사람을 부자라고 하는 것처럼 국가의 경우는 국부를 그 나라가 보유하고 있는 국제적으로 통용될 수 있는 돈, 즉 금·은 등의 귀금속 또는 외화로 파악할 수 있는데 국부를 증가시키기 위해서는 수출을 증가시켜야 하고 수입을 억제해야 한다는 것이다. 따라서 수출은 선이고 수입은 악으로 인식되며 이에 따라 정부의 무역에 대한 정책은 어떻게 하면 외국에 수출을 많이 하고 반면에 외국으로부터의 수입을 억제할 수 있는가 하는 측면에서 수립되고 집행되어야 한다. 이와 같은 입장에서 보면 수입을 억제하기 위한, 그리고 수출을 장려하기 위한 여러 가지 정책수단을 강구하는 것이 국가의 당연한 정책이 될 수 있다는 것이다.

2. 무역장벽의 기초이론

1) 유치산업보호론

유치산업보호론(Infant Industry Argument)이란 자국의 산업이 외국과의 경쟁을 극복하고 경쟁국들이 누리는 정도의 시장 확보를 위해서 무엇보다 보조금, 장려금 등의 지급과 같은 유인제도를 실시하고, 또 고율의 관세와 같은 수입제한조치를 채택하여 국내 유치산업을 보호해야 한다는 것인데 이에 따라 국내 유치산업은 조속한 기간 내에 육성될 수 있고 나아가 외국의 산업과 같이 낮은 생산비용으로 경쟁할 수 있게 된다는 것을 주장하는 이론이다.

유치산업의 근거는 다음과 같은 것에서 찾을 수 있다. 첫째는 일정 기간의 보호를 통한 생산의 증가는 규모의 경제효과를 달성할 수 있다는 것이다. 둘째는 생산

경험의 축적을 통한 비용의 감소나 원가의 감소를 가져와 국제경쟁력을 향상시킬 수 있다는 것이다. 셋째는 산업보호과정에서 특정산업의 지원조치는 후발기업 혹은 타 산업에 유익한 외부경제효과를 발생시키기 때문에 이들 산업을 보호할 필요성이 있다는 것이다. 이와 같은 근거로 유치산업을 일정 기간 보호하게 되면 이 산업은 국제시장에서 가격경쟁력을 확보할 수 있으며, 일단 가격경쟁력이 확보되면 유치산업을 보호하는 과정에서 발생할 수 있는 보호비용은 국내산업발전과 무역을 통한 경제적 이익으로 보상받을 수 있게 된다는 것이다.

그러나 한편으로는 다음과 같은 문제점도 존재한다. 첫째는 과연 어떤 산업을 유치산업으로 선정할 것인가의 문제이다. 즉 국내에 있는 수많은 산업 중에서 과연 일정 기간의 보호 후에 국제 경쟁력을 확보할 수 있는 산업을 어떻게 판정할 수 있는가 하는 것이다. 둘째, 일단 유치산업을 선정하였다고 하더라도 과연 어느 기간 동안 보호하여야 하는가라는 보호 기간의 선택문제이다. 일단 선정된 산업을 보호한 이후 몇 년간 지원하여야 하며, 언제 보호를 중단할 것인가를 결정하는 것이 어려우며, 잘못 판단한다면 이러한 보호 기간이 장기화될 수 있다는 부정적인 효과가 존재한다는 것이다. 셋째, 산업보호를 위하여 어떤 정책을 활용할 것인가가 중요하다. 예를 들어 관세를 통하여 보호하기로 하였다면 이는 국내소비가격의 상승을 통한 소비 측면의 왜곡을 가져옴으로써 오히려 경제적 손실을 가중시킬 수가 있다. 따라서 국내경제에 미치는 효과를 최소화하는 정책수단의 선택이 필요하다.[2)]

2) 외부경제효과

특정 재화의 생산에 외부경제효과가 존재하는 경우에는 이들 산업부문을 보호하기 위한 무역정책이 필요하다. 외부경제효과란 특정 산업부문에서 발전된 지식이나 생산기술이 다른 산업 분야의 생산성 증가나 경제적 효율을 증가시키는 데 기여할 수 있는 경우를 말하며, 이때 특정산업이 타 산업에 대하여 외부경제효과가

2) 이장로 · 문희철, 무역개론, pp.60－61.

있다고 한다.

예를 들어 공산품 생산에서 얻은 지식과 기술개발이 농업기계화의 발달을 통한 농업생산성의 증가를 유도한다면 공업부문이 외부경제효과가 있다는 것이며 이들 외부경제유발 산업에 대해서는 국가적인 차원에서 지원해 주는 정책수립이 필요하다는 것이다. 왜냐하면, 이들 공업부문의 발전과정에 투입된 비용이 농업부문의 산업발전에 기여한 부문에 대해서는 농업부문이 공업부문에 보상을 해 주어야 하지만 현실경제에서는 이것이 불가능하기에 정부 차원에서 이들 외부경제 유발산업에 대해서 지원해 주는 것이 바람직하다는 것이다.

3) 전략적 무역정책

세계 전체적인 측면에서 소수의 독과점적 구조를 갖는 산업 분야는 어느 기업이 독과점적인 위치를 차지하느냐에 따라 초과이윤을 통한 막대한 이윤을 얻을 수 있는 기회가 존재하게 된다. 이들 산업 분야는 규모의 경제를 실현하기 위하여 필요한 생산설비가 대규모이며, 기술개발의 위험이 높으며 산업발전에 따른 외부경제효과가 큰 산업으로서 주로 특수한 군수장비나 항공기, 전기통신, 인공위성과 관련된 산업이라 할 수 있다. 이들 산업 분야에서 있어서는 각국 정부들이 가능하다면 정부의 직접적인 개입을 통하여 이러한 초과이윤을 자국 기업에게 돌아오도록 노력하게 된다는 것이다. 즉 각국 정부들은 전략적 무역정책수단들을 활용함으로써 자국 기업이 타국 기업과의 경쟁에서 우위에 설 수 있는 기반을 마련해 준다는 점에서 기존 무역정책들과는 달리 전략적 무역정책이라 말한다. 정부의 개입수단은 수출보조금의 지급이나 수입규제정책, 그리고 정부와 산업 간의 협동계획 등이 있다.

이와 같은 전략적 무역정책들의 문제점은 다음과 같은 것들이 있다. 첫째, 한 국가가 이러한 정책을 효과적으로 수행하기 위해서는 방대한 정보를 필요로 하며, 이를 위해서는 많은 비용과 시간이 소요된다. 둘째, 한 국가가 무역정책을 실시하였다면 이 산업과 연관된 다른 국가에서의 보복위험성이 있다. 셋째, WTO 규정에 따른다면 특정 산업에 전략적으로 지급되는 모든 생산보조금과 수출보조금은 전면적으로 금지되어 있어 현실적으로 이러한 정책을 사용하기에는 많은 제한이 따른다는 점이다.

4) 비경제적 목표를 성취하기 위한 요인

기타 보호무역의 이론적 근거로는 자국의 국방상의 문제나 문화적·사회적 가치 유지 문제 등을 들 수 있다. 국방상의 원인으로는 한 나라의 군사력을 유지하기 위하여 꼭 필요한 산업, 특히 국가 안보와 관련된 방위산업 등을 보호해야 한다는 것이다. 그리고 사회·문화적 원인으로는 자국의 전통적인 가치관이나 생활양식을 보호하기 위한 해외의 문화적 상품의 무분별한 수입을 규제해야 한다는 것이다.

■■■ 제 2 절

무역장벽의 수단

역사적으로 볼 때 대부분의 국가에서 가장 일반적으로 널리 사용되어 온 대외무역장벽의 수단은 관세(Tariff)와 수량규제(Quota: Quantitative Restriction)를 들 수 있다. 관세란 교역되는 상품이 국경을 통과할 때 부과되는 조세 또는 징수금을 말하며, 수량규제란 수입상품이나 수출상품의 수량에 대해서 정부당국이 직접적으로 제한하는 것을 말한다.

이러한 전통적인 무역장벽 수단 중 수량규제는 1948년 GATT 체제하에서 그 사용이 크게 제한되었고, 관세도 그동안 여러 번에 걸친 다자간 무역협상을 통하여 모든 국가에서 현저하게 하향 조정되었다. 더구나 대부분의 선진국에서는 관세양허를 하였기 때문에 한 번 하향 조정된 관세는 특별한 경우 이외에는 다시 올릴 수가 없게 되었다. 그 결과 세계경제는 제2차 세계대전 이후 1973년 1차 오일쇼크가 일어나기 전까지만 해도 역사상 유례없는 속도의 무역규모의 확대를 경험하였다.

그러나 1차 오일쇼크 이후 세계경제가 침체를 거듭하면서 미국을 비롯한 몇몇 선진국 내에서는 보호주의 압력이 크게 증대되었지만 GATT 체제하에서는 관세나 수량규제와 같은 전통적 수입규제수단의 사용이 여의치 못하였기 때문에 이들 나라에서는 갖가지 비관세장벽(NTB: Non－Tariff Barriers)에 의한 수단이 급속히 확산되었다. 그 대표적인 예로 소위 수출자율규제(VER: Voluntary Export Restraints), 시장질서유지협정(OMA: Orderly Market Agreements)과 같이 GATT 체제를 회피하여 무역당사국 간의 협상에 의한 수량규제가 있고, 반덤핑관세(Anti－Dumping

Duties) 및 상계관세(Countervailing Duties)와 같이 GATT 체제에서 허용되는 수단이지만 이를 보호주의 수단으로 남용하는 경우가 있다. 그 밖에 행정규제, 복잡한 통관절차, 엄격한 안전 및 위생에 대한 검사제도, 그리고 심지어 수입품에 불리한 국내유통제도와 같은 비공식적인 비관세장벽이 있다.

한편 수출규제의 수단으로는 수출세(Export Duties)나 수량규제가 흔히 사용되고 또 수출 진흥을 위한 수단으로는 수출활동에 대한 보조금제도(Export Subsidy)가 널리 사용되어 왔다. 본 절에서는 다양한 무역장벽에 대한 특성을 간략하게 살펴보기로 한다.

1. 관세장벽

관세는 세계 2차대전 후 GATT가 설립된 이래 여러 차례에 걸친 다자간 협정을 통하여 대폭 인하되었는데, 특히 오늘날 선진국들의 경우 공산품에 대한 무역제한 수단으로서 관세의 중요성이 떨어지고 있다. 그러나 이와는 대조적으로 비관세장벽을 비롯한 기타 무역장벽이 오히려 선진국들에 의해서 강화되고 있다.

관세를 국내 산업의 보호조치수단으로 사용할 경우 국내법뿐만 아니라 국제적 규범에 의해 엄격히 통제되고 제한적 범위 내에서의 사용만이 허가되고 있는 데 반해 비관세조치를 보호정책수단으로 사용하는 경우에는 산업별 혹은 국가별로 선별적이고 차별적으로 적용할 수 있다. 뿐만 아니라 GATT와 WTO 규정 자체가 모호하거나 완전한 절차를 규정하고 있지 않기 때문에 비관세조치는 국제적 규범에 위배되지 않는 것처럼 보일 수 있다. 현실적으로 WTO 체제가 지향하는 목표가 지속적인 관세인하를 통해 국간 무관세를 달성하는 것에 있으므로 각국은 산업보호를 위한 손쉬운 방법으로 관세보다 비관세조치를 보호수단으로 사용하는 것이 일반화되어 있다.

관세는 한 국가의 국경선을 통과하는 상품에 부과하는 세금으로 수출품과 수입품에 모두 부과될 수 있다. 그러나 실제에 있어서는 수입품에 부과되는 수입관세[3]가 중요하다. 수입관세에 수입품의 가격에 대하여 일정비율로 부과하는 종가세(Ad Valorem Duty)와 수량을 과세기준으로 하는 종량세(Specific Duty), 그리고 이들을 결합한 복합세(Compound Duty) 등이 있다.

1) 관세의 기능

① 재정수입원으로서의 기능

수입거래는 국내의 상품매매를 상회하는 조세력을 가졌으며, 화폐가 충분히 발달하지 못한 상태에서 직접세를 징수하는 데 어려움이 많고, 국경선에서 쉽게 파악할 수 있는 수입품에 관세를 부과하여 재원을 조달하는 것이 기술적으로 편리하여 과거에는 관세가 국가의 재원으로서 중요한 지위를 점하였다. 그러나 오늘날 경제교류가 활발하게 전개되고 화폐경제가 발달하는 한편, 경제성장에 따른 국가의 재정규모가 커짐에 따라 재원조달수단으로서의 관세의 기능을 점점 적어지게 되었다. 이와 같이 국가재정의 조달을 위하여 부과하는 관세를 재정관세[4]라 한다.

---

3) 경제적 가치(economic value)가 있는 모든 유체물을 수입할 때 부과되는 관세를 수입세라고 하며, 수입세는 국회를 통과한 관세율표(tariff schedule)에 의하여 부과된다. 이 관세율표에는 국제간에 이동이 가능한 물품은 모두 다 망라하고 있으며, 물품의 분류는 1988년 1월 1일부터는 새로운 국제품목 분류기준인 조화제도(harmonized system: HS)에 따르도록 되어 있다. 이 관세율표에 무세품이건 유세품이건 모두 열거하고 있는 경우를 관세포괄주의라고 하며, 무세품을 열거하지 않는 경우를 관세면제주의라고 하는데, 우리나라는 관세포괄주의를 채택하고 있다.

4) 재정관세(revenue tariff, financial dutics)란 정부의 재정수입 확보를 위해 무역거래 상품에 부과되는 관세를 말한다. 이를 세입관세 또는 수입관세라고도 하며, 재정관세는 국내 소비세와 동일한 성격을 가지고 있으며 주로 재정수입을 목적으로 부과된다.

② 국내 산업보호로서의 기능

관세를 부과하는 주목적으로 중요한 관세기능이라 할 수 있다. 수입상품은 관세를 부담함에 따라 국내에서 생산된 상품에 비하여 가격경쟁력이 상대적으로 약하게 된다. 여기서 국내산업보호라는 기능이 발생한다. 이와 같이 산업보호를 위하여 부과하는 관세를 보호관세라 한다. 이러한 보호관세에는 개발도상국의 대부분의 산업은 기술수준이 낮아 국제경쟁력이 약한 유치산업을 보호, 육성할 목적으로 부과하는 관세, 즉 공업화, 산업화를 추진하기 위해서 부과되는 관세인 육성관세와 선진국의 경우에 생산효율의 저하로 경쟁력을 잃은 기존의 약세산업을 보호하기 위해 부과하는 관세인 유지관세가 있다.

2) 관세부과의 경제적 효과

관세는 무역정책 가운데서도 가장 중요한 정책수단이라 할 수 있다. 무역거래에 대한 정부의 간섭은 무역량, 가격, 생산, 소비를 변화시키게 된다. 또한 자원을 재분배하고, 소득을 재분배시킬 뿐만 아니라 고용과 국제수지에도 영향을 미치고 있다. 관세의 부과로 나타나는 효과는 다양하겠지만 킨들버거의 이론에 근거하여 관세부과의 경제적 효과를 생산증대효과, 소비감소효과, 재정수입효과, 후생 재분배효과, 고용효과, 소득효과, 국제수지 개선효과, 교역조건 개선효과 등으로 나누어 설명할 수 있다.

① 생산증대효과

수입상품에 관세가 부과됨으로 인하여 해당 수입상품의 국내수입가격을 상승시킬 뿐만 아니라 국내생산 가격을 상승시키게 되어 생산자는 국내생산을 증가시키려 할 것이다. 이러한 효과를 관세부과로 인한 생산효과라 한다. 일정한 관세의 부과로 나타나는 생산효과의 크기는 국내의 수요 및 공급곡선의 기울기와 탄력성, 즉 가격변화에 따른 수요 및 공급변화의 정도에 달려 있다.

② 소비감소효과

관세의 부과는 해당 국내소비자에게는 불리하게 작용한다. 왜냐하면 관세가 부과된 만큼의 가격을 더 지불해야 하기 때문이다. 가격상승으로 인하여 결국 소비자의 수입상품에 대한 수요가 감소하는 효과를 발생시키게 된다. 이를 해당 수입상품에 대한 관세부과로 발생하게 되는 소비감소효과라 한다.

③ 재정수입효과

관세는 정부에서 부과하는 것으로 국고로 귀속된다. 즉 관세부과 후 정부의 재정수입이 증가하게 되는데 이를 재정수입효과라고 한다. 재정수입은 관세부과 후 수입량에 관세율만큼 곱한 것으로 그만큼 정부의 재정수입은 증가하게 된다.

④ 후생 재분배효과

관세의 부과는 소비자에게는 후생의 감소를 가져오지만 생산자에게는 후생의 증가를 가져올 뿐만 아니라 정부의 재정수입도 증가한다. 이와 같이 수입국 내 소비자의 후생은 관세부과로 감소하지만 이 감소분의 일부분은 생산자와 정부로 전환되는 이러한 효과를 재분배효과라 한다.

⑤ 고용효과

관세부과에 의한 생산효과로서 생산자는 국내생산을 증가시킬 수 있게 된다. 고용효과라는 것은 관세의 부과로 국내에서의 생산량이 증가되기 때문에 국내에서의 실업이 있을 경우에는 이 증가분을 생산하기 위해서 노동, 자본 등의 생산요소를 추가로 투입하여야 하기 때문에 그만큼 고용의 증대효과가 발생한다.

⑥ 소득효과

수입상품에 대한 관세의 부과는 결국 해당 상품의 국내가격을 상승시키므로 소비자는 수입품 대신 국산품을 구입할 것이다. 결과적으로 수입은 감소하고, 해당 상품을 생산하는 국내의 기업은 생산을 증대시킬 것이다. 생산의 증대는 곧 고용창출을 유발하며, 고용의 증대는 소득의 증가를 가져오게 된다.

⑦ 국제수지 개선효과

국제수지효과는 관세의 부과로 인하여 생산에서는 해당 상품의 국내생산 증가와 소비 면에서의 수입감소가 발생하게 되어 결국 수입의 감소분만큼 국제수지 측면에서 개선의 효과로 나타나게 된다.

⑧ 교역조건 개선효과

관세부과는 수입국의 국내가격을 상승시키는 반면 상대국의 수출가격을 인하시킨다. 만일 관세부과의 일부분을 수출국이 부담한다면 수입국은 그만큼 유리한 거래를 하게 되어 교역조건이 개선될 수 있다. 교역조건 효과는 관세를 부과하면 관세부과국의 교역조건이 개선되고 교역상대국의 교역조건이 악화되는 것을 말한다.

2. 비관세장벽[5)]

1) 비관세장벽의 유형

비관세장벽(NTB: Non-Tariff Barriers)이란 국제무역을 저해하는 관세 이외의 모든 무역정책의 수단을 의미한다. 비관세장벽에는 무역을 직접적으로 제한하는 것을 목적으로 하는 비관세장벽, 예를 들어 수량제한, 수입허가제, 각종 수입과징금 및 외환할당 등과 간접적으로 무역제한효과를 갖는 수입규제 조치 예를 들어, 보건위생규정 또는 내국세제도 등으로 크게 구분할 수 있다.

GATT는 <표 1-1>에서 보는 바와 같이 비관세장벽을 수입규제 방법에 따라 정부관여, 세관 및 행정상의 수입절차, 수입품 및 국내제품에 대한 기준, 수입 및 수출에 관한 특정제한, 가격 메커니즘에 의한 수출입규제, 기타 유형으로 가격 이외의 규제로 구분하여 분류하고 있다.

5) 이장로・문희철의 무역개론 pp.70-71 참조.

〈표 1-1〉 GATT의 비관세장벽 분류표

규제유형	세부 규제조치
1. 정부관여	① 정부원조 ② 국가무역 ③ 정부조달 ④ 정부독점업무
2. 세관 및 행정상의 수입절차	① 상계관세 ② 덤핑방지관세 ③ 관세평가 ④ 관세분류 및 주석(註釋)상의 통일 ⑤ 영사수속 ⑥ 원산지증명 ⑦ 자의적 관세품목분류 ⑧ 견본요구 ⑨ 재수입 및 재수출에 대한 관세환급 ⑩ 구비서류 요구
3. 수입품 및 구제품에 관한 기준	① 제조기준 ② 보건 및 안전규정 ③ 계량표준에 따른 규정 ④ 제약기준에 따른 규정 ⑤ 함량규정 ⑥ 상품 및 용기규정 ⑦ 가공규정 ⑧ 원산지표시에 관한 규정 ⑨ 포장에 관한 규정
4. 수입 및 수출에 관한 특정제한	① 수량제한 ② 수입금지 ③ 수입허가제도 ④ 외환관리제도 ⑤ 양국 간 협정에 의한 차별규제 ⑥ 반출지에 따른 규정 ⑦ 수출규제 ⑧ 최저가격규제 ⑨ 관세할당제 ⑩ 최저 · 최고가격규제

규제유형	세부 규제조치
5. 가격메커니즘에 의한 수출입규제	① 수입담보 ② 과징금 · 항만세 · 통계세 등 ③ 차별적 내국소비세, 정부규제를 받는 보험요율, 사용세 ④ 차별적 차관규제 ⑤ 영사수수료 ⑥ 인지세 ⑦ 가변과징금 ⑧ 국경세조정
6. 기타 가격 이외 면에서 의 규제	① 광고선전 및 운송규제 ② 상영시간 규제 ③ 지방관서에 의한 함량규제 ④ 제한적 영업관행

2) 비관세장벽의 특성

① 효과측정의 곤란성

비관세장벽은 유형에 따라 그 영향이 미치는 품목범위가 다르고 어떤 유형은 시간에 따라 극히 유동적이어서 관계 당국의 판단에 따라 실시되거나 혹은 외부에는 모습을 나타내지 않고 은밀히 적용되는 유형도 있다. 대부분의 경우 자료의 이용 가능성이 현실적으로 제한되어 있기 때문에 비관세장벽의 무역 제한적 효과를 종합적으로 또는 개별 품목별로 계량화하여 측정하는 것은 어렵다.

② 복잡성

일반적으로 선진국에 있어서 비관세장벽의 적용 및 운영은 매우 복잡하다. 어떤 유형은 처음부터 법률로서 제정되기도 하지만 어떤 유형의 것은 통일적이고 체계적인 조정을 통하지 않고 여러 행정기관의 정책에서 파생되므로 각 유형은 성질이 다양하다. 이러한 측면 때문에 선진제국은 보호목적을 위해 관세보다는 비관세장벽을 보호무역 수단으로 손쉽게 사용하는데, 그 이유는 최소한 공공연한 논란과 엄격한 조사를 회피할 수 있기 때문이다.

③ 불확실성

비관세장벽의 또 하나의 특성으로서는 정보부족 및 변칙적인 제도의 운영으로 인한 그 실효효과의 불확실성을 들 수 있다. 즉 수출업자는 활용할 수 있는 관련정보가 부족한 상태에서 자신들의 수출에 미치는 영향이나 정도를 정확하게 판단하는 것이 어렵다는 것이다. 또한 수입국의 무역정책은 수출국에 아무런 통고 없이 수시로 변경될 가능성을 항시 내포하기 때문에 수출업자로서는 상당한 무역장벽으로 작용할 수 있다.

④ 차별적 적용

비관세장벽이 무역에 미치는 영향은 선진국이나 개도국에 대해 명목상으로는 무차별적인 것처럼 보이지만 실제로는 개발도상국에 상당히 불리하게 작용함으로써 비관세장벽 문제는 선진국의 경우보다는 개도국에 더 불리한 영향을 미친다.

⑤ 협상의 곤란성

비관세장벽은 앞에서 설명한 제반 특성 때문에 상호 간의 양허 정도를 비교하여 이를 균일화시킬 수 있는 지표의 설정이 불가능하고, 또한 비관세장벽에 대한 일정한 기준이 없으므로 설사 정부 간에 협상이 되더라도 그것이 곧 비관세장벽의 철폐를 보장해 줄 수 없기 때문에 비관세장벽의 완화 또는 제거를 위한 협상을 하는 데는 많은 문제점이 있다.

3) 주요 비관세장벽

① 수입할당제

수입할당제는 가장 명백하고 쉽게 확인할 수 있는 비관세장벽으로 수입품의 가격에는 상관없이 수입국 시장으로 유입되는 상품에 대해 일정 기간 수입량에 대한 직접적인 한도를 지정함으로써 수입량을 제한하는 조치를 말한다.

가. 일방적 할당제(Unilateral Quota)

수입국이 쿼터량을 배정함에 있어 수입 상대국들과 협의를 거치지 않고 일방적으로 수입 할당량을 정하는 방식을 말한다.

나. 쌍무적 할당제(Bilateral Quota)

쌍무적 할당제는 다자간 할당제(Multilateral Quota)라고도 하는데 이는 수량제한을 실시하는 국가가 교역상대국과의 사전 협의를 거쳐 쿼터 할당량을 정하는 방식을 말한다. 구체적으로는 수입국과 수출국 양국의 정부, 상사, 산업단체, 상공회의소 등이 사전에 협의를 하여 할당에 관한 국제협정 또는 사적 협정을 체결함으로써 할당량을 결정하게 된다. 그런데 이러한 쌍무적 할당제에서 사적 협정에 의한 협의는 정부의 승인을 얻어야만 확정되고 정부 간에 이루어진 협정은 정부에 의해 직접 수출업자에게 할당량이 배분되는 것이 아니라 민간의 이익단체로 하여금 배분하게 하는 것이 통례이다. 여기에는 총량할당제(Global Quota)와 배정할당제(Allocated Quota)의 방식이 있다.

총량할당제(Global Quota)는 수입할당총량만을 정하고 수출상대국은 지정하지 않고 모든 국가로부터 일정 기간, 일정 한도에서 특정상품의 수입량 또는 수입액을 제한하는 제도를 말한다. 이 제도의 적용 시 쿼터의 배분은 대부분 선착순으로 부여하게 되어 있으나 과거의 수출실적 또는 쿼터량을 기준으로 배분되는 것이 통례이므로 새로운 수출국에는 매우 불리한 제도가 될 수 있다. 이에 대하여 배정할당제(Allocated Quota)는 수입량을 관련 수출국들에게 일정한 기준에 따라 배정하는 제도이다.

다. 수출자율규제(VER: Voluntary Export Restraints)

일부 국가에 대한 특정 상품의 수출급증으로 수입제한이 필요하게 되었으나 관세율인상이나 수입할당제의 실시가 국제적으로 제한되어 있기 때문에 수출국이 수입국의 제한조치를 회피하기 위하여 수출하는 상품수량을 자율적으로 제한하는 조치를 말한다. 이는 교역상대국의 입장에서 볼 때 사실상 수입할당제의 실시와 다를 바 없는 수량제한의 효과를 가지며 수출국의 지도하에 양국 간 내지는 다수국 간의 협정에 의해 실시되고 있다. 그러므로 수출국이 자율적으로 수출을 규제한 것이라고는 볼 수 없으며 수입국의 요구가 반영된 규제라 할 수 있다.

라. 시장질서유지협정(OMA: Orderly Marketing Arrangement)

시장질서유지협정은 수입국의 시장교란을 방지하기 위하여 상호 간 협정에 따라 수출국이 특정상품의 수출을 자발적으로 제한한다는 점에서 수출자율규제와 거의 같은 수입규제조치라고 할 수 있다. 다만 시장질서유지협정은 양국 정부 간 공식적인 통상조약(통상협정)인 데 비하여 수출자율규제는 양국 정부 간이나 일국 정부와 외국의 관련산업계 간 또는 양국의 관련산업계 간의 비공식적·암묵적으로 조정된 협의(Arrangement)이다. 따라서 수출국이 협정한도를 초과하여 수출한 경우 수출자율규제하에서는 수출국이 자동적으로 규제조치를 취하나 시장질서유지협정은 수입국이 자동적으로 규제조치를 취할 수 있기 때문에 수출자율규제보다는 시장질서협정이 더 엄격한 수입제한 조치라고 할 수 있다.

마. 수입허가제(Import License System) 및 수입담보제(Advance Deposit Requirements)

수입허가제도가 수입제한수단으로 사용되는 경우는 그것이 지나치게 복잡하고 불편하여 수입업자들로 하여금 수입허가권의 취득을 포기하거나 주저하게 함으로써 수입이 제한되도록 만드는 결과를 가져오는 경우이다. 그리고 수입담보금제도는 수입대금의 전부 또는 일부를 사전에 관계금융기관에 대가의 지불 없이 예치하도록 하는 제도로서 이는 수입업자의 입장에서 금리부담 등 자금상의 압박요인을 제공하여 역시 수입을 억제하게 하는 결과를 가져오게 된다.

③ 국영무역(State Trading)

국영무역은 국영기업이나 국가에 의하여 배타적 특권(Exclusive Privilege)을 부여받은 사기업이 소비대중이 사용할 재화나 용역의 구매 및 판매활동을 행하는 것을 말한다. 국가기관이 수입행위과정에서 특정물품에 대한 수입대상지역(국가) 등에 정책적인 배려를 함으로써 임의 차별수입을 하는 경우가 많으며 자의적인 조치를 통하여 직접적인 수입제한을 가하는 것이 상례이다. 또한 국영무역은 국내시장 상황에 따라서 수입량을 임의로 조정하여 수입품의 가격을 조절함으로써 국내공급자를 부당하게 보호하고 수입을 제한하기도 한다. 따라서 이러한 형태의 국영무역은 수출국의 무역 장애요인이 되고 있는데 계획경제체제하의 사회주의 국가에서는 거의 모두 이를 실시하고 있으며 시장경제체제하의 일부 국가도 어느 정도는 국영무역을 하고 있다.

④ 국산품사용의무 및 수출제한(Domestic Content Regulations)

국산품사용의무는 한 상품의 국내 부가가치율을 일정 수준 이상으로 제고시킴으로써 동종 수입품에 대한 국내의 수입경쟁자에게 일정수준 이상의 시장셰어를 확보해 주며, 수입중간재 및 원자재에 대한 가공공정을 보장해 주기 위한 목적으로 실시된다. 이것은 국내의 원재료 및 반가공원료 공급자에게 외국의 수입원자재와의 경쟁력을 제고시키는 효과가 있기도 한다.

한편 수출제한은 첫째, 일국의 원자재나 반제품이 수출되어 고도의 가공공정을 거친 후 재수입되는 현상을 방지하기 위하여 둘째, 장기적인 면에서의 이익확보나 비상시 국가안전에 대비할 수 있도록 천연자원을 보전하기 위하여 셋째, 상대수출국으로 하여금 국내에서 가장 민감한 반응을 보이는 관심품목을 생산할 수 없도록 하거나, 상대 수출국에 경제적 타격을 주기 위하여 수출국이 자국의 수출을 제한하는 조치를 말한다. 구체적으로는 일부 선진국에서 노동집약적 산업의 특정원자재나 반제품이 저임금국가인 개발도상국에 수출되어 가공공정을 거친 후 재수출되어 국내 농송제품시장에 침투함으로써 국내 생산자를 위협하는 사태를 방지하기 위하여 수출에 제한을 가하는 것 등이 있다.

⑤ 반덤핑관세(Anti-Dumping Duties)

수출국이 자국 수출을 증대시키기 위하여 정상가격 이하로 수출함으로써 수입국 산업이 손해를 입거나 또는 그 우려가 있는 경우, 그 부당염매액을 상쇄하기 위하여 수입국이 정기관세 외에 추가로 부과하는 관세를 말한다. 그런데 여기서 정상가격의 판단기준으로서는 첫째, 수출국의 소비용 동종상품의 통상적인 상거래에서 비교 가능한 가격 둘째, 전기한 가격이 없을 경우 제3국에 수출되는 동종상품의 통상거래에서 비교 가능한 최고가격 또는 원산국에서의 생산비에 합리적인 판매비 및 이윤을 가산한 가격 등을 설정하고 있다.

반덤핑관세의 부과는 덤핑행위로 인해서 수입국의 국내산업이 불공정하게(Unfairly) 피해를 입는 것을 막기 위해 정당화되는 것이라고 할 수 있다. 그러나 실제로는 반덤핑관세가 이미 경쟁력을 잃은 국내산업을 보호하기 위한 수단으로 남용될 수 있는 가능성은 항상 존재할 수 있다. 이러한 반덤핑관세 부과의 남용을 비롯한 여러 가지 문제들이 다자간 무역협상들에서 논의되어 왔으며, 그 결과 반덤핑관세의 부과요건을 강화시킨 반덤핑규약(Anti-Dumping Code)이 다자간 무역협상에서 채택되었다.

⑥ 상계관세(Countervailing Duties)

많은 국가들이 자국의 수출증대를 위하여 수출산업에 보조금을 지급하고 있는데, 이는 수출보조금이 지급되면 수출산업의 경쟁력이 강화되어 수출이 증대되기 때문이다. 그러나 수출국의 수출증대는 수입국의 수입증가를 의미하며 이에 따라 수입국의 수입경쟁산업이 피해를 받을 경우가 발생한다. 이러한 경우 수입국은 덤핑의 경우와 마찬가지로 먼저 문제의 수입상품이 수출국 내에서 보조금지급을 받았는지의 여부를 조사하여 보조금을 지급받은 것으로 확인되고, 다음으로 그것이 관련 국내산업에 중대한 피해를 주는 요인이 된다고 판단되는 경우 그 수출보조금에 해당하는 금액만큼의 관세를 부과할 수 있는데 이때 부과되는 관세를 상계관세라 한다.

⑦ 수입경쟁산업에의 보조금

보조금은 그 성격상 다양한 모습을 띠고 있어 일의적으로 정의하기 어려우나 일반적으로는 일국의 수출소득지원 또는 가격지원 등을 통하여 직접·간접으로 자국제품의 수출을 증가시키거나 수입을 감소시킬 목적으로 정부가 지급하는 모든 형태의 지원금을 말한다.

보조금은 조세 측면, 금융 측면, 그리고 기타의 보조금으로 크게 구분할 수 있다. 조세 측면에는 조세경감, 조세유예, 조세환불, 조세특별감면 등이 있으며, 재정·금융 면에서는 특별금융지원, 투자지원, 수출인센티브, 금융상의 저리의 신용제공, 수출신용보증제도 및 기타 운임할인 등이 있다.

이러한 보조금지급행위는 첫째 국내 소비자 또는 국민의 부담을 통하여 이루어지므로 국민을 희생시키게 되며, 둘째 상대국의 대응조치가 따를 때에 세계무역은 더욱 위축되며 보호무역주의가 더욱 심화될 수 있다.

⑧ 기준 및 규격 및 품질에 관한 국내규정

많은 국가들이 자국제품이 충족해야 할 보건 및 안전기준, 계량기준, 함량기준, 원산지, 포장규정, 그리고 기술규격 등을 국내법에 규정하고 있다. 그런데 이들 국내규정은 상대적으로 국내공급업자들에게 유리하고 외국의 공급업자들에게 불리한 경우가 많다. 따라서 이 국내규정들을 수입상품에 적용할 때에 이들이 실질적으로 수입장벽으로 이용될 수가 있다. 이와 같이 실질적인 수입장벽으로 작용하는 여러 가지 형태의 국내규정들을 포괄하여 무역에 대한 기술적 장벽이라고 하는 비관세장벽이다. 이와 같은 국내규정을 통한 수입제한행위는 다자간 무역협정 내의 기술적 무역장벽에 대한 규약(Technical Barriers to Trade Code)에 의해 규제를 받고 있다.

한편 보건 및 후생기준은 더욱 까다롭다. 대개의 국가들은 모든 음식물에 첨가제를 사용하는 것을 일절 금하고 있다. 또한 수출되기 전에 견본으로는 통관이 안되고 반드시 실제로 수입된 상품 중에서 견본을 뽑아 시험을 한다. 이러한 시험은 전부 전문 연구소에서 이루어지기 때문에 결과적으로 수출비용을 상승시키고, 또

사전에 수입통관 여부를 확신할 수 없기 때문에 불안요소가 될 수 있으며 이와 같은 비용상승과 불안요소가 국제무역을 저해하는 비관세장벽 요인이 된다.

⑨ 통관 및 행정절차

관세의 부과는 그 관련 상품의 수출가격과 그에 적용되는 관세율에 따라 결정된다. 수출가격에는 일반적으로 송장가격(Invoice Price)이 적용되는데, 그것은 송장가격이 실제의 거래가격으로 간주되기 때문이다. 그러나 만일 세관공무원이 송장가격 자체의 진실성에 의문을 가지게 되는 경우, 자국 내에서 그와 유사한 상품의 시장가격을 대신 적용하는 경우가 있다.

그리고 적용될 관세율을 정하는 데 있어서도 문제가 발생될 수 있는데, 즉 어느 나라의 관세율표도 수입되는 모든 상품을 다 포함하여 상품별로 관세율을 정할 수가 없으므로 유사한 제품들을 일정한 기준에 따라 분류하여 그에 대한 관세율을 정하고 있다. 따라서 특정의 수입품이 어떻게 분류되는가에 따라 관세율의 적용이 달라질 수 있다. 이는 일반적으로 세관원의 재량에 의해서 이루어지는데, 만일 어떠한 상품의 분류가 부당하게 이루어져 높은 관세를 부담해야 할 경우가 발생하면 수입업자는 궁극적으로 법적 구제에 호소할 수밖에 없으며, 이는 많은 시간과 비용을 필요로 하므로 수입을 주저하게 되어 결국 수입이 억제되는 결과를 초래하게 된다. 한편 관세평가와 분류의 문제는 다자간 무역협정 내의 관세평가에 관한 규약(Customs Valuation Code)의 적용을 받고 있다.

제 3 절

무역장벽의 정치경제학 측면

무역은 무역으로부터 이득을 보는 사람뿐만 아니라 손실을 보는 사람도 만든다. 이러한 시각이 현대 세계경제에서 실제 무역정책을 결정하는 과정을 이해하는 데 매우 중요하다. 여기에서는 무역정책의 정치경제학적인 측면을 간단하게 설명하고자 한다.

무역정책을 바라보는 데는 두 가지 시각이 있다. 첫째, 목표를 수립하면 어떠한 정책을 수행하는 것이 바람직한가? 과연 무엇이 최적무역정책인가? 둘째, 정부는 실제로 어떤 정책을 수행할 것인가? 무역으로 인한 소득분배효과는 이들 물음에 결정적인 요소라 할 수 있다.

정부가 전체 국가의 후생을 극대화하기를 원한다고 가정하자. 만약 모든 사람이 소득과 취미 면에서 서로 같다면 정부는 가능한 개인의 후생을 증가시킬 수 있는 정책들을 선택하기가 쉬울 것이므로 동질적인 경제에서 자유무역정책은 정부의 목표를 확실히 달성시켜 줄 수 있을 것이다. 그렇지만 국민들이 서로 다른 소득과 선호를 갖는 경우 모두에게 만족을 주는 정부정책은 쉽게 도출되기 어렵다. 어떤 보호정책을 선택할 때 그 정책으로 인해 손해 보는 집단과 이익을 보는 집단이 항상 공존하게 된다. 이때 정부는 손실을 당하는 사람들에 대해서 무역으로부터 이득을 얻는 사람들과의 이해관계를 조정하고 정책의 효율성을 평가하여야 한다.

예를 들어 우리나라 정부가 자국의 시장을 완전히 개방해야 하는 WTO에 가입함으로써 자유무역정책을 더욱 가속화시킨 결과 농업부문의 종사자는 자유무역으로 인해 손해를 보겠지만 공산품을 수출하는 기업들은 무역자유화로 큰 이익을 얻을 수 있게 된다. 이러한 정부의 정책에 대해 농업 종사자들은 자유무역조치가 자신들에게 피해를 주는 해악적인 조치로 평가하고 적극적으로 반대하는 입장을 취할 것이다.

한 집단이 다른 집단보다 더 중시되는 이유는 여러 가지 있겠지만 가장 중요한 이유 중의 하나는 어떤 집단이 상대적으로 빈곤하여 특별한 대우를 해 줄 필요가 있는 경우이다. 예를 들면, 미국정부가 부과한 무역제재 조치가 의복과 신발가격을 인상시키지만, 이들 산업 내의 노동자들이 타 산업에 비해 저임금을 받고 있으므로 국민들은 의복과 신발에 대한 수입제한 조치를 동의하고 있다. 미국 정부는 부유한 소비자가 담당할 손실보다 신발과 의복산업에 있는 저임금 노동자들이 얻는 이득을 더 중요시하므로 미국 일반대중들은 이들 산업에 대한 수입제한조치를 별로 큰 문제로 생각하지 않고 있다.

그러면 무역은 저소득층을 해치지 않을 때만 허용해야 하는가라는 문제가 제기된다. 그러나 어떤 경제학자도 여기에는 동의하지 않을 것이다. 무역의 소득분배기능에 대한 중요성에도 불구하고 대부분의 경제학자들은 자유무역을 강하게 선호하고 있다. 경제학자들이 일반적으로 무역의 소득분배효과를 강조하지 않는 몇 가지 중요한 이유가 있다.

첫째, 소득분배효과는 국제무역에만 있는 특수한 문제가 아니라는 점이다. 기술진보, 소비자 기호의 변화, 자원의 고갈 및 새로운 자원의 발견 등과 같은 국가경제에서 발생하는 모든 변화들이 소득분배에 영향을 준다. 만약 경제 내의 모든 변화가 소득분배효과를 고려한 후에만 허용된다면 경제적인 진보는 소득분배로 인해 쉽게 소멸될 수 있을 것이다.

둘째, 무역을 금지하는 것보다 무역을 허용하여 무역에 의해 손실을 본 사람들에게 보상해 주는 방안이 더 바람직할 수 있다. 현대 산업국가들은 무역에 의해 피해를 본 집단의 손실을 보상해 줄 수 있는 여러 종류의 소득지원 방안을 갖고 있는데, 예를 들면 재취업교육비, 산업구조조정 지원비 등의 지원조치를 생각할 수 있다. 경제학자들은 이러한 보상계획이 적절하다고 느끼며 무역을 제한하기보다는 보상을 강화하는 방안이 바른 접근 방식이라고 주장하고 있다.

셋째, 무역의 증가로부터 손실을 보는 사람들은 이득을 보는 사람들에 비해 전통적으로 잘 조직화되어 있다. 이러한 조직상의 불균형은 피해를 본 집단에게 무게를 더 주도록 정치적으로 편중되기 마련이다. 경제학자들은 전통적으로 국가 전체의 이득을 지적하면서 자유무역을 강하게 지지하고 있지만 손실을 당한 사람들은 자신들의 불만을 대중들에게 강하게 표현한다. 대부분의 국가들에게 있어서 무역제한을 원하는 사람만큼 강하게 로비할 것이라고 기대할지 모르지만 그러한 경우는 거의 드물다. 대부분의 국가들에서 무역제한을 원하는 사람들은 무역 확대를 원하는 사람들보다 정치적으로 더 큰 영향력을 갖고 있다. 전형적으로 특정제품에서 무역의 이득을 보는 사람보다 손실을 보는 사람들이 더 집중되어 있고 많은 정보를 가지고 있으면서 잘 조직화되어 있는 것이 일반적이다.

따라서 경제학자들은 불평등한 소득분배에 대한 무역의 효과는 인정하지만 국가 내의 특정 집단에게 발생할 수 있는 손실보다 무역으로부터 얻는 잠재적 이득을 강조하는 것이 더 중요하다고 믿고 있다. 그렇지만 이해집단 간의 갈등이 첨예하게 대립될 경우, 경제정책을 결정하는 데 결정적인 목소리를 내는 집단은 결코 경제학자들이 아니며 조직화되어 정치력을 발휘하는 집단들이 될 가능성이 많으며 경제정책이 이들에 의해 영향을 받게 되면 경제적 논리는 뒷전이고 정치적 논리가 우선시되는 우를 범하기 쉽다는 점이다.

두 집단 간의 이러한 대조는 미국의 설탕산업의 예에서 극명하게 나타남을 알 수 있다. 미국은 과거 오랜 기간 동안 설탕수입을 제한하였다. 현재 미국시장에서 설탕가격은 세계시장가격의 두 배 정도 수준이었다. 대부분의 연구에서 설탕수입제한조치가 미국소비자에게 1년에 약 20억 불 정도, 즉 모든 남녀 및 어린아이에게 1년에 8불 정도의 손해를 끼쳤다고 주장하고 있다. 설탕생산자의 이득은 아마 20억 불의 절반 이하로 추정되고 있다. 만약 생산자와 소비자가 똑같이 자신들의 이해를 표출할 수 있다면 이러한 수입제한 정책은 결코 제정되지 않았을 것이다. 그렇지만 소비자 각자는 절대치로 보았을 때 거의 피해를 보지 않는 것으로 나타났다. 1년에 8불은 큰돈이 아니다. 더구나 설탕을 직접 구입하기보다 다른 식품의 원료로 사용되기 때문에 대부분의 피해는 숨겨져 있다. 그래서 소비자들은 설탕에 수입할당제도가 존재하며, 이러한 수입제한조치가 자신들의 소득수준을 낮추고 있나는 사실조차 모르고 있다. 만약 소비자들이 이러한 사실을 인식할지라도 8불이라는 손실은 항의를 조직화시키고 국회의원에게 편지를 쓸 정도로 큰돈이 아니다.

설탕생산업자의 입장은 아주 다르다. 평균적인 설탕생산자는 수입할당제도로부터 1년에 수천 혹은 수만 불의 이득을 보았다. 더구나 설탕생산자들은 설탕생산자의 정치적 이해를 적극적으로 도와줄 관련협회와 정치가들을 통해 잘 조직화되어 있다. 그래서 설탕수입에 대한 설탕생산업자들은 효과적으로 불만을 크게 표현하고 있다. 설탕산업에서 수입제한조치의 정치경제학은 국제무역에서 일종의 극단적인 정치적 과정이라고 볼 수 있다. 이제까지의 세계무역의 흐름을 살펴볼 때 세계무역이 점진적으로 자유로워졌다는 사실은 자유무역에 반대하는 정치적인 성향을 제어하는 특별한 정치, 경제적 환경에 의해서만 가능하였다는 사실이다.

제 2 장

WTO와 국제무역질서

■■■ 제 1 절

GATT 체제하의 국제무역질서

1. GATT의 설립배경

세계 각국은 1929년의 세계대공황을 전후하여 자국산업의 보호 및 육성을 위하여 여타국의 수출을 억제하는 정책을 취하게 되었다. 이로 인하여 세계경제의 경기침체 및 국제무역질서가 붕괴되기에 이르고 전 세계가 무역전쟁에 휘말리게 되었다. 이와 같은 혼란 속에서도 국제무역질서를 회복하려는 노력이 없었던 것은 아니나 결실을 보지 못하였다.

또한 경기침체가 장기화되자 각국은 경기침체를 방어하기 위한 수단으로 보호무역을 강화하는 한편 국내산업의 활성화를 위하여 관세인상, 수입수량제한 등과 같은 일련의 보호무역조치를 시행하였다.

이와 같은 배타적이고 폐쇄적인 세계경제가 제2차 세계대전의 주요 원인이라는 단정을 내렸고 세계의 평화를 지속적으로 유지하기 위해서는 세계 각국의 경제번영이 이룩되어야 한다는 것을 인식하게 되었다. 이러한 인식하에서 범세계적인 차원에서 각국이 협력하고 국제무역을 자유롭고 활발하게 하기 위한 움직임이 연합국을 중심으로 세계 제2차대전 중에 대두되었고, 대전 종식을 앞두고 통화와 투자 및 무역문제를 처리하기 위한 국제기구의 설립문제를 검토하게 되었다.

이러한 노력의 결과 1944년 브레튼우즈협정[6]에 의해서 2차 세계대전 후의 새로운 국제경제질서의 구조가 조정되어 IMF(국제통화기금)와 IBRD(국제부흥개발은행, 일명 '세계은행')이 1945년 말에 발족됨으로써[7] 금융 면에서 국제경제 협력이 추진되는 성과를 거두었으나 무역에 관한 국제기구를 설립하려는 노력은 순조롭게 진전되지 않았다.

GATT의 설립은 미국과 UN이 주도하였는데 미국은 1945년 11월에 '세계무역 및 고용의 확대에 관한 제안'을 발표하였다. 이 제안은 세계무역에 대한 국제협정을 체결하고 '국제무역기구(ITO)'라는 새로운 국제기구를 설립하여 이를 통해서 국제적인 상품의 교류와 분배에 대한 장벽을 제거하고 고용 및 소비의 증대를 도모하려는 의도를 표명한 것이었다. 미국의 제안에 근거를 두어 1946년 2월 국제무역기구 헌장 작성과 관세인하 협상을 추진하기 위한 국제회의, 즉 '국제무역 및 고용에 관한 회의'[8]에서 동 원칙이 처음 결의되었으며 그 후 2차에 걸친 예비회담 끝에 1948년 23개국이 모인 하바나회의[9]에서 '국제무역기구 설립에 관한 헌장'(ITO헌장, 일명 하바나헌장(Havana Charter)라고 한다)이 채택되었다.

한편 미국은 ITO구상의 발표와 함께 관세의 상호 인하를 제창하고, 1947년 제네바회의[10]에서 미국·영국·프랑스 등 23개국이 참가한 관세교섭이 진행되었고 그 결과 1948년 1월 1일에 발효한 것이 관세 및 무역에 관한 일반협정(GATT)[11]

---

6) 1944년 미국의 브레튼우즈에서 열린 연합국 통화금융회의에서 채택된 국제금융기구에 관한 협정을 말한다.

7) 1944년 7월 브레튼우즈협정에 따라 설립된 것으로 국제통화기금(IMF)은 국제수지가 일시적인 불균형에 처한 나라에 자금을 제공해 국제통화제도의 안정을 도모하는 목적으로 설립되었고 세계은행(IBRD)은 제2차 세계대전으로 파괴된 가맹국 경제의 부흥과 개발도상국의 경제발전을 위한 장기융자가 기본 설립목적이다.

8) 이 회의 결과 GATT 설립준비위원회가 구성되었고, 준비위원회는 1946년부터 1948년 사이에 GATT 및 ITO헌장 작성을 위해 1946년 9월에 개최된 런던회의(GATT 제정 필요성 합의), 1947년 1월 20일부터 2월 25일까지 개최된 뉴욕회의(GATT 초안 작성 및 GATT의 ITO 부속협정으로 합의), 1947년 4월 10일 개최된 제네바회의, 1947년 11월 21일부터 1948년 3월 24일까지 개최된 하바나회의 등 4차례의 회의를 개최하였다.

9) 하바나회의는 UN주관으로 1947년 11월 21일부터 1948년 3월 24일까지 쿠바의 하바나에서 개최된 회의로 공식명칭은 'UN Conference on Trade and Employment'로 되어 있다.

10) 제네바회의는 ITO헌장 제정의 완결 및 관세의 상호인하 협상을 개시하기 위한 목적으로 1947년 4월 10일부터 개최된 회의로서 회의결과 ITO헌장이 완성되었고 이를 각국 정부는 의회의 비준을 받아 확정시킬 예정이었다.

이다. 원래 GATT는 ITO 헌장 중 통상정책에 관한 부분의 협정으로서 작성되고 ITO 헌장 아래서 관세교섭 부분을 취급하는 보조기관으로서의 역할을 수행할 예정이었다.

그러나 국제무역기구(ITO: International Trade Organization) 설립에 관한 하바나헌장(Havana Charter)은 국제무역을 규율하는 데 있어서 너무나 엄격하였을 뿐만 아니라 이상에 치우쳐 있다는 참가국의 비난과 함께 각국의 비준을 얻지 못하였고 특히 미국은 ITO 설립이 통상문제에 대한 입법부의 고유권한을 제약시킨다는 미국 의회의 부정적 태도를 인식한 미국 행정부가 1950년 12월 ITO헌장의 비준요청을 미국 의회에 제출하지 않기로 발표함에 따라 ITO 설립은 완전히 무산되고 말았다.

이렇듯 GATT는 설립 당시부터 필요한 행정적인 기능은 ITO에 의해 수행될 것을 전제로 하고 있었기 때문에 GATT는 별도의 하나의 국제기구로 고려될 수 없었다. 그러나 ITO 설립의 실패로 GATT는 설립목적과는 다르게 발전하여 국제기구로서의 중요한 모든 특성을 갖추어 역할을 수행하여 온 것이다. 즉 하바나헌장의 발효와 국제무역기구 설립까지의 연결고리 역할을 할 것으로 기대되었던 GATT는 엄격한 규율과 이상에 치우친 하바나헌장의 폐기로 인하여 잠정적용협정으로서 GATT가 발효되었던 1948년 1월 1일을 기하여 세계무역의 기본규범으로서 출발하게 된 것이다. 이에 따라 1954년 10월부터 1955년 3월까지 개최된 제9차 GATT총회에서는 하바나회의 결과로 수정된 ITO헌장의 주요 부문이 GATT협정에 도입되었고, GATT는 ITO가 수행하기로 되어 있었던 국제무역기구로서의 역할도 수행하게 되었다.

---

11) 제네바회의에서 ITO헌장에 대한 각국의 비준이 늦어지자 23개 참가국 중 벨기에, 네덜란드, 룩셈부르크, 영국, 프랑스, 미국, 캐나다, 호주 등 8개국은 GATT협정이라도 성립시키기 위하여 잠정적용의정서(Protocol of Provisional Application)를 1947년 10월 30일에 채택하였고 이 잠정적용협정은 1948년 1월 1일부터 발효되었다. 이렇게 탄생된 GATT는 당초의 의도대로 ITO의 부속협정으로 태어나지 못하고 잠정협정 형식으로 출범되었다.

2. GATT의 목적과 역할

GATT는 국제무역규범으로서 사실상의 국제기구로서의 역할을 수행하며 국제무역에 지대한 영향을 미쳤다. 즉 일련의 무역혜택과 원칙을 제시하는 GATT규범은 국제무역의 총체적인 기본질서를 규율하였으며, 우루과이라운드를 포함하여 8차례에 걸친 다자간 무역협상을 통하여 세계무역의 확대에 크게 공헌하였다.

GATT의 목적은 관세 및 비관세 분야에 있어서 첫째, 상호 양허의 원칙, 둘째, 최혜국대우(MFN: Most－Favoured－Nation Treatment)의 원칙, 셋째, 국내세(Internal Taxation) 및 국내규범(Regulation)에 있어서의 내국민대우(National Treatment)의 원칙, 넷째, 무차별(Non－discrimination)원칙 등에 기하여 세계무역의 확대·생활수준의 향상, 완전고용 유지, 자원의 완전한 이용을 달성하는 것이었다.

이러한 GATT의 목적에 비추어 볼 때 그 역할은 다음과 같다. 첫째, 관세 및 기타의 무역장벽을 감축 또는 철폐하기 위한 장(場)을 제공하는 것이다. 1947년 4월 스위스 제네바에서 개최된 1차 협상을 시작으로 제6차 케네디라운드, 제7차 동경라운드 등의 다자간 무역협상을 통하여 공산품에 있어서의 관세인하가 행해졌으며, 특히 동경라운드에서는 비관세장벽에 관한 표준규정, 허가규정 등 국제규칙이 제정되었다. 또한 제8차 다자간 무역협상(우루과이라운드)을 통하여 세계무역기구(WTO)를 출범시켰다.

둘째, GATT 계약체결국[12]의 무역정책상의 행동을 규율하는 국제무역 규범을 제시하는 것이다. WTO 설립 이전까지 GATT의 규범에 의하여 국제무역이 규율되어 국제무역법전의 성격을 가지고 있었다.

마지막으로 GATT는 국제무역규범에 관한 해석기관이자 무역규범을 둘러싼 대립과 분쟁의 조정기관으로서의 역할을 수행하였다.

---

12) GATT는 정식기구가 아니라 협정의 성격이므로 협정에 가입한 국가, 즉 계약을 체결한 국가(계약체결국: Contracting party)라 하며, 이하에서는 '체약국'이라 표기한다. 물론 세계무역기구(WTO)는 정식기구이므로 회원국(Member)라 한다.

3. GATT의 기본원칙과 주요 규범

1) GATT의 기본원칙

GATT는 무차별원칙(Non-discrimination)을 그 기본원칙으로 하고 있으며, GATT의 무차별원칙은 체약국의 어떤 국가에도 타 국가보다 특혜를 베풀지 않는다는 소위 최혜국대우의 조항에 나타나 있다. 즉 GATT는 이국 간의 특혜조치는 인정하지 않으며, 다국간의 협정을 그 기본원칙으로 하고 있다는 점이다. 또한 GATT는 보호무역 정책수단으로서 관세 이외의 기타의 수량할당을 포함한 비관세장벽(NTB: Non Tariff Barrier)을 철폐할 것을 규정하고 있으며, 관세인하교섭의 방법으로서는 한 체약국이 관세를 인하하면 상대교역국 역시 관세를 인하해야 된다는 호혜주의를 기본원칙으로 하고 있다.

그러나 GATT는 최혜국대우의 기본원칙과 무역협상의 원칙적인 도구로서의 관세에 대해서는 몇 가지 예외조건을 규정하고 있다. 최혜국대우의 기본원칙에 대한 예외 조항의 내용에 있어서 주목할 만한 사항은 관세동맹과 자유무역지역의 형성을 인정하고 있다는 점이며, 무역제한의 원칙적인 도구로서 수량할당의 철폐에 관하여도 ① 국제수지의 악화를 방지하기 위하여 필요하다고 인정될 경우, ② 식량의 자급자족의 위협을 받을 경우, ③ 저개발국의 경제발전을 위하여 수입할당이 필요하다고 인정될 경우, ④ 덤핑의 방지를 위하여 필요하다고 인정될 경우 등과 같은 예외조항을 허용하고 있다.

GATT의 일반적인 원칙과 예외조항에 관하여 살펴보기로 하자.

① 최혜국대우(MFN) 원칙

최혜국대우(MFN: Most-Favoured-Nation Treatment)원치은 특정 국가에 대하여 다른 국가보다 불리한 교역조건을 부여해서는 안 된다는 원칙으로 GATT 규범 제

1조[13])에 근거하고 있다. 즉 모든 체약국이 그 상호 간의 무역에 있어서 서로 동등하고 가장 유리한 조건하에서 무역하는 것을 골자로 하고 있는 것이 최혜국대우 원칙이다.

② 내국민대우 원칙

무차별원칙의 또 다른 기본원칙이 내국민대우(National Treatment) 원칙이다. 이를 정확하게 표현한다면 국내세와 국내규범에 있어서의 내국민대우 원칙(National Treatment on Internal Taxation and Regulation)을 말한다. 이는 GATT 제3조의 규범에 근거한 것으로 수입물품에 대하여 국내세 및 국내규범에 의하여 같은 종류의 국내상품에 대하여 주어지는 대우보다도 불리하지 않는 대우를 부여하여야 한다는 원칙을 말한다. 즉 수입물품과 국내물품을 차별대우하여서는 안 된다는 원칙이다.

여기서 유의해야 할 점은 최혜국대우 원칙이나 내국민 대우 원칙이나 모두 무차별원칙으로 의미는 같으나 최혜국대우 원칙은 GATT 체약국 사이에 경쟁조건의 균등, 즉 국경통관 시의 무차별 대우를 확보하기 위한 것이고, 내국민대우 원칙은 수입국 내의 국내상품과 수입물품 사이에 경쟁조건의 균등, 즉 국내거래에서의 무차별 대우를 확보하기 위한 것이다.

2) GATT의 주요 규범

1948년 1월 정식 발효된 GATT 체제의 규범은 GATT 출범 후 우루과이라운드 협상 전까지 여러 차례의 다자간 협상을 통하여 변경과 수정을 통하여 보완돼 왔다. GATT 규범은 체약국 간에 이루어진 합의(agreement)이기 때문에 검토회의를 통하여 규정이 수정되거나 본문에 부속되는 해설주석(interpretative notes annexed

13) GATT 체약국의 일방이 무역협정 등에 기하여 다른 제3국의 상품에 관하여 부여하고 있거나 장래 부여할 가장 유리한 대우를 상대 체약국의 동종상품에 대하여도 부여하여야 한다는 것이다.

to the text)이 추가되기도 하였고, 1965년에는 협상을 통하여 개도국의 무역과 개발문제를 중점적으로 취급하기 위하여 제4편 무역과 개발이 신설되기도 하였다. 1973년부터 1979년까지 협상이 이루어진 동경라운드에서는 본문 38개 조항, 부속서, 관세양허표의 3개 부문으로 구성되어 있는 GATT규범(GATT articles)과 비관세장벽을 주로 다룬 9개의 다자간무역협상협약(9 MTN Codes)의 이원화된 체계를 갖추게 되었다.[14] GATT 규범(GATT 1947)[15]은 목적(전문), 관세, 무역상의 장애제거, 예외규정, 분쟁처리, 절차규정으로 나누어 볼 수 있다.

〈표 2-1〉 GATT 1947(관세)

관세	최혜국대우(1조 1항)	* 예외: ① 특혜관세(1조 2, 3, 4항), ② 자유무역지역 · 관세동맹, 국경무역(24조), ③ 동경라운드의 수권조항
	관세인하협상(28조 2항)	•
	관세양허의 고정화(2조)	•
	관세양허의 수정 또는 철회	정기적 수정(28조)
		특별사정이 있는 경우의 수정(28조 4항)
		후진국경우의 수정(18조 A)
		긴급조치에 이한 수정 또는 철회(19조 1항)
		자유무역지역 · 관세동맹의 설립에 따른 수정(24조)
		양허의 정지 또는 철회(27조)
	양허세율에 관하여 관세 이외의 조세 또는 과징금의 고정화(2조 1항)	•

14) 김성준, WTO 법의 형성과 전망(제1권), 1997, p.173.

15) 1947년도의 원래 GATT 협정(GATT 1947)과 현재의 WTO 체제에서의 GATT 규범(GATT 1994)을 구분하기 위하여 표시한 것으로 'GATT 1947'은 'GATT 1994'의 일부를 구성하는 부분 개념인 동시에 'GATT 1994'와 구분되는 시기에 제정된 원래의 GATT 규범으로서의 개념 등 양 측면을 공유한 개념이라 할 것이다.

〈표 2-2〉 GATT 1947(무역상의 장애 제거)

<table>
<tr><td rowspan="21">무역상의 장애 제거</td><td rowspan="8">수출입의 제한</td><td rowspan="3">일반적 금지 (11조 1항)</td><td>농수산물의 특례(11조 2항)</td><td>•</td></tr>
<tr><td rowspan="2">국제수지 옹호를 위한 제한</td><td>일반국(12조)</td></tr>
<tr><td>후진국(18조 B)</td></tr>
<tr><td rowspan="5">예 외</td><td colspan="2">개발도상국의 특정산업 확립을 위한 수입제한(18조 C)</td></tr>
<tr><td colspan="2">긴급조치에 의한 수입제한(19조 1항)</td></tr>
<tr><td colspan="2">일반적 예외에 의한 제한(20조)</td></tr>
<tr><td colspan="2">안전보장을 이유로 한 제한(21조)</td></tr>
<tr><td colspan="2">체약국단의 결정에 의한 제한(25조 5항)</td></tr>
<tr><td rowspan="13">기타 무역상의 장애 제거</td><td colspan="3">수량제한의 무차별적용(13조)</td></tr>
<tr><td colspan="3">수량제한 무차별적용의 예외(14조)</td></tr>
<tr><td colspan="3">국내세, 국내규범의 최혜국대우(1조 1항)</td></tr>
<tr><td colspan="3">국내의 과세 및 판매조건의 내국민 대우(3조)</td></tr>
<tr><td colspan="3">영화필름에 관한 특별규정(4조)</td></tr>
<tr><td colspan="3">통관의 자유(5조)</td></tr>
<tr><td colspan="3">반덤핑관세, 상계관세(6조)</td></tr>
<tr><td colspan="3">관세상의 평가(제7조)</td></tr>
<tr><td colspan="3">수출입수수료 및 절차(8조)</td></tr>
<tr><td colspan="3">원산지표시(9조)</td></tr>
<tr><td colspan="3">무역규칙의 공표 및 시행(제10조)</td></tr>
<tr><td colspan="3">보조금(16조)</td></tr>
<tr><td colspan="3">국영무역기업(17조)</td></tr>
</table>

〈표 2-3〉 GATT 1947(예외규정)

<table>
<tr><td rowspan="4">예외규정</td><td rowspan="4">일반예외</td><td>일반적 예외(20조)</td></tr>
<tr><td>안전보장을 위한 예외(21조)</td></tr>
<tr><td>개발도상국에 대한 특별규정(18조 4항)</td></tr>
<tr><td>특정상품의 수입에 대한 긴급조치(19조)</td></tr>
<tr><td rowspan="3"></td><td rowspan="3">구제규정</td><td>양허의 정지 또는 철회(27조)</td></tr>
<tr><td>양허의 수정(28조)</td></tr>
<tr><td>탈퇴(18조 12항, 23조 2항, 30조 2항, 31조)</td></tr>
</table>

〈표 2-4〉 GATT 1947(분쟁처리)

<table>
<tr><td rowspan="2">분쟁처리</td><td>양국 간의 합의(22조)</td></tr>
<tr><td>체약국단에의 제소(23조)</td></tr>
</table>

〈표 2-5〉 GATT 1947(절차규정)

절차규정	적용지역(자유무역지역, 관세동맹)(24조)
	체약국단의 공동행동(25조)
	수락, 효력 발생 및 등록(26조)
	GATT와 하바나 헌장과의 관계(29조)
	개정(30조)
	탈퇴(31조)
	체약국(32조, 24조 1항, 26조 5항 C)
	가입(33조)
	임시가입(25조 4항 및 33조의 준용)
	부속서(34조)
	특정 체약국 간에 있어서의 협정의 비적용(35조)

① General Most-Favoured-Nation Treatment(제1조: 일반적인 최혜국대우)

GATT의 모든 체약국이 그 상호 간의 무역에 있어서 서로 동등하고 가장 유리한 조건하에서 무역하는 것 및 최혜국대우 적용의 예외를 규정하고 있다.

② Schedule of Concessions(제2조: 관세양허)

GATT 체약국이 일정품목의 수입에 대하여 GATT 규범에 부속된 양허표에 기재된 수준보다 불리한 대우를 하지 않겠다는 약속을 규정하고 있다. 관세양허란 당사국 간 상호교섭을 통해 관세율을 인하하는 것을 말하며, GATT 2조 및 부속서에 규정돼 있다. GATT는 세계무역의 확대발전을 위해 가맹국 상호 간 교섭을 통해 관세율을 인하하고 가맹국 간에는 최혜국대우를 부여함으로써 관세상의 차별대우를 없애는 것을 주요 내용으로 하고 있다. 이에 따라 부속서로 관세양허표를 만들어 양허품목 및 양허세율을 지정하고 있다.

③ Nation Treatment on Internal Taxation (제3조: 국내세에 있어서의 내국민대우)

수입물품에 대하여 국내세 및 국내규범에 의하여 같은 종류의 국내 상품에 대하여 주어지는 대우보다도 불리하지 않는 대우를 부여하여야 한다는 원칙을 규정하고 있다.

④ Special Provision relating to Cinematograph Films (제4조: 영화필름에 관련한 특별규정)

GATT 기본원칙의 예외로서 영화필름(또는 영화산업)에 대한 내국민대우원칙의 적용을 예외로 할 경우 스크린쿼터(Screen quota)의 형식을 취하도록 규정하고 있다. 일반적으로 GATT에서는 수량제한(Quota)을 일반적으로 금지(GATT 11조)하고 있으나 영화필름에 있어서는 예외로 인정하고 있다. 또한 이 규정에 의하여 스크린쿼터를 인정하고 있으나 GATT 제4조 (d)항에 의하면 스크린쿼터가 자유화 또는 철폐를 위한 협상의 대상임을 명시하고 있다.[16)]

⑤ Anti-dumping and Countervailing Duties(제6조: 반덤핑 및 상계관세)

GATT 규범에서는 수출물품의 가격이 국내에서의 판매가격보다 낮게 수출되거나 정부로부터 보조금을 받고 상품을 제조하여 외국에 수출되는 경우에 있어서 불공정무역(unfair trade)으로 간주하여 수입국이 제재를 할 수 있도록 규정하고 있는 조항으로서 반덤핑관세 및 상계관세의 의의 및 부과요건에 관하여 규정하고 있다.

⑥ Valuation for Customs Purposes(제7조: 관세평가)

관세평가는 관세징수 시에 적용되는 수입물품의 가격결정방법을 말하는 것으로

---

16) Article Ⅳ Special Provisions relating to Cinematograph Films (d) Screen quotas shall be subject to negotiation for their limitation, liberalization or elimination.

수입물품의 실제가격을 기준으로 하여야 한다고 규정하고 있다.

⑦ Marks of Origin(**제9조: 원산지표시**)

국제무역에 있어서 특혜관세(preferential tariff)의 공여, 반덤핑관세 등의 부과 등 GATT 규범 내에서 자국의 정책목적을 실현하기 위하여 수입물품에 원산국을 표시하도록 요구하는 것이 허용되고 있는데 이러한 원산지표시의무가 국제무역을 위축시키지 않도록 그 내용과 절차를 규정하고 있다. 그러나 GATT 1947 제9조에서는 원산지표시제도만 규정하고 있을 뿐 원산지규정에 대해서는 아무런 언급도 하고 있지 않다. 원산지규정에 관한 국제규범이 존재하기 않았기 때문에 각국은 서로 다른 원산지 규정을 가지고 있었고, 원산지표시규정의 불명료성과 자의적인 운용의 결과 무역왜곡적인 비관세장벽이 형성되었다.

⑧ General Elimination of Quantitative Restrictions(**제11조: 수량제한의 일반적 제거**), Non-discrimination Administration of Quantitative Restrictions(**제13조: 수량제한의 비차별 대우**)

GATT 11조는 국제무역에 있어서 GATT 체약국은 관세, 조세, 기타 과징금을 제외한 금지 또는 제한조치를 취하거나 유지하여서는 안 된다고 규정하여 수량제한을 일반적으로 금지하고 있다. 그러나 식량 등의 부족상태 해소를 위한 수출제한이나 국제무역에 있어서 상품의 분류, 등급, 판매에 관한 기준 또는 규칙의 적용을 위해 필요한 수출 및 수입의 금지 또는 제한을 쿼터(quota)금지의 예외로서 규정하고 있다.

GATT 11조(수량제한의 일반적 제거)의 예외로서 부과되는 수출입의 제한 또는 금지는 완전히 비차별적(무차별적)으로 실시되어야 하며, 특정국을 차별적으로 대우해서 안 된다는 원칙을 규정하고 있다. 이는 비록 근거에 의하여 수량제한을 실시하더라도 수량제한에 있어서 자국의 임의대로 각국을 제한하거나 할당하는 것은 안 된다는 의미를 가지고 있다.

⑨ Restrictions to Safeguard the Balance of Payments(제12조: 국제수지 보호를 위한 제한), Exceptions to the Rules of Non-discrimination(제14조: 수량제한의 비차별원칙 예외)

국제수지 옹호(보호)를 위하여 제한할 수 있다는 것으로 GATT 체약국은 국제수지의 악화에 의하여 통화준비금이 현저하게 감소한 경우에 그 합리적인 증가를 위하여 필요한 최소한도 내에서 수입수량을 제한할 수 있다고 규정하고 있다. 그리고 이 조항에 근거하여 수입제한을 행하고 있는 국가는 매년 국제수지옹호위원회와 협의하여 필요한 최소한도의 제한에 해당하는지의 여부를 심사받고 국제수지 상황이 개선됨에 따라 그 제한을 완화하고 필요가 없는 경우에는 이를 폐지해야 한다고 규정하고 있다.

⑩ State Trading Enterprises(제17조: 국영무역기업)

국영무역기업이란 체약국에 의해 설립되거나 유지되는 기업 또는 독점권 혹은 특권적 권한을 부여받은 기업을 말하며, 이러한 기업에 의해 이루어지는 무역을 국영무역이라 한다. 국영무역기업은 독점(특혜)이 허용되는 데 상품의 수입독점이 허용되는 경우 수입이 위축되거나 수출국의 이익이 손상될 가능성이 크고 이 때문에 수입독점이 일정한 범위 내에서만 영위되도록 제한을 가해야 할 필요가 있다. 국영무역기업의 설립 유지 및 수입독점이 허용될 경우 체약국이 준수해야 할 의무사항을 규정하고 있다.

⑪ Emergency Action on Imports of Particular Products (제19조: 특별제품에 있어서의 긴급조치)

특정한 상황에 처하여 있지 않더라도 일정한 조건하에서 GATT의 의무로부터 벗어날 수 있는 경우가 있는데 국내 산업이 수입으로 인하여 심각한 피해를 받을 경우에는 일정한 조건하에서 일시적으로 GATT의 의무로부터 벗어날 수 있다는 것이다. 일명 세이프가드(Safeguard), 즉 긴급수입제한조치라고 한다.

⑫ General Exceptions(제20조: 일반적 예외)

GATT 체약국이 문화, 풍속 등 당해국의 특수한 여건상 불가피한 경우에 한하여 GATT의 의무를 벗어날 수 있다고 규정하고 있다. 이러한 일반적인 예외의 상황은 공중도덕을 보호하기 위한 경우, 인간 및 동식물이 생명과 건강을 보호하기 위한 경우, 금 및 은의 수출입, 죄수노동에 의한 상품의 경우, 미술적·역사적·고고학적 가치가 있는 국보의 보호를 위한 경우, 소진 가능한 천연자원의 보존을 위한 경우 등을 포함하여 10가지의 예외적인 상황을 규정하여 체약국이 필요한 조치를 할 수 있도록 규정하고 있다.

⑬ Security Exceptions(제21조: 국가안보 예외)

무차별원칙에 대한 예외 규정으로 GATT 체약국의 안전보장과 관련된 경우에 한하여 GATT의 의무를 벗어날 수 있다고 규정하고 있다.

⑭ Consultation(제22조: 협의), Nullification or Impairment (제23조: 무효화 혹은 침해)

GATT의 분쟁해결에 관한 조항으로서 무역문제에 관하여 관련 있는 체약국과 협의할 수 있도록 규정하고 있으며 또한 무역분쟁이 발생하였을 경우 원만한 해결을 위한 절차를 규정하고 있다.

⑮ Joint Action by the Contracting Parties(제25조: 체약국단의 공동행동), Withdrawal(제31조: 탈퇴), Accession(제33조: 가입)

GATT의 투표에 관한 조항으로 일국일표주의이며, GATT의 의무면제 요건에 관하여 규정하고 있다. 통상 의무면제를 웨이버(Waiver)라고 하는데 GATT에 규정되지 않은 예외적 상황하에서 GATT 체약국단[17]이 일정한 요건하에서 범위 및 기준을 정하여 어떤 체약국에게 특정한 GATT의 의무를 면제해 주는 것을 말한다. 웨이버(Waiver)를 부여받기 위해서는 투표된 투표수의 2 / 3 이상, 체약국단의 과반수의 찬성을 얻어야 한다.

GATT 체약국의 탈퇴는 자유로우나 GATT 사무총장이 탈퇴통지서를 접수한 날로부터 6개월이 경과한 이후에 효력이 발생하며, 가입에 있어서는 GATT 체약국단의 2 / 3 이상의 찬성으로 가입할 수 있다.

4. GATT의 제8차 다자간무역협상(UR)

1) 협상의 배경

GATT는 세계무역 확대를 위하여 관세인하와 수입제한철폐를 추구하였다. 이러한 GATT는 국제무역의 기본질서를 규율하는 국가 간의 협정으로서 WTO 출범 전까지 자유무역과 공정무역을 추구하면서 세계무역의 확대에 지대한 역할을 수행하였다. GATT 체제는 세계무역 환경의 변화에 따라 8차례의 다자간 무역협상을 타결하면서 수정보완을 거듭하여 왔다.

GATT의 다자간 무역협상의 주요 특징은 제1차 다자간 무역협상부터 제6자 다자간 무역협상인 케네디라운드까지는 선진국들 간의 관세인하가 주요 내용이었고, 제7차 다자간 무역협상인 동경라운드에서는 관세인하 이외에도 비관세장벽의 철폐 및 감축이 본격적으로 다루어졌다는 점이다.

GATT 제8차 다자간 무역협상인 우루과이라운드(UR)는 세계 여러 나라의 관세·비관세장벽 철폐를 논의하기 위해 열린 관세 및 무역에 관한 일반 협정(GATT)의 제8차 다자간 무역협상으로 1986년 9월 우루과이의 푼타 델 에스테에서 시작되어

---

17) 체약국은 'Contracting Party'라고 하며, 체약국단은 'CONTRACTING PARTIES'라고 한다.

1994년 4월 15일에 마무리되었다. 우루과이라운드는 본래 예정보다 거의 두 배의 시간이 소요된 7년 반 동안 진행되었으며 종반에는 125개국이 참여했다. 우루과이라운드는 칫솔에서 호화보트, 금융에서 통신 그리고 벼종자에서 에이즈진료에 이르기까지 거의 모든 무역거래를 다루었다. 이는 분명히 가장 큰 규모의 무역협상이었으며 아마도 모든 협상을 통틀어 역사상 가장 큰 규모의 협상이었을 것이다.

우루과이라운드는 간혹 실패가 예정되어 있는 듯하기도 했으나 결국 제2차 세계대전 종반에 GATT가 창설된 이래 세계교역체제에 가장 큰 개혁을 이루어냈다. 더욱이 진행과정의 어려움에도 불구하고 우루과이라운드는 초기에 일부 성과를 올리기도 했다. 협상출범 2년 만에 참가국들은 주로 개도국에 의해 수출되는 열대성 농산물에 대한 관세인하 패키지에 대해 합의를 이룬 것이다. 그들은 또한 분쟁해결규정을 개선했으며 일부 조치는 중간단계에서 시행하기도 했다. 뿐만 아니라 그들은 GATT 체약국들의 무역정책에 관한 정기보고서의 제출을 요구하였는바 이는 전 세계 교역체제의 투명성 제고에 중요한 역할을 한 것으로 평가되고 있다.

〈표 2-6〉 UR 초기 15개 협상의제

우루과이라운드(UR)의 초기 15개 협상의제
관세, 비관세장벽, 천연자원, 섬유 및 의류, 농산물, 열대성 농산물, GATT 조항, 동경라운드협약, 반덤핑, 보조금, 지적재산권, 투자조치, 분쟁해결, GATT 체제, 서비스

우루과이라운드는 1982년 11월 제네바에서 개최된 GATT 회원국 회의에서 태동했다. 각료들은 대규모의 새로운 협상의 출범을 의도했지만 회의는 농산물 이슈에서 난관에 봉착하고 그로 인해 협상이 성사되지 못할 것이라는 인식이 지배적이었다. 사실상 각료들이 합의한 작업계획은 우루과이라운드 협상의제 선정의 기초를 이루었다.

그럼에도 불구하고 각료들이 새로운 다자간 협상을 출범시키는 데에 합의하기까지 이슈의 발굴, 그의 명료화 및 공감대 형성에 4년이 더 소요되어 1986년 9월 우루과이의 푼타 델 에스테에서 협상을 출범시켰다. 그들은 결국 사실상 모든 무역정책 현안을 포괄하는 협상의제를 수용하기에 이르렀던 것이다. 협상은 서비스와 지적재산권 등을 위시한 수개의 새로운 분야를 다자간 교역체제에 편입시키고 농산물 및 섬유 등 민감한 분야에 있어서의 교역제도를 개혁하고자 했다. 그 밖에도 기존의 모든 GATT 조항이 검토대상이 되었다. 이는 분명 역사적으로 교역과 관련하여 국가 간에 합의된 가장 큰 규모의 협상의제였으며, 이를 위해 4년의 협상시한이 설정되었다.

2년 후인 1988년 12월 각료들은 우루과이라운드 중간시점에서 진척상황을 평가하기 위해 캐나다 몬트리올에서 다시 회동했다. 그 목적은 2년의 협상 잔여시한 중에 추진할 의제를 명료화하는 데에 있었으나 다음해 4월 각료들이 제네바에서 보다 차분하게 회동하기 전까지 협상은 난관에 봉착하여 중단되기에 이르렀다.

그와 같은 어려움에도 불구하고 몬트리올 회의에서 각료들은 조기에 타결 지을 협상패키지에 합의했다. 여기에는 개도국 지원을 목적으로 하는 열대성 농산물관련 시장접근을 위한 일부 양허, 분쟁해결제도의 합리화, GATT 회원국들의 무역정책 및 관행에 관한 최초의 포괄적이고 체계적이며 정기적인 검토를 위해 마련된 무역정책 검토제도 등이 포함되었다.

우루과이라운드는 1990년 12월 브뤼셀회의에서 종결되도록 예정되어 있었으나 농산물 교역의 개선방식에 대해 합의를 이루지 못하고 협상연기가 결정되었으며, 그 결과 협상은 침체기에 들어섰다. 그러나 암울한 정치적 전망에도 불구하고 상당량의 기술적 작업은 계속되어 결국 최종 법률적 합의안이 최초로 작성되었는바 그 합의안이 바로 각료급 협상을 주재했던 당시의 GATT 사무총장인 아서 던켈(Arthur Dunkel)이 마련한 『최종협정안(Final Act)』이었다[18]. 그 최종안은 1991년 12월 제네바 회의의 의제로 상정되었다. 최종안에는 협상 참가국들의 수입관세 인하 및 서비스시장 개방에 관한 양허목록이 빠졌다는 단 하나의 예외를 제외하고는 푼타 델 에스테에서 합의된 모든 사항을 반영하고 있었으며 따라서 최종합의문의 기초가 되었다.

그 후 2년의 기간 동안 협상은 절박한 실패와 급작스러운 성공예측의 사이를 오가는 예측불허의 기간에 접어들었다. 수차례의 협상만료시한이 설정되고 또 무산

18) '던켈초안(Dunkel draft)'라고 하는데, GATT의 아르투어 던켈 사무총장이 1991년 12월 교착상태에 빠진 우루과이라운드 협상을 타개하기 위해 제시한 최종 협정문으로서 이후 우루과이라운드 협상의 틀이 되었다. 주요 내용으로는 관세율인하, 모든 농산물의 예외 없는 관세화, 10년 내 섬유교역 완전 자유화, 지적재산권 보호, 서비스 분야 자유화, 다자간무역기구의 설립 등이다.

되기도 했다. 농산물에 더하여 나타난 새로운 주요 쟁점은 서비스, 시장접근, 반덤핑, 그리고 새로운 무역기구의 창설이었다. 미국과 EU 간의 입장 차이가 최종 성공적 결론의 관건이 되었다.

1992년 11월 미국과 EU는 비공식적으로 '블레어 하우스 합의[19]'(Blair House accord)라고 알려진 협상을 통해 농산물관련 대부분의 입장 차이를 해결하였다. 이후 1993년 7월 4대 무역국, 즉 Quad 4국[20]은 관세 및 시장접근 등에 관한 협상에서 상당한 진전이 있었음을 공표하였다. 비록 일부 최종 마무리가 모든 협상이 종결된 지 몇 주 후의 시장접근관련 협상에서 마무리되기는 했지만, 1993년 12월 15일에 이르러서야 모든 이슈가 최종적으로 해결되고 상품 및 서비스관련 시장접근 협상이 종결되었다. 협상결과는 1994년 4월 15일 모로코 마라케시에서 개최된 회의에서 125개 협상참여국 정부의 각료들에 의해 서명되었다.

협상지연으로 인해 얻은 소득도 없는 것은 아니었다. 협상이 지연됨으로써 일부 협상, 예를 들어, 서비스, 지적재산권, WTO 창설 등과 관련된 협상에서 1990년에 가능했을 수준 이상의 진전이 가능했던 것이다. 그러나 거대한 협상업무로 말미암아 전 세계의 무역행정 당국은 피로의 기색이 역력했다. 대부분의 무역현안을 포괄하는 완전한 협상패키지에 대한 합의도출의 어려움을 깨달은 일각에서는 그와 같은 대규모 협상이 다시는 가능하지 않을 것이라는 결론을 내리기도 했다. 그러나 우루과이라운드 협정은 많은 부분에 대해 새로운 협상을 위한 일정을 포함하고 있다. 또한 1996년 일부 국가들은 다음 세기 초에 새로운 다자간 무역협상을 개최할 것을 공개적으로 요구했다. 그에 대한 반응은 복합적으로 나타나고 있으나, 마라케시 협정은 이미 다음 세기로의 전환시점에 일련의 이슈에 대해 협상을 재개해야 한다는 약속을 담고 있다.

---

19) 1992년 말 미국과 유럽공동체(EC) 간에 체결된 농산물 협정으로서 워싱턴의 영빈관 블레어 하우스에서 협정이 체결된 데서 유래되었으며 이 합의를 토대로 우루과이라운드 타결의 실마리를 찾았다. 주요 내용은 보조금이 지급된 농산물의 수출량을 향후 6년간 21% 감축하고 농산물에 대한 수출보조금을 36% 줄인다는 것이다.
20) 미국, EU, 일본, 캐나다를 지칭함.

〈표 2-7〉 우루과이라운드 주요 일정

우루과이라운드(UR) 주요 일정
1986. 9 푼타 델 에스테: 출범
1988. 12 몬트리올: 각료 중간 검토
1989. 4 제네바: 중간검토 완료
1990. 12 브뤼셀: 각료회의 종료 및 협상 중단
1991. 12 제네바: 최초의 최종협정안 완성
1992. 11 워싱턴: 농산물관련 미-EU 간 블레어하우스 합의도출
1993. 7 동경: G-7 회의에서 4대 무역국 간 시장접근관련 합의도출
1993. 12 제네바: 대부분 협상 종결(일부 시장접근 협상은 존속)
1994. 4 마라케시: 협정문 조인
1995. 1 제네바: WTO 창설 및 협정 발효

2) 협상의 주요 결과

우루과이라운드는 GATT의 다자간 무역협상 중 가장 중요하고 포괄적인 무역협상이었으며, 우루과이라운드 협상의 타결은 자유무역을 향한 획기적인 진전의 의미를 가지고 있다 할 것이다. UR 협상은 무역 장벽을 대폭 완화하였을 뿐 아니라 자유무역환경을 보장하는 다자간 무역규범을 크게 강화함으로써 무역확대를 통한 세계경제 도약의 계기를 마련한 것으로 평가되고 있다.

그 이유를 살펴보면 첫째, 항구적이고 강력한 세계무역기구(WTO)를 설립하였다.

둘째, 상품의 관세인하 및 무세화를 통해 기존의 관세장벽을 대폭 낮추었을 뿐만 아니라 회색조치 등 비관세장벽도 대폭 완화시켰다.

셋째, 각종 수량제한 조치로 보호되어 왔던 농산물에 대해서도 일단 관세화를 통해 WTO 체제 내로 끌어들임으로써 농산물 무역에 대한 비관세장벽을 단계적으로 완화시켰다.

넷째, 다자간 섬유협정(MFA)에 의해 규제되어 오고 있는 섬유류도 10년간에 걸쳐 완전히 WTO 체제 내로 통합함으로써 섬유류 무역자유화의 기반을 마련하였다는 점이다.

다섯째, 각국의 보호무역 수단으로 활용된 사례가 많았던 기존의 반덤핑·상계관세·긴급수입제한조치의 남용을 억제하도록 규범화하였고, 보다 효율적이고 신속한 분쟁해결절차를 도입함으로써 자의적인 무역규제의 여지를 축소시켰다.

여섯째, 최근 국제무역에서 비중이 커지고 있는 서비스무역 분야에 대해 별도의 무역규범을 새로이 제정하고 이 분야의 시장개방 계획을 작성토록 함으로써 서비스무역이 확대되는 발판을 마련하였으며, 마지막으로는 무역관련 지적재산권에 관한 협정을 수립함으로써 무역관련 지적재산권에 대한 보호를 강화하였다는 것이다.

① 공산품 분야

공산품 분야에 있어서 관세인하는 1986년 9월 수준에서 40%의 감축을 달성하였는데, 우리나라의 평균 양허세율은 8.1%, 선진국의 평균 양허세율은 3.3%였다. 또한 전반적인 관세인하 외에 철강, 건설, 농업장비, 의료기기, 의약품, 가구 등에 있어서는 관세철폐 및 화학제품에 있어서는 관세조화에 합의함으로써 보다 큰 폭의 관세인하 달성하였다.

② 농업 분야

UR협상의 난제였던 농업 분야에 있어서는 시장접근과 관련하여 비관세장벽을 모두 관세화하고 최소시장접근 허용원칙을 도입하였으며, 각국이 농업 분야에 대하여 지급하고 있는 각종 보조금이 국제농산물의 건전한 무역질서를 저해함에 따라 이들 보조금 중 허용되는 국내보조금의 범위를 명백히 하고 여타의 국내보조금이나 수출보조금은 점진적으로 감축하도록 규정하였다.

③ 섬 유

섬유류는 다사간 섬유협성(MFA)에 따라 수요 국가 간 쿼터(Quota)를 설정하여 운영하는 방식으로 무역이 이루어져 왔으나 금번 UR 섬유협상 타결로 향후 10년 동안 4단계에 걸쳐 2005년에는 기존의 섬유무역은 모두 WTO 체제로 통합되어 자유화될 예정이다.

④ 규범의 강화

GATT 정신에 위배되는 수출자율규제(VER), 시장질서협정(OMA) 등 이른바 회색조치를 4년 이내에 철폐하고, 반덤핑·상계관세·긴급수입제한조치의 발동요건과 기준을 보다 투명하고 엄격하게 규정함으로써 수출국 특히 개발도상국의 수출여건을 개선하였다.

⑤ 서비스 분야

최근 국제무역에서 그 비중이 커지고 있는 서비스 무역에 관한 규범을 새로이 제정하였으며, 서비스 무역은 상품의 경우와는 달리 저장이 곤란하고 생산자와 소비자가 직접 접촉하여야 하는 경우가 많아 기존 GATT 규정이 적절하지 못하였던 바 별도의 무역규범(GATS: General Agreement on Trade in Services)을 제정하였다.

⑥ 지적재산권 분야

지적재산권에 있어서 선진국들은 자국의 경제가 지식산업화함에 따라 자신들이 비교우위가 있는 지적재산권을 보호하기 위한 국제규범의 강화에 주력하였는데 이러한 지적재산권 보호에 관한 협정으로는 UN 전문기구인 WIPO(세계지적재산권기구)가 관장하고 있는 파리협약, 베른협약, 로마협약 등이 있었으나 미국 등 선진국은 이들 기존협약들로는 보호가 미흡하다는 판단하에 지적재산권 보호문제를 WTO 체제에 포함하였다.

UR협상에서 지적재산권 협상은 처음에는 위조 상품의 무역규제를 목표로 하였으나 점차 그 범위가 확대되어 저작권, 상표권, 특허권 등 전반적인 지적재산권 보호에 관한 포괄적인 무역규범을 제정하였다.

⑦ 분쟁해결절차

GATT 체제하에서의 분쟁해결절차에 많은 시일이 소요되었고, 그 절차가 비효율적이고 복잡하였다는 점을 감안하여 단일 분쟁해결절차를 마련하고 단계별로 시한을 설정하는 등 분쟁해결절차의 단일화 및 신속성을 도모하였다.

⑧ 세계무역기구의 출범

우루과이라운드 협상결과가 원만히 이행되도록 GATT를 대체하는 항구적이고 강력한 새로운 세계무역기구(WTO: World Trade Organization)를 설립하였다. 세계무역기구의 기능과 다자간 무역협정의 모든 사항에 대한 결정 권한을 보유하는 최고의 의결기관인 각료회의를 매 2년마다 1회 개최하기로 하였고, 세계무역기구 산하에는 일반이사회 및 각 분야별로 상품 무역이사회, 서비스 무역이사회, 지적재산권이사회를 설치하고, 회원국 무역정책의 주기적 검토를 위한 무역정책검토기구(TPRB: Trade Policy Review Body)와 분쟁해결을 관장할 분쟁해결기구(DSB: Dispute Settlement Body)를 설치하였다.

난항을 거듭하여 오던 우루과이라운드는 드디어 1993년 12월 15일 원래의 협상시한을 3년이나 넘기면서 7년 이상을 끌어온 협상을 타결 지었다. 그 후 1994년 4월 7일 무역협상위원회에서 각료선언과 무역과 환경에 관한 결정, WTO 준비위원회 설립에 관한 결정, WTO 설립협정 수락 및 가입에 관한 결정, 조직 및 재정에 관한 결정 등 4개 결정문을 확정, 동년 4월 12일부터 15일까지 개최된 마라케시 각료회의에서 채택함으로써 1995년 1월 1일 WTO 협정이 발효되어 새롭게 국제무역을 관장할 WTO 체제가 도래하게 되었다.

5. GATT 체제의 한계

GATT 체제 출범 이후 수차에 걸친 다자간 무역협상은 관세인하 교섭에 있어서 상당한 성과를 보여 GATT 체제는 소기의 성과를 얻었으나 동시에 새로운 문제가 나타나기 시작하였다. 첫째, EEC의 성립으로 GATT 규범에서도 제24조에 근거하여 무차별원칙의 예외 인정하고 있는 관세동맹(Customs Unions), 자유무역지역(Free trade Areas)이 조건에 합치하는가의 논란이다. 이러한 지역주의의 대두는 연쇄반응을 만들어내게 되었다.

둘째, 1980년대에 들어오면서 규범력의 한계를 드러내기 시작하였다. 주요 교역국이 경쟁력을 상실한 자국의 산업을 보호하기 위해 경쟁적으로 보조금을 지급하기 시작하였고, GATT규제를 회피하는 수단으로 수출자율규제 등을 확대하여 왔지만 GATT는 이에 대해 거의 속수무책이었다.

셋째, GATT 체제는 국제경제질서의 변화에 대처하지 못한 다른 이유는 법적인 결함으로 GATT 회원국 중에서도 이들 협정에 가입한 국가들과 그렇지 않는 국가들 간의 차별적 대우에 관한 문제점이 노출되었다. 또한 GATT 규정과 각국의 국내법과의 관련성이 매우 모호하여 GATT 규범을 회피하는 경우가 많았다.

넷째, 선진국 간에서의 무역관계의 '정치화'와 평행해서 남북문제가 '정치화'하였다. UNCTAD의 발족에 상징되듯이 이 문제는 GATT 체제의 자유무역의 한계를 노정시키게 되었다. 일반특혜, 원조요구라는 주장은 GATT의 틀을 넘어서는 형태로 세계규모의 소득재분배를 추구하는 것이며, 1974년의 NIEO선언에서 극에 달하게 된다. 이런 움직임은 자유무역체제의 정비에 의해서 후진국의 경제상황은 개선되지 않고, 오히려 개선되지 않는 구조적 요인이 국제무역질서에 자리잡는다는 논리에 의해 지지되고 있다.

이 두 가지는 GATT 체제 외부로부터의 문제를 첨가시키는 것이었으나 동시에 GATT 체제의 성공이 역으로 그 한계를 명백히 한 것이란 측면이 있다. 우선 무역자유화는 세계경제확대에 크게 기여했으나 동시에 시장 기구는 그 자신의 움직임에 의해 경제실체에 영향을 주고, 특히 경제적·정치적 힘의 변동을 초래하였다. 새로운 무역의 가능성 증대는 고용, 부의 증식에 있어서 바람직한 조건이었으나 다른 한편, 시장의 개방은 용서 없는 경쟁을 조장하고, 그것에의 적응과 비용절하 없이는 그 힘을 가질 수 없게 된다. 불균등한 성장과 발전은 시장 기구에 따라 자극되고, 혹은 그것을 통하여 전해지고, 부단히 힘의 재편성, 변동을 만들어내는 것이다. 한마디로 GATT 체제는 기존의 국제권력구조를 유동화시키는 요인을 포함하고 있는 것이다. 이것은 전후 압도적인 경제력을 일시에 장악한 미국의 상대적 후퇴를 초래한 것에 극명하게 나타나고 있다.

다음으로 GATT에 내재적인 문제에 관하여 보면 관세의 인하교섭이 진전됨에 따라 넓은 의미에서의 비관세장벽(NTB)이 더욱 커다란 장벽으로 나타나게 된 것도 중요하다. 동경라운드의 주된 논제는 농산물무역과 비관세장벽문제였다. 이 어느 것도 고관세라는 국경조치에 관여된 것이라기보다는 정치와 경제활동과의 각국의 국내관계를 직접 문제로 하는 성격이 강한 것이다. 원래 GATT를 계획된 자유무역주의로 부르고 있듯이 각국 국내의 정치적 조건에 의하여 규정된 자유무역주의로서, 예를 들면, 완전고용이란 국내의 정치적 조건에 결코 무관심일 수는 없다는 것이다.

이렇듯 비관세장벽(NTB) 문제에만 신경을 쓰고 있을 때 현실 경제에서는 2국간 수출자율규제란 형태로 수량제한 및 관리무역이 급속하게 진전된다. 이는 본래 수입국이 수입을 제한해야 하나 GATT위반을 면하기 위하여 취한 일종의 회색조치인 것이다. 그리고 수출자율규제를 압도적으로 요구하는 것은 미국, EC 등 선진국이었음은 중대한 사실이다.

또한 무역문제의 정치화에 크게 영향을 미치게 된 것은 다름 아닌 냉전의 종식이었다. 사회주의체제의 붕괴와 시장경제체제의 도입은 한편으로는 GATT로 대표되는 자유시장의 이념이 권위를 높였으나 다른 한편으로는 공통의 적이 소멸됨에 따라 내부 대립에 제동을 걸기가 어렵게 된 것이다.

제 2 절 ■■■

WTO 체제하의 국제무역질서

1. WTO 출범과 의미

1) WTO 출범

GATT는 행동범위가 제한된 상태에서 임시적으로 존재했으나 1947년부터 47여 년 동안에 걸쳐 세계무역의 상당 부분에 대한 안정성 확보와 자유화 확대에 성공적으로 기여했다는 데에는 논란의 여지가 없다. 즉 GATT는 지속적인 관세인하만으로도 1950년대 및 1960년대에 걸쳐 연평균 8%에 달하는 고도의 세계교역성장률을 실현하는 데 기여하였다. 뿐만 아니라 무역자유화의 전기를 마련함으로써 전체 GATT시대에 걸쳐 세계의 생산증가율을 지속적으로 상회하는 세계교역증가율을 실현하는 동시에 교역국가 상호 간에 교역능력을 신장시키는 조치를 통해 모든 국가가 교역으로부터의 혜택을 누리도록 기여했다. 우루과이라운드 기간에 새로운 체약국의 급증은 다자간 교역체제가 경제발전의 기초가 되는 동시에 경제 및 무역제도 개혁의 수단으로 인식되고 있음을 입증한 것이었다. 그러나 시간이 흐르면서 새로운 문제가 발생하였다. GATT 제7차 다자간무역협상인 동경라운드에서 이들 문제의 일부를 해결하기 위한 시도를 하였으나 그 성과는 제한적이었으며, 이는 곧 고난의 시기가 도래할 것을 예고하는 것이었다.

GATT가 관세를 그와 같이 낮은 수준으로 인하하는 데에 성공한 가운데 1970년대 및 80년대 초반에 일련의 경제침체가 발생하자 각국 정부는 외국의 경쟁압력에 직면한 분야에 대해 다른 형태의 보호조치를 고안해 내기 시작하였다. 서구 및 북미의 각국 정부는 높은 실업률과 지속적인 공장폐쇄를 극복하고자 그들의 경쟁국들과 양자 간 시장분할협정을 모색하고 농산물교역에서 그들의 지분을 유지하고자 보조금을 경쟁적으로 지급하기 시작했다. 그와 같은 모든 변화는 GATT의 신뢰성 및 효율성을 저해했다.

그와 같은 문제는 단순히 무역정책환경을 오염시키는 것만은 아니었다. 1980년대 초반 GATT는 분명히 1940년대의 경우와 같이 세계교역의 현실에 더 이상 적합하지 않았던 것이다. 우선 세계교역은 40년 전에 비해 훨씬 복잡하고 중요해졌다. 세계경제의 지구촌화가 전개되고 GATT규범의 관할하에 있지 않던 서비스교역이 많은 국가의 주요 관심대상이 되었으며, 국제투자도 신장되어 갔다.

또한 서비스교역의 확산은 세계상품교역의 증가와 더욱더 밀접한 연관을 갖게 되었다. 그 외에도 GATT는 또 다른 개선이 요구되고 있었는데 예를 들어 농산물 분야에서 다자체제의 허점이 악용되어 농산물교역의 자유화 노력이 큰 성과를 보지 못했던 것이다. 섬유 및 의류 분야에서는 1960년대 및 70년대 초반에 협상을 통해 이루어진 GATT의 보편적 규율에 대한 예외가 다자간 섬유협정(MFA)의 결과를 낳기도 했다. GATT의 제도적 구조와 그의 분쟁해결체제까지도 우려의 대상이 되었다. 이와 같은 문제점을 포함한 다수의 요소가 GATT 회원국들로 하여금 다자간 체제를 강화하고 확대하기 위한 노력을 시도해야 한다는 확신을 갖게 하였으며, 그 결과로 전 세계 GATT 가입국 123개국 포함한 125개국의 대표들이 참가한 GATT 제8차 다자간 무역협상인 우루과이라운드(UR) 각료회의에서 현재의 GATT 체제의 한계를 극복하고 향후의 새로운 국제무역질서를 더욱 효과적으로 규율하기 위하여 항구적이고 강력한 세계무역기구(WTO: World Trade Organization)를 수립하도록 합의하였다. 이에 따라 1947년 10월에 제정되어 그간 47여 년 동안 세계무역을 관장해 온 GATT 체제는 막을 내리고 새로운 GATT 체제라고 표현할 수 있는 WTO시대가 도래하게 되었다. 이러한 WTO 출범의 주요 배경을 살펴보면 다음과 같이 설명할 수 있다.

① 국제무역기구(International Trade Organization: ITO)의 실패

2차 세계대전 이후 미국은 국제통화기금(IMF), 세계은행(IBRD) 및 국제무역기구(ITO) 등 3개 국제기구 설립을 통해 환율안정, 부흥개발기금 제공 및 자유무역체제 확립을 추진하였다. 그러나 하바나헌장(Havana Charter)에 대한 미국의회의 강력한 반대로 동 헌장이 발효하지 못하게 됨에 따라 ITO 설립은 무산되었다. 이에 따라 하바나헌장의 내용을 대폭 축소하여 각국의 합의가 이루어진 부분만을 발췌하여 이를 잠정적으로 수용한 것이 현재의 GATT 체제이다.

② GATT 체제의 문제점

GATT는 당초 잠정적으로 채택되었으며,[21] 많은 예외규정을 두고 있어 국제협정으로서의 법적 구속력이 제한되었다. 이러한 현행 GATT 체제는 경제강대국의 불공정 행위 및 자의적 행위를 효율적으로 규제하는 데 부적절하였다.

③ 다자간무역기구(MTO) 설립 추진

1986년 개시된 우루과이라운드 협상은 현행 GATT 체제의 제반 문제점을 해결하고자 GATT 체제를 다자간 무역기구로 발전시키는 작업을 UR 협상의 교섭과제 중의 하나로 채택하였다. 다년간에 걸친 우루과이라운드 협상 참가국 간의 토의를 거친 후 1991년 12월 '던켈 초안(Dunkel Draft)'에 다자간 무역기구(MTO: Multilateral Trade Organization) 설립협정안이 포함되어 제시되었다. 그러나 미국은 자국의 통상 분야에서의 주권 침해 가능성을 우려하여 다자간무역기구의 설립을 계속 반대하였으나 1993년 12월 초 EC와의 최종 협상과정에서 다자간무역기구 설립에 합의를 하였다.

그 이후 1993년 12월 15일 최종 수석대표회의 시에 미국 측은 기구의 명칭을

21) GATT 제29조 제2항.

다자간무역기구에서 세계무역기구(WTO)로 변경할 것을 수정 제안하였고 최종적으로 동일 개최된 무역협상위원회(TNC: Trade Negotiation Council)에서 채택되어 WTO가 탄생하였다.

2) WTO 체제의 의미

세계무역기구(WTO)는 현재 국가 간 무역규범을 다루는 유일한 국제기구라 할 수 있다. WTO의 핵심은 세계의 다수 교역국가들이 협상을 거쳐 조인한 WTO 협정문에 있다. WTO 협정문은 국제상거래를 위한 법적 기본규칙을 제공하며, 협정문들은 본질적으로 합의된 범위 내에서 각국 정부가 자국의 무역정책을 수행해 나가도록 구속하는 약속이라고 할 수 있다. 비록 협정문은 각국 정부가 협상하여 조인하기는 하였지만 그 목표는 상품 및 서비스의 생산자, 수출자 및 수입자들이 상행위를 하는 데 도움을 주는 것이다.

WTO 체제의 가장 중요한 목표는 부작용이 없는 범위 내에서 가능한 한 무역을 자유롭게 하는 것이다. 이는 부분적으로는 무역장벽을 제거하는 것을 의미하며, 또 한편으로는 개인, 기업 및 정부가 세계무역규범이 무엇인지를 이해할 수 있도록 하는 동시에 그들에게 갑작스러운 정책변화가 없을 것이라는 확신을 부여하는 것을 의미한다. 즉 그와 같은 규범은 투명하고 예측 가능해야 하는 것이다. 협정문들이 대부분 상당한 토론과 논란을 거쳐 교역국가들의 공동체에 의해 제정되고 조인되기 때문에 WTO의 가장 중요한 기능 중의 하나는 무역협상을 위한 토론의 장(場)을 제공하는 것이다. 또 하나 중요한 WTO의 활동은 분쟁해결이다. 교역관계는 흔히 상충적 이해관계를 수반하기 때문에 WTO 체제 내에서 협상된 약속 및 협정은 해석을 필요로 하는 경우가 많다. 국가 간의 의견 차이를 해결하는 가장 조화로운 방법은 합의된 법적 기초에 근거한 중립적 절차에 의존하는 것이다. 분쟁해결절차가 WTO 협정에 설정된 목적도 여기에 있다.

WTO는 1995년 1월 1일에 출범했지만 그 무역체제는 반세기의 역사를 지니고 있다. 1948년 이래로 GATT가 그 체제를 위한 규범을 제공해 온 것이다. GATT 협정은 제정된 후 오래지 않아 비공식적이긴 하지만 일반적으로 GATT로 알려진 사실상의 국제기구로 탄생했다. 시간이 흐르면서 GATT는 수차례의 다자간 협상을 통해 발전해 왔다. 최근의 다자간 무역협상은 1986년부터 1994년까지 지속되었던 우루과이라운드(UR) 협상이었으며, 그 결과로 WTO가 창설된 것이다. GATT가 주로 상품교역을 관장한 데 비해 WTO 및 관련 협정문들은 이제 서비스와 함께 발명, 창작, 고안 등 무역관련 지적재산권까지 관장하게 되었다.

2. WTO의 주요 원칙과 GATT의 비교

1) WTO의 주요 원칙

WTO 체제는 광범위한 교역활동을 관장하기 때문에 방대하고 복잡하다. 이는 농업, 섬유 및 의류, 금융, 통신, 정부구매, 산업표준, 식품위생규제, 지적재산권 및 기타 수많은 분야들을 관장하고 있는데 여기에는 몇 가지의 단순하고 기본적인 원칙이 있다. 그와 같은 원칙들이 다자간 무역체제의 기초를 이루고 있는 것이다.

다자간 무역체제[22]의 원칙은 첫째, 차별이 없어야 한다. 교역상대국 간에 차별을 해서는 안 되며, 그들은 모두 동등하게 '최혜국' 또는 최혜국 지위의 자격을 부여

22) WTO에 의해 운영되는 체제를 말한다. 주요 교역국을 비롯한 대부분의 국가들은 WTO 회원국(Member)이다. 그러나 일부 국가들은 WTO 회원국이 아니기 때문에 '범세계' 또는 '세계'라는 의미 대신 '다자간'이라는 용어가 사용되고 있다. WTO와 관련해서 '다자간'이라는 용어는 또한 '지역적으로' 혹은 '여타의 소단위 국가군'에 의한 행위에 대칭되는 개념으로 받아들여지고 있다. 이는 국제관계의 다른 분야에서는 다른 용도로 사용되는데 예를 들어 '다자간 안보협정' 등의 경우에는 '다자간'이 '지역적'이라는 의미가 될 수도 있다.

받아야 하며, 자국과 외국의 상품, 서비스 또는 자연인간에도 차별을 해서는 안 된다는 '내국민대우'를 받아야 한다는 것이다. 둘째, 협상을 통하여 점진적 자유화를 추진하도록 보다 자유로운 교역이 이루어져야 한다. 셋째, 예측 가능하여야 한다. 즉 외국의 기업, 투자자 및 정부에게 관세, 비관세장벽 및 기타 조치 등의 무역장벽이 자의적으로 높아지지 않을 것이며, 보다 많은 관세율 약속 및 시장개방 약속이 WTO에 양허될 것이라는 확신을 갖도록 한다는 것이다. 마지막으로 보다 경쟁적이어야 한다. 시장점유율을 확보하기 위해 수출보조금을 지급하거나 상품을 생산비용 이하로 덤핑수출하는 등의 '불공정한'(unfair) 관행을 억제한다는 것이다.

(1) 차별 없는 교역

① 최혜국대우

WTO 체제하에서는 국가들이 일반적으로 교역상대국들을 차별할 수 없다. 특정국가에 대하여 특혜, 예를 들어 특정국가의 상품에 대해 낮은 관세를 부과하는 것 등의 혜택을 부여한다면 다른 모든 WTO 회원국에게도 그와 동등하게 대우해야 하는 것이다. 이러한 원칙이 바로 최혜국대우[23)]이다. 최혜국대우원칙에는 몇 가지 예외가 허용되고 있다. 예를 들어 특정 지역 내에 있는 국가들은 자유무역협정을 체결하여 그 지역 밖에서 수입되는 상품에는 최혜국대우원칙을 적용하지 않을 수도 있다.

---

23) '최혜국'이란 특정국가에 대해 어떠한 종류의 특별대우를 하는 것을 의미하는 것으로 그 명칭은 다소 모순적인 감이 있다. 그러나 WTO에서는 사실상 무차별을 의미하는 것으로서 모든 국가를 동등하게 대우하는 것을 뜻한다. WTO하에서 최혜국대우는 다음과 같이 적용된다. 즉 각 회원국은 모든 여타 회원국들을 가장 좋은 혜택을 받는 교역상대국(최혜국)과 동등하게 대우한다. 어느 국가가 특정국가에게 특혜를 베풀 경우에는 다른 모든 국가에게도 똑같은 최상의 대우를 함으로써 모든 국가들이 가장 좋은 혜택을 누릴 수 있도록 하는 것이다. 최혜국대우 지위는 항상 동등한 대우만을 의미했던 것은 아니다. 다수의 초기 양자 간 최혜국 조약이 체결된 19세기에는 어느 국가가 최혜국 교역 상대국들의 그룹에 포함된다는 것이 소속 국가만이 특혜를 누리는 것이었기 때문에 이는 마치 배타적 클럽에 가입하는 것과 같았다. 대부분의 국가가 WTO에 가입한 현재에는 MFN클럽이 더 이상 배타적이지 않다. MFN원칙은 각국이 회원국들을 동등하게 대우할 것을 보장하는 것이다.

또한 불공정하게 교역되고 있다고 판단되는 특정국가로부터 수입 상품에 대해서 무역장벽을 높일 수도 있다. 서비스 분야에서도 제한된 상황에서 차별이 허용된다. 그러나 WTO 체제에서는 그와 같은 예외를 엄격한 조건하에서만 허용하고 있다. 일반적으로 최혜국대우는 어느 국가가 무역장벽을 낮추거나 시장을 개방할 때에는 부국이거나 빈국이거나 또는 약소국이거나 강대국이거나에 관계없이 항상 모든 교역상대국으로부터 수입되는 동일한 상품이나 서비스에 대해 같은 대우를 한다는 것을 의미한다.

② 내국민대우

최소한 외국상품이 국내시장에 수입된 이상 수입품과 국내생산품은 동등하게 취급되어야 한다. 이와 같은 원칙은 외국과 국내의 서비스, 상표, 저작권 및 특허권에 대해서도 똑같이 적용된다. 이것이 외국의 것을 국내의 것과 동등하게 취급한다는 내국민대우원칙(National Treatment)이다. 내국민대우는 상품, 서비스 혹은 지적재산권 항목이 국내시장에 진입했을 경우에만 부여된다. 따라서 수입품에 대해 관세를 부과하는 것이 비록 국내생산품에 대해 동등한 조세가 적용되지 않더라도 내국민대우원칙에 위배되는 것은 아니다.

(2) 보다 자유로운 무역: 협상을 통한 점진적 자유화

무역장벽을 낮추는 것은 무역을 장려하는 가장 확실한 수단이다. 문제의 무역장벽에는 통관부과금(또는 관세) 및 선별적으로 수량을 제한하는 수입금지나 쿼터와 같은 조치가 해당된다. GATT 체제 출범 이래로 8차의 다자간 협상이 있었는바 초기에는 그와 같은 협상이 수입품에 대한 관세인하에 초점이 맞추어졌다. 그와 같은 일련의 협상결과 1980년대 후반까지 공산품에 대한 선진국의 관세율은 약 6.3%까지 지속적으로 인하되었다. 그러나 1980년대에는 상품에 대한 비관세장벽뿐만 아니라 서비스 및 지적재산권 같은 새로운 분야까지 협상의 대상이 되었다. 시장개방을 통해 혜택을 입을 수도 있지만 구조조정 역시 요구된다. WTO 체제는 국가들이 '점진적인 자유화'를 통해 점차적으로 변화를 수용할 수 있도록 하고 있다. 개도국들에게는 일반적으로 의무를 이행하도록 하는 데 보다 긴 시간이 주어진다.

(3) 예측가능성: 구속력 있는 약속의 제시

무역장벽을 높이지 않겠다는 약속은 기업들이 미래의 기회에 대한 보다 명확한 전망을 할 수 있게 하기 때문에 때때로 무역장벽을 낮추는 것만큼 중요할 수 있다. 안정성과 예측가능성이 있을 경우에 투자가 장려되고 일자리가 창출되며, 소비자들은 선택 폭의 확대와 저렴한 가격이라는 경쟁의 혜택을 충분히 향유할 수 있게 된다. 다자간 무역체제는 기업의 영업환경을 보다 안정되고 예측 가능하도록 하기 위한 각국 정부의 시도에서 비롯된 것이라고 할 수 있다. WTO에서는 국가들이 상품이나 서비스시장을 개방할 것에 합의할 때 그들의 약속을 제시(양허)한다. 상품의 경우 그와 같은 양허는 관세율의 상한선을 설정하는 것이다. 국가들은 수입품에 대해 양허율보다 낮은 세율을 부과하기도 하는데, 이는 개도국의 경우에 자주 있는 일이다. 선진국의 경우에는 실행세율(applied tariff rate)과 양허세율(bound tariff rate)이 동일한 것이 일반적이다. 어느 국가든 그와 같은 양허를 변경할 수는 있으나 이를 위해서는 반드시 교역상대국들과 보상협상을 해야 한다. 우루과이라운드(UR) 협상 성과 중의 하나는 양허하에서의 교역량을 증대시킨 것이다.

다자간 무역체제는 다른 방식을 통해서도 예측가능성과 안정성을 제고시키기 위해 노력한다. 한 가지 방법은 수입물량에 대해 상한선을 설정하는 쿼터(Quota)나 기타 조치의 사용을 억제하는 것이다. 쿼터의 관리는 보다 많은 행정적 절차와 불공정한 운용에 대한 비난을 야기한다. 또 다른 방법은 각국의 무역규범을 가능한 한 명확하고 공개적으로 하도록 하여 투명성(transparency)을 가지는 것이다. WTO 체제는 각국 정부로 하여금 그들의 정책과 관행을 국내에서 공개적으로 발표하거나 WTO에 통보하도록 요구하고 있다. WTO의 다자간 무역협정 중 무역정책검토제도(TPRM)를 통해 각국의 무역정책을 정기적으로 검토하는 것은 국내적으로나 다자 차원에서 투명성을 더욱 장려하는 수단이 되고 있다.

(4) 공정경쟁의 촉진

WTO는 간혹 자유무역기구로 표현되기도 하지만 이는 전적으로 정확한 표현은 아니다. 다자간 무역체제는 관세를 허용하고 있고 제한된 상황하에서는 다른 형태의 보호를 허용하기도 한다. 더욱 정확하게 표현하자면 이는 개방되고 공정하며 비왜곡적인 경쟁을 위한 규범체제이다. 최혜국대우와 내국민대우 같은 무차별에 관한 규정은 교역의 공정한 조건을 보장하기 위한 것이다. 시장점유율 확보를 위해 생산가격 이하로 수출하는 행위인 덤핑과 보조금에 관한 규정도 마찬가지이다. 그와 같은 이슈들이 매우 복잡하므로 규범들은 무엇이 공정하고 혹은 불공정한지의 기준을 설정하고 정부가 어떻게 대응할 수 있는지 특히 불공정한 무역(unfair trade)으로부터 야기되는 피해를 보상하기 위해 산정된 추가적 수입부과금을 부과하는 등 정부의 대응조치를 설정하기 위해 노력한다.

(5) 경제개발 및 개혁의 장려

WTO 체제가 개발에 공헌한다는 사실은 경제학자와 무역관련 전문가들에게도 널리 인식되어 있다. 또한 최빈개도국들이 협정을 이행하는 데 소요되는 시간에 융통성이 필요하다는 사실도 인식되어 있다. 뿐만 아니라 WTO 협정들은 개도국들에 대한 특별지원 및 양허 등을 허용하고 있다. WTO 회원국의 3/4 이상이 개도국과 시장경제체제로의 전환국들이다. 7년 반의 우루과이라운드 협상 기간에 개도국 중 60개국 이상이 무역자유화 프로그램을 자발적으로 이행했다. 동시에 개도국 및 체제전환국들은 우루과이라운드 협상에서 과거의 그 어느 협상에서보다도 훨씬 적극적이었고 커다란 영향력을 행사했다. 그와 같은 경향은 다자간 교역체제가 오직 선진국을 위해서만 존재한다는 관념을 효과적으로 타파했다. 이는 또한 개도국에 대한 특정 GATT 규정 및 협정으로부터의 의무면제의 혜택을 중요시했던 과거의 정책에 변화를 야기하였다.

우루과이라운드 협상 종반에 개도국들은 선진국들에게 요구된 대부분의 의무를 수용할 준비가 되어 있었다. 그러나 WTO 협정들은 개도국 특히 매우 빈곤한 최빈개도국들에게 아직은 익숙하지 않거나 혹은 이행이 어려운 WTO규정의 이행을 위한 과도 기간을 부여했다. 우루과이라운드 협상 종반에 채택된 각료결정은 최빈개도국들에게 WTO 협정을 이행하는 데에 있어서 추가적인 융통성을 부여했다. 즉 경제형편이 나은 국가들은 최빈개도국들이 수출하는 상품에 대해 시장접근약속의 이행을 가속화하고 그들에 대한 기술지원의 증대를 모색하도록 한 것이다.

2) WTO와 GATT의 비교

우루과이라운드 협상의 결과로 탄생한 WTO는 다자간 무역체제에 의한 전 세계의 자유무역을 확대하고 국가 간의 공정무역체제를 확립하기 위하여 1995년 1월 1일 공식적으로 출범하였다. WTO의 주요 기능은 다자간 무역협정(MTA) 및 복수간 무역협정(PTA)의 관리 및 이행, 다자간 무역협상의 주도, 회원국 간의 무역분쟁해결, 각 회원국의 감독 등을 들 수 있다.

GATT와 비교하여 WTO의 특징을 든다면 WTO는 국제무역질서를 유지하기 위하여 공식적인 기구로서 상품, 서비스, 지적재산권 등 광범위한 분야를 다루고 있으며 특히 WTO는 GATT 체제와 비교하여 실질적인 분쟁해결능력을 갖춘 기구가 되기 위하여 산하에 다자간 무역협정 중의 하나인 '분쟁해결규칙과 절차에 관한 양해각서(DSU)'에 근거하여 분쟁해결기구(DSB: Dispute Settlement Body)가 설치되어 일원화된 채널을 통하여 모든 분쟁해결을 담당한다는 것이다.

또한 다자간 무역협정 중의 하나인 '무역정책검토제도(TPRM)'에 근거하여 WTO산하에 무역정책검토기구(TPRB: Trade Policy Review Body)를 설치하여 각 회원국들의 협정 이행 여부와 회원국들의 전반적인 무역제도의 투명성(Transparency)을 제고하기 위하여 각 회원국의 무역정책과 관련제도 및 관행을 주기적으로 평가[24)]하고 있다.

GATT와 WTO의 몇 가지 중요한 차이점을 정리하여 보면 첫째, WTO는 구성원을 회원국(Member)이라고 부르는 반면 GATT에서는 구성원을 계약체결국(체약국: Contracting party)라고 표현한다.

둘째, GATT는 기구가 아니라 하나의 협정에 지나지 않았고 WTO는 정식기구라는 점이다. 즉 GATT는 임시적이며 잠정적으로 존재했다. 일반협정은 회원국들의 의회에서 비준되지 않았으며, 기구창설에 관한 규정도 없다. 반면에 WTO 및 그 협정문들은 영구적인 것으로서 모든 회원국들이 WTO 협정들을 비준했고 그 협정문들이 WTO의 기능을 규정하고 있다는 점에서 WTO는 국제기구로서 매우 튼튼한 법적 근거를 갖고 있다.

셋째, GATT는 상품교역 특히 공산품을 관장하는 반면에 WTO는 상품(Goods)뿐만 아니라 서비스와 지적재산권까지 관장한다.

넷째, WTO 분쟁해결체제는 과거의 GATT 체제에 비해 신속하고 보다 자동적이며 또한 그 판정 채택은 저지될 수 없다는 것이다.

---

24) WTO 회원국 중 1위에서 4위 교역국, 즉 4대 교역국(Quad 4국)인 미국, EU(영국, 프랑스, 독일, 이탈리아), 캐나다, 일본 등은 2년을 주기로, 우리나라를 포함하여 5위에서 20위 교역국은 4년을 주기로 검토를 받고 나머지 국가들은 6년을 주기로 무역정책 검토를 받아야 한다.

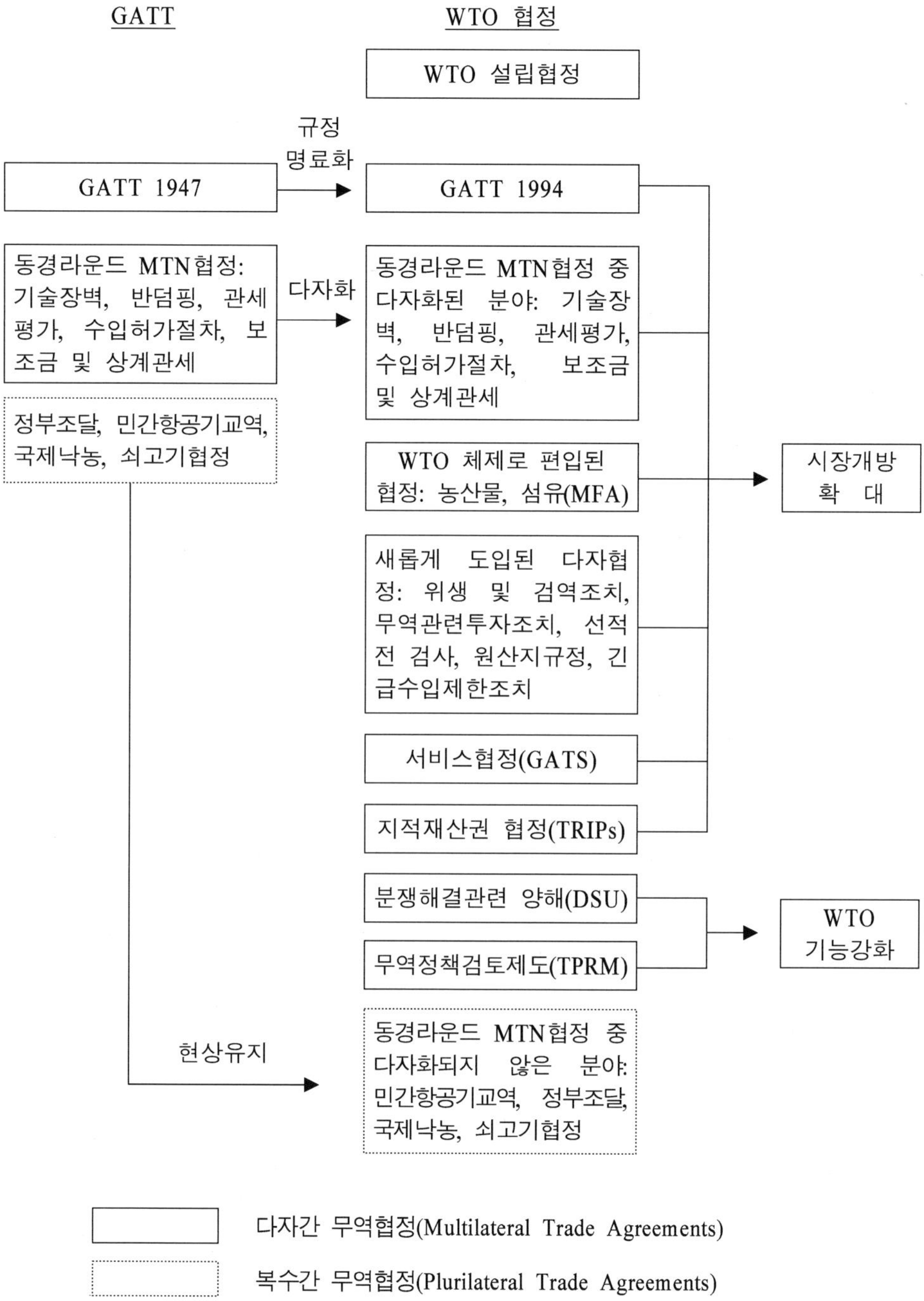

〈그림 2-1〉 GATT와 WTO 협정의 비교

3. WTO 조직과 협정의 구성 체계

1) WTO 조직

WTO의 조직은 각료회의와 일반이사회, 그리고 분과이사회, 특별위원회, 복수국간 협정을 시행·운영하기 위한 위원회 및 이러한 회의와 위원회들을 보조하는 사무국 등으로 구성되어 있다.

각료회의(Ministerial Conference)는 모든 회원국들의 각료로 구성되며, 회의는 최소한 2년에 한 번 개최되는 최고의사결정기구로 비상설기관이다. 각료회의는 WTO의 기능수행을 위해 필요한 조치를 이행하고 다자간 무역협정의 모든 사항에 대해 결정권한을 보유하고 있다.

일반이사회(General Council)는 각료회의의 비회기 중에 운영되고 있으며, 필요할 경우 회원국의 무역정책을 검토하는 무역정책검토기구(TPRB: Trade Policy Review Body) 및 무역분쟁을 해결하는 분쟁해결기구(DSB: Dispute Settlement Body)로 스스로 변신하여 그 기능을 수행하고 있다.

그 외에 분과이사회는 일반이사회 산하에 상품교역이사회, 서비스무역이사회, 무역관련 지적재산권이사회 등 세 개의 분과이사회가 설치되어 있다. 이들 위원회는 일반이사회 아래 설치된 분과이사회이므로 해당협정과 일반이사회에 의해 부여된 기능을 수행하고 있다.

그리고 별도의 특별위원회가 존재하는데, 무역개발위원회, 국제수지제한 위원회, 환경무역위원회, 예산재정행정위원회 등이 있다. 또한 복수국간 협정을 시행·운영하기 위한 위원회로 국제우육위원회, 국제낙농위원회, 정부조달위원회, 민간항공기무역위원회 등이 있는데, 이들 위원회는 일반이사회의 지도하에 있지 않으나 WTO의 일반 틀 내에서 운영되며 그들의 활동을 일반이사회에 통보한다.

사무국은 스위스 제네바에 소재하고 있다. 사무국은 각료회의에서 임명된 1명의 사무총장과 4명의 사무차장이 있다. 사무국은 다자간 무역체제와 관련하여 의사결정이나 제안을 할 권한은 가지고 있지는 않다. 사무국은 각국대표들에 의해 요청된 서류준비 및 서류화작업과 이사회를 비롯한 각 관리기구들의 모임을 주선·조직화하는 것을 지원하고 있다. 또한 분쟁해결절차를 지원하며 이를 위해 요구될 경우 법률서비스도 제공하고, 무역정책보고서나 유관 문건을 발간하는 역할을 수행하고 있다.

〈그림 2-2〉 WTO의 조직구조

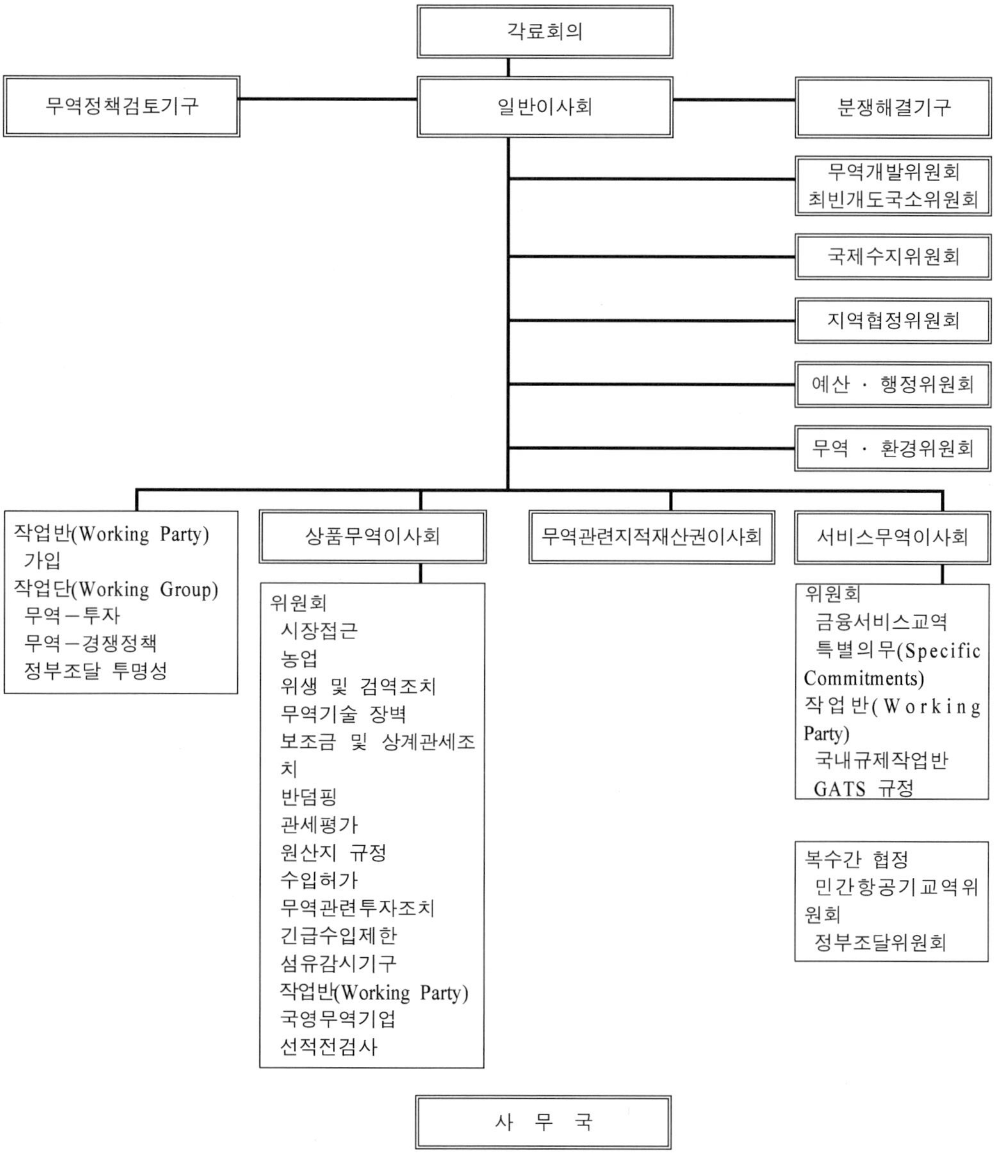

2) WTO 협정의 구성 체계

최대한 공정하고 자유로운 무역의 보장은 바로 협상을 통해 규칙을 정하고 그것을 지킴으로써 가능할 것이다. WTO의 규범, 즉 WTO 협정문들은 회원국 간 협상 결과에 의한 것으로 현재의 골격(Framework)은 1986년부터 1994년까지 진행된 GATT 제8차 다자간 무역협상인 우루과이라운드(UR)를 통해 GATT 협정문을 대폭 개정하고 새로이 협정을 체결함으로써 갖추어졌다.[25)]

GATT는 여전히 상품무역에 관한 WTO의 기본지침서로 자리하고 있고, 우루과이라운드를 통해 서비스무역, 지적재산권, 분쟁해결 및 무역정책 검토 등에 관한 새로운 규범들이 추가되었다. 이러한 협정들을 통해서 WTO 회원국들은 그들의 권리와 의무를 명시한 비차별적인 무역체제를 운영하고 있으며, 각국은 자국 수출품이 타국에서 공정하고 일관된 취급을 받는다는 보장을 받고 있다. 또한 각국은 자국 시장에 들어오는 수입품에도 같은 대우를 하고 있다. 그러나 개도국은 이러한 약속을 이행하는 데 있어 어느 정도 융통성을 부여하고 있다.

WTO 협정은 WTO 설립에 관한 규정과 WTO 협정 전반에 대한 총칙적인 내용을 규정하고 있는 설립협정 본문(16개 조항)과 부속서로서 전 WTO 회원국에 적용되는 17개 다자간 무역협정(부속서 1, 2, 3) 및 협정 수락국들에게만 적용되는 4개 복수국간 무역협정(부속서 4)으로 구성되어 있다.

---

25) WTO는 국제법인격을 갖는 국제기구이다. WTO는 WTO 설립협정, 부속서(Annex)에 첨부된 협정들과 기타 관련 법적 문서와 관계되는 회원국 간 무역문제에 대하여 공통된 제도적 틀(Framework)을 제공하는 역할을 담당한다.

〈표 2-8〉 WTO 협정의 구성

- 최종의정서
- 세계무역기구 설립을 위한 마라케시 협정

부속서 1(Annex 1)

부속서 1A: 상품무역에 관한 다자간 협정

1994년도 관세 및 무역에 관한 일반협정(GATT)

1994년도 관세 및 무역에 관한 일반협정 제2조제1항(b)의 해석에 관한 양해(과징금의 표기)

1994년도 관세 및 무역에 관한 일반협정 제17조의 해석에 관한 양해(국영무역)

1994년도 관세 및 무역에 관한 일반협정 국제수지 규정에 관한 양해(국제수지 목적 조치)

1994년도 관세 및 무역에 관한 일반협정 제24조의 해석에 관한 양해(관세동맹 등)

1994년도 관세 및 무역에 관한 일반협정 의무면제에 관한 양해(Waiver 존속 기간 설정)

1994년도 관세 및 무역에 관한 일반협정 제28조의 해석에 관한 양해(주요 공급국 개념 확대)

1994년도 관세 및 무역에 관한 일반협정에 대한 마라케시 의정서(양허안의 법적 효력 등)

농업에 관한 협정

위생 및 식물위생 조치의 적용에 관한 협정

섬유 및 의류에 관한 협정

무역에 대한 기술장벽에 관한 협정

무역관련투자조치에 관한 협정

1994년도 관세 및 무역에 관한 일반협정 제6조의 이행에 관한 협정(반덤핑 및 상계관세)

1994년도 관세 및 무역에 관한 일반협정 제7조의 이행에 관한 협정(관세평가)

선적 전 검사에 관한 협정

원산지규정에 관한 협정

수입허가 절차에 관한 협정

보조금 및 상계조치에 관한 협정

긴급수입제한조치에 관한 협정

부속서 1B: 서비스무역에 관한 일반협정

부속서 1C: 무역관련 지적재산권에 관한 협정

부속서 2(Annex 2): 분쟁해결 규칙 및 절차에 관한 양해

부속서 3(Annex 3): 무역정책검토제도

부속서 4(Annex 4): 복수국간 무역협정

민간항공기 무역에 관한 협정

정부조달에 관한 협정

국제 낙농 협정

국제 우육 협정

- 각료 결정 및 선언

상기의 부속협정들 중 부속서 1(A, B, C), 부속서 2, 부속서 3은 다자간 무역협정(MTA)으로서 모든 WTO 회원국을 구속하게 되고, WTO 협정과 일체(integral part)를 이루고 있다. 즉 과거에 GATT 체약국과 회원국도 서로 다르고 법률적으로도 구분되었던 9개의 동경라운드 다자간무역협상(MTN) 코드(Code) 중 기술장벽, 반덤핑, 관세평가, 수입허가절차, 보조금·상계관세협정 등 5개 협정은 우루과이라운드(UR) 협상 결과의 일괄수락원칙에 따라 GATT 1994와 법률적으로 일체를 이루게 된 것이다.

그러나 부속서 4에 수록된 정부조달협정, 민간항공기 무역에 관한 협정, 국제낙농협정, 국제우육협정 등 4개 협정은 모든 WTO 회원국을 구속하는 것이 아니라 동 협정들을 수락한 회원국에 대해서만 WTO 설립협정의 일부로 작용하게 되며, 이를 수락하지 않은 기타 WTO 회원국에 대해서는 권리와 의무에 아무런 영향을 미치지 않는다. 이들 협정들은 우루과이라운드 협상과정에서도 별도의 트랙(Track)으로 기존의 회원국 간에만 협상이 이루어져 왔으며, 다른 모든 WTO회원국에 대하여 해당 협정에 가입하도록 하는 것도 사실상 어려운 점이 많았기 때문에 동경라운드 경우와 같이 복수간 무역협정(PTA: Plurilateral Trade Agreement)으로 남게 된 것이다. 따라서 이들 복수간 협정의 수락, 가입, 발효, 탈퇴, 개정 등 해당 협정의 운영도 WTO 협정 규정이 아닌 개별협정 자체의 규정을 따르고 있다.

제 3 장

WTO 국제규범과 무역질서

■■■ 제 1 절

상품협정

상품에 관한 국제무역을 규율하는 WTO 국제규범은 GATT 1994와 함께 상품무역과 관련된 각 분야별 협정들이다. 상품무역과 관련된 각 분야별 협정은 GATT 규범에 규정되어 있으나 구체적이고 상세히 규정되어 있지 않거나 별도의 규정으로 보완할 필요성이 있는 부분에 대하여 세부적인 규정을 설정함으로써 GATT 규범을 보완하고 있다. 상품무역 관련 협정을 살펴봄에 있어서 반덤핑협정, 상계관세협정, 세이프가드협정은 WTO의 무역구제제도에서 상세히 다루기로 한다.

1. 농업협정

1) 배 경

농산물은 UR 협상에서 가장 난제였던 분야로서 1994년 4월 15일 마라케시 각료회의에서 GATT 체약국들은 우루과이라운드(UR) 최종협정에 서명함으로써 7년 반 동안의 UR 협상이 타결되었다. 이 과정에서 농산물 협상은 UR 협상타결의 가장 중요하면서도 어려운 분야였다. 이는 각국이 시장개방과 보조금 감축을 통해 세계농업을 보다 시장원리에 맞게 개혁하자는 일반원칙에 대해서는 일찍 합의가 이루어져 왔으나 농업이 지니고 있는 정치 및 사회적 민감성으로 인해 획기적인 시장개방과 농정개혁에 대해서는 선뜻 합의를 이룰 수 없었기 때문이다.

UR 농업협상은 세계 농산물 교역을 확대하고 국제농산물 시장에서 공정경쟁이 이루어지도록 하는 데 그 목적이 있었다. 이를 위해 농업 분야에 광범위하게 주어진 무역왜곡적 지원을 줄여나가는 방법으로 크게 시장개방, 국내보조, 그리고 수출보조의 세 분야로 나뉘어 논의가 이루어졌다.

우선 시장개방 분야에서는 수입국들의 수입제한장벽을 철폐하고 관세를 대폭 삭감하여 시장을 개방하고 교역을 확대하자는 방향으로 논의가 진행되었다.[26] 국내보조 분야에서는 농업에 지원되는 각종 보조금을 허용대상과 감축대상으로 분류하여 감축대상보조는 점진적으로 감축해 나가는 한편 수출보조금은 직접적으로 국제시장을 크게 왜곡시키므로 국제시장의 공정성 회복을 위해 대폭적으로 줄여나가는 방향으로 논의가 이루어졌다. 이에 따라 UR 농업협상 결과 수입제한 등 모든 비관세장벽은 관세로 전환되었으며, 모든 관세는 단계적으로 인하되고, 국내보조 중 생산이나 가격에 영향을 미치는 지원은 감축대상보조로 규정하여 삭감하고, 수출보조는 예외 없이 감축해 나가자는 데 합의를 보았다.

GATT 제7차 동경라운드까지의 다자간 무역협상과는 달리 우루과이라운드 농산물 협상은 비관세장벽의 철폐와 관세화, 농산물의 국제교역 규범의 골격마련은 물론 국내농업정책까지 규제하는 획기적인 협상이었다. 그러나 미국 및 농산물 수출국 그룹인 케언즈(Cairns)그룹 국가들은 UR협상이 농업개혁과 무역자유화에 미친 효과가 미

26) 농업협정 제4조에서는 원칙적으로 관세화를 통한 시장개방을 하여야 하며, 수량제한 등의 비관세 조치들을 금지하고 있다. 그러나 관세화 예외품목, 즉 식량안보 등 비교역적 관심에 따른 특별 대우품목은 관세화로부터 예외로 하되, 최소시장접근 기회를 확대해 나가야 하며, 이행 기간 1차 연도(1995년)에 국내소비량의 4%에 상응하는 시장접근 기회를 설정, 잔여 이행 기간 동안 매년 0.8%씩 증가하여야 함을 규정하고 있다. 또한 특별 대우품목 중 개도국의 전통적 식생활에서 가장 중요한 농산물은 이행 기간 1차 연도(1995년)에 국내소비량 1%에 상응하는 시장접근 기회를 설정, 5차 연도까지 매년 0.25%씩 증가시키며, 6차 연도부터는 매년 0.5%씩 증가시켜 10차 연도에는 4%에 도달할 것을 규정하고 있다.

미했다고 평가하며, 차기협상에서 실질적이고 가시적인 무역창출 효과를 얻기 위해서는 수입국들의 대폭적인 시장개방이 필요하다고 주장하고 있다. 반면에 우리나라를 비롯한 일본 등 농산물 수입국들은 관세의 인하 등 시장접근의 개선과 생산보조금의 감축이행으로 수입이 증대하고 재고가 감소함에 따라 세계농산물 가격이 전반적으로 상승했다고 주장하며, UR협상의 결과로 수출국의 이해가 반영되었다고 평가하고 있다. 농산물 수입국들은 차기 농업협상 추진에 있어서 신축적이고 점진적인 접근방식을 채택하자는 입장을 견지하며, 농업보호의 이론적 기초가 되는 비교역적 고려사항(NTC: Non-trade concern) 및 농업의 다원적 기능을 부각시키는 데 주력하고 있다.

2) 주요 내용

(1) 협정문의 구성

WTO 농업협정은 21개 조항과 5개 부속서로 구성되어 있다.

(2) 대상품목(제2조)

WTO 농업협정 제2조는 협정의 적용 대상품목에 관한 내용을 규정하고 있으며, 수산물은 농업협정 대상에서 제외되었다.

(3) 시장접근(제4조)

농업협정에서는 원칙적으로 관세화를 통한 시장개방을 하여야 하며, 수량제한 등의 비관세 조치들을 금지하고 있다. 그러나 관세화 예외품목, 즉 식량안보 등 비교역적 관심에 따른 특별 대우품목은 관세화로부터 예외로 하되, 최소시장접근 기회를 확대해 나가야 하며, 이행 기간 1차 연도(1995년)에 국내소비량의 4%에 상응하는 시장접근 기회를 설정, 잔여 이행 기간 동안 매년 0.8%씩 증가하여야 함을 규정하고 있다. 또한 특별 대우품목 중 개도국의 전통적 식생활에서 가장 중요한 농산물은 이행 기간 1차 연도(1995년)에 국내소비량 1%에 상응하는 시장접근 기회를 설정, 5차 연도까지 매년 0.25%씩 증가시키며, 6차 연도부터는 매년 0.5%씩 증가시켜 10차 연도에는 4%에 도달할 것을 규정하고 있다.

(4) 특별긴급수입제한조치(제5조)

관세화 및 관세상당치 인하의 시장개방약속을 이행함에 따라 특정 품목의 수입가격이 기준 이하로 급격히 하락하거나 수입물량이 기준 이상으로 급증하는 경우에 사후적으로 관세를 추가적으로 인상함으로써 수입국의 부정적 영향을 축소시킬 수 있는 SSG제도가 규정되어 있다. 이는 관세화의 보완 장치로서 비관세장벽의 철폐를 통해 일반관세로 전환한 품목에 대해서는 특별긴급수입제한조치가 허용되어 수입량이 급증하거나 수입가격이 크게 하락하는 경우 기존관세수준의 1/3까지 추가적인 관세 부과가 가능하도록 하고 있다. 다만 특정한 가격 및 물량 기준하에 발동이 가능한 동 제도는 관세화 대상품목에 한하며 이행 기간 동안 관세인상만으로 구제조치가 이루어져야 한다. 또한 시장접근 양허의 일부로 설정된 최소시장접근과 현행시장접근에 따른 수입물량은 긴급피해조치 발동을 위한 수입량 산정에는 포함되나 관세인상의 대상에서는 제외된다고 규정하여 최소 및 현행 시장접근 물량을 계속 보장토록 하고 있다. 그리고 이미 계약이 완료되어 운송 중에 있는 물량에 대해서는 이를 수입량 산정에 반영할 수 있으나 당해 연도 관세 인상에는 제외시켜 수출국의 이익침해를 방지하고 있다.

(5) 국내보조(제6~7조, 부속서 3)

국내보조와 관련된 정책은 생산 및 무역에 미치는 영향 유무에 따라 허용대상과 감축대상으로 분류하되 허용대상기준을 충족시키지 못하는 모든 국내보조는 감축대상보조로 간주된다. 허용대상보조는 협상 타결 이후에도 계속 지원이 가능하나 감축대상 보조는 약속된 수준까지 매년 줄여 나가야 한다. 이에 따라 농업협정문 부속서 2에서는 구체적인 허용대상정책의 유형 및 기준이 제시되었다. 우선 허용대상정책을 크게 정부서비스와 생산자에 대한 직접지불로 분류하고 세부정책들을 예시하고 있다. 또한 허용대상으로 분류된 정책들이 갖추어야 할 일반적 허용기준으로 두 가지 조건이 충족되어야 하는데, 그것은 소비자로부터의 이전이 아닌 공공재정지출에 의한 지원일 것과 생산자에 대한 가격지지 효과가 없어야 한다는 것이다. 이와 같이 일반적 기준과 정책별 구체적 기준을 동시에 만족하여야만 허용대상정책으로 분류되고 나머지는 감축대상으로 간주되는 농업협정상의 분류방법에 따라 시장가격지지 및 투입재보조 등은 감축대상 국내보조로 설정되었다. 또한 미국과 EU 간의 합의에 의해 생산제한하직접지불정책은 일정요건의 충족 아래서 감축이행이 면제되었다.(Blue Box)

아울러 감축대상국내보조에 대해서는 농업보호 총량측정액(Total AMS)을 기준으로 하여 1986-88년으로 계산된 국내보조수준을 1995-2000년의 이행 기간 동안 20% 이상 감축토록 하였다. AMS(Aggregate Measurement of Support)란 보조총액측정치라고 번역하기도 하는데 감축대상보조를 모두 합친 금액을 말하며, 각국은 기준연도의 평균 AMS를 연도별로 감축해 나가야 한다. 그러나 최소 허용보조 비율(de minimis)조항을 설정하여 해당 연도 특정품목의 지원이 해당품목 총생산액의 5%를 초과하지 않는 품목 특정적 보조와 농업생산액의 5%를 초과하지 않는 품목 불특정 보조의 경우에는 총량측정액 계산에서 제외함으로써 감축의무가 면제된다. 한편 개도국의 경우에는 시장개방부문에서의 특별대우와 같은 맥락에서 국내보조 감축률(선진국의 2/3 수준), 이행 기간(10년), 최소허용보조율(10%)을 선진국보다 유리하게 완화시켜 줌과 동시에 농업에 대한 일반적 투자보조, 저소득계층에 대한 투입재 보조, 그리고 마약작물의 작물전환지원 등에도 감축의무를 면제시켜 주고 있다.

(6) 수출보조(제8~11조)

UR 농산물 협상 수출보조 분야에서는 우선적으로 수출보조금을 정의하고, 이를 기초로 향후 감축할 수출보조금의 범위와 감축방식 등이 구체화되어 있다. 농업협정문 제9조 1항에서는 6가지 감축대상 수출보조 유형을 예시하여 포괄적으로 기술하고 있고, 특히 제8조와 9조 3항에서 수출보조에 대한 약속이행 및 수출보조범위 확대에 대한 제한을 엄격히 규정하고 있다. 제8조는 협정문 및 해당 회원국의 이행계획서에 제시된 약속이행과 일치하지 않는 수출보조금을 지급지 아니한다고 규정하고 있고, 제9조 3항은 수출보조 범위확대에 관한 약속은 양허표에 제시된 대로 이행해야 함을 규정함으로써 신규시장이나 신규품목에 대한 수출보조나 수출보조의 재도입에 대한 제한을 명시하고 있다.

더욱이 농업협정문 제10조는 수출보조 감축약속의 우회 행위에 대한 제한으로 감축대상이 아닌 수출보조가 감축이행약속을 우회하는 결과를 초래하거나 그러한 우려가 있는 방법으로 운영되어서는 안 된다고 규정하고 있다. 한편 감축대상 수출보조로 예시되지 않은 수출신용, 수출신용보증 및 수출보험에 대해서는 이를 규율하기 위한 국제적 규범도출에 노력하고, 향후 합의될 국제규범에 따라서만 이들을 제공키로 합의하였으며, 국제식량원조도 가급적 최대한 무상원조의 형태로 제공되어야 함을 규정하여 수출보조의 수단으로 사용되는 것을 제한하고 있다. 농업협정 9조 1항에 규정된 6가지 감축대상 수출보조 유형은 다음과 같다.

① 수출수행을 조건으로 하는 정부 또는 정부대행기관의 현물을 포함한 직접보조
② 비상업적 재고 수출을 위해 국내구매 가격보다 낮은 가격으로 판매 및 처분
③ 정부의 활동으로 조성된 재원을 통한 수출보조
④ 수출농산물의 출하, 등급, 국제운송비 등 유통비용 절감지원
⑤ 수출농산물의 국내 운송비 지원
⑥ 수출상품에 사용되는 것을 조건으로 한 원료농산물에 대한 보조

그러나 개도국의 경우 이행 기간 중에 위의 감축대상 수출보조에서 ④와 ⑥의

수출보조에 대해서는 우회적인 방법으로 지원되지 않는 한 감축약속이행 의무에서 면제된다. 이와 같은 감축대상 수출보조의 경우는 1986-90년을 기준으로 1995년부터 6년 동안 재정지출의 36%와 보조물량의 21%를 감축하는 데 합의하였으며, 반면에 개도국은 우대조치로써 10년의 이행 기간 동안 각각 수출보조 지출의 24%와 물량의 14%를 감축하도록 규정하고 있다.

3) 도하개발아젠다(DDA) 농산물 협상

농업 분야는 우루과이라운드(UR)협상 이전에는 국제무역협상의 논의대상이 아니었다. UR협상에서 처음으로 예외 없는 시장개방의 원칙이 적용됨에 따라 농업도 협상대상에 포함되었다. 2000년부터 UR협상에 이은 새로운 농업협상이 시작되었다. 이는 UR협상 결과 합의된 농산물 시장개방 및 자유화 약속의 수준이 상품 분야에 비하여 미흡하다는 판단하에 이를 시정하기 위하여 UR협상 타결 시 후속협상을 2000년부터 개시하도록 합의한 것에 따른 것이며(소위 Built in Agenda라고 한다), 2001년 11월 카타르 도하 각료회의 결과로 DDA협상이 출범하면서 농업협상도 DDA협상의 일부로 편입되었다.

농업협상에서는 관세와 같은 보호장벽의 실질적 감축, 농업 분야에 대한 국내보조의 실질적 감축 및 수출보조의 단계적 철폐를 위한 방안을 주로 논의하고 있다. WTO 회원국들은 관세와 보조금의 감축 등 시장개방의 폭과 속도에 대한 세부원칙을 2003년 3월 말까지 수립하도록 되어 있었으나 미국과 케언즈그룹, 그리고 한국, EU, 일본 등의 입장이 팽팽히 맞서고 있어 합의점을 찾지 못하고 있다.

DDA 농업협상의 당초일정을 살펴보면, 2001년 11월 협상을 개시하여 2003년 3월 농업협상의 세부원칙(Modality)을 마련하기로 하였다. 또한 2003년 9월 이행계획서의 작성 및 제출, 2003년 9월 이후 이행계획서를 검증을 거쳐 2004년 12월 31일 DDA 농업협상을 종료하기로 하였으나 2007년 현재 제시된 세부 원칙안에 합의를 도출하지 못하고 있어 농업협상 일정이 지연되고 있는 실정이다.

농산물 수출국들은 UR협상이 농업 분야를 다자무역체제로 끌어들이는 데는 성공했지만 UR협상의 이행 결과 농산물 교역확대가 기대에 미치지 못하는 것으로 평가하고, 관세와 보조금 감축 등 급진적인 개혁을 요구하고 있는 반면 우리나라를 비롯한 농산물 수입국들은 UR협상과 일관성을 유지하고, 농업의 비교역적 관심사항을 적절히 반영하기 위해 점진적이고 신축적인 개혁이 이루어져야 한다고 주장하고 있어 첨예하게 대립하고 있다.

2. 식품위생과 동식물검역조치 협정

1) 배 경

WTO가 출범하기 전에는 각국의 동·식물 위생관련 규제는 GATT 제20조(b)에 따라 GATT 규범의 예외로 취급되어 왔다. GATT 제20조(b)에는 "본 협정의 어떠한 규정도 체약국이 다음의 조치를 채택하거나 실시하는 것을 방해하는 것으로 해석되어서는 아니 된다. 단, 이러한 조치가 동일한 조건하에 있는 국가 간에 자의적이며 불공평한 차별의 수단 또는 국제무역에 대한 위장된 제한조치로 사용되지 않을 것을 조건으로 한다……(b) 인간 및 동식물의 생명 혹은 건강의 보호를 위하여 필요한 조치"라고 규정되어 있다.

그러나 UR 협상결과 농산물 무역이 자유화되는 과정에서 각국의 동·식물위생관련 제도가 하나의 비관세무역장벽으로 등장할 가능성이 증대됨에 따라, 위생 및 검역관련 제도에 대한 다자간 규범 마련의 필요성이 제기되었다.

위생 및 검역조치 적용에 관한 협정(SPS)은 농업협정과 밀접하게 연관되어 있다. 인간, 동물 또는 식물의 생명과 건강을 보호하기 위하여 필요할 경우에 무역을 제한하는 정부의 권리는 GATT 제20조(b)에 의해서 항상 인정되었으며, 다만 그러한 제한조치는 동일한 상황에 있는 국가를 부당하게 차별하는 방법으로 적용하거나, 무역제한을 위장하는 수단으로 적용되어서는 안 된다. 그러나 다수 국가는 관세화의 결과로 농산물에 대한 비관세장벽이 금지됨에 따라 위생 및 검역을 이유로 하여 무역에 대한 부당한 제한의 사용은 더욱 증가할 것을 우려하였다. 이러한 위협에 대처하기 위하여 새로이 고안된 SPS 협정은 1973~1979년 중 도쿄라운드 협상에서 채택된 무역에 대한 기술장벽 협정을 모델로 하고 있으며, 협정 자체는 우루과이라운드에서 협상되었다.

SPS 협정의 목적은 식품의 안전과 동식물의 건강을 보호하기 위한 정부의 조치가 무역에 미치는 효과를 최소한으로 유지하는 것이다. 이 협정은 해충과 질병으로부터 동식물의 건강을 보호하고, 식품 및 사료의 위험(가령 독소 또는 잔류 살충제)으로부터 인간과 동물의 건강을 보호하거나 동물을 통한 질병(가령 광견병)으로부터 인간을 보호하기 위하여 취하는 모든 조치에 적용된다. 협정은 이러한 목적의 조치를 취할 수 있는 정부의 권리를 인정하고 있다. 그러나 이러한 조치는 생명 또는 건강을 보호하기 위하여 필요한 범위 내에서만 적용되어야 하며, 과학적 원리에 기초하여야 하고, 그리고 과학적 증거가 없을 경우에는 유지될 수가 없다. 이는 SPS 조치는 실험실 내의 검사와 분석에 기초해서, 그리고 식품안전에 대한 순수한 우려와 동식물의 건강에 대한 심각한 위협이 확인된 경우에만 시행될 수 있음을 의미한다. 그러나 충분한 과학적 자료가 아직 확보되지 않았더라도 정부는 잠정적으로 예비적 제한을 부과할 수 있다. 이러한 조치는 동일하거나 유사한 상황에 있는 회원국을 자의적으로 또는 부당하게 차별할 수 없으며, 무역제한을 위장하는 수단으로 사용될 수 없다.

이러한 의무의 이행과 관련하여 SPS 협정 제3조는 정부에게 본질적으로 두 가지 선택대안을 제시하고 있다. 첫 번째 대안은 관련된 국제기구가 존재할 경우 여기서 개발된 표준, 지침 및 권고에 기초하여 조치를 결정하는 것이다. 또 다른 대안으로, 과학적 근거가 있거나, 제5조의 기준에 의하여 평가할 때 높은 수준의 보호를 적합한 것으로 인정하여야 할 위험이 존재하는 경우에는 높은 수준의 보호 조치를 취할 수 있다. 이러한 위생 또는 검역보호의 적절한 수준은 흔히 수용 가능한 위험수준이라고 지칭된다.

SPS 협정의 적용에 있어서 중요한 이슈는 각국 정부가 수용 가능한 위험이 무엇인지에 대하여 충분한 근거 없이 결정을 변경하고 이를 통해 차별 또는 위장된 무역제한을 초래하지 않고 일관성 있는 결정을 내릴 것인지, 그리고 국제적 표준을 적용하지 않는 경우에는 그렇게 하지 않는 충분한 이유가 있는지의 문제이다. 관련된 국제적 표준이 존재하지 않는 경우에는 위험평가에 기초하여 조치가 이루어져야 한다. 국제적 표준, 지침 또는 권고에 기초하는 조치는 SPS 협정에 합치되는 것으로 추정된다. WTO 자신은 기술적 표준을 제정하지 않을 것이나, 협정은 식량농업기구 및 세계보건기구(FAO / WHO), 국제식품규격위원회(CODEX: Codex Alimentarius Commission), 국제가축전염병사무소(IOE: International Office of Epizootics), 그리고 국제식물보호협약(IPPC: International Plant Protection Convention)의 체제하에서 활동하는 기구들을 언급하고 있다.

협정은 WTO 회원국이 이들 기구의 활동에 전면적으로 참여하고, 가능한 한 광범하게 SPS 조치를 조화시킬 것을 요구하고 있다. 회원국들은 동일한 수준의 건강보호를 가져오는 다른 국가의 관행을 동등한 것으로 인정하여야 한다. 이 규정은 다른, 그리고 어쩌면 기술적으로 덜 정교한 조치가 동일하게 안전한 물품을 보장할 수도 있음을 인정하고 있다. 공급국의 다른 지역에 질병이 존재하는 경우에도, 질병이 없는 지역이나 당해 해충 또는 질병의 가능성이 낮은 지역에서 수입될 경우에는 이를 고려하여야 한다.

협정 부속서(부속서 C)는 회원국이 사용할 통제·검사 및 승인절차의 요건을 구체적으로 정하고 있으며, 이에는 내국민대우·공표 그리고 수수료를 실제발생 비용에 한정하는 것 등에 관한 GATT의 규정과 유사한 요건이 포함된다. 또한 회원국이 취하는 SPS 조치의 투명성을 확보하기 위하여 구체적 규범이 채택되었으며, 이에는 새로운 규제가 제안되거나 규제가 변경되었을 경우, 이것이 관련된 국제적 표준과 상이할 경우에는 이를 통보해야 하는 요건이 포함되어 있다. 각 회원국 정부는 이러한 조치에 대한 정보를 제공하기 위하여 단일 문의창구를 설치하여야 한다.

SPS 위원회는 협정의 시행을 감독하고, 구체적인 양자적 무역문제에 관하여 회원국들이 협의하는 기회를 제공하며, 협정 규정의 시행을 용이하게 하는 장치의 개발을 책임지고 있다. 위원회는 협정의 운영상황을 검토하여야 하며, 제1차 검토는 1998년에 이루어질 것이다. 또한 위원회는 국제적인 조화와 국제적 표준의 사용을 위하여 다른 기구와 협조하게 될 것이다.

최빈개도국은 SPS 협정의 수입품 취급에 관한 규정의 적용을 5년간 유예할 수 있다. 다른 개도국은 이러한 규정의 적용을 1996년까지 연기할 수 있으나, 위험평가와 투명성에 관한 규정은 제외된다. 협정은 식품안전과 동식물을 위한 건강보호시스템의 강화를 위하여 회원국, 특히 개도국에 대하여 기술지원을 제공할 것을 규정하고 있다. 협정은 회원국이 개도국의 관심품목에 영향을 미치는 SPS 조치를 도입할 때에는 가능하다면 신축성을 허용할 것을 권고하고 있다. 또한 협정은 특정한 상황에서 위원회가 개도국의 의무에 대하여 구체적이고, 시한부의 예외를 허용할 수 있도록 규정하고 있다.

2) 주요 내용

(1) 협정문의 구성

WTO 식품위생 및 동식물 검역조치에 관한 협정(SPS)은 14개 조항과 3개 부속서로 구성되어 있다.

(2) 기본적인 권리 및 의무(제2조)

회원국은 인간, 동물 또는 식물의 생명 또는 건강보호를 위하여 필요한 위생조치를 취할 권한을 보유하나 동 조치는 이 협정의 규정에 합치를 필요로 한다. 인간, 동물 또는 식물의 생명 또는 건강을 보호하는 데 필요한 범위 내에서만 적용하고, 과학적 원리에 근거하며, 충분한 과학적 근거 없이 유지되지 않도록 보장함을 규정하고 있다. 또한 동일하거나 유사한 조건하에 있는 회원국에 대한 자의적이고 부당한 차별을 금지하며, 국제무역에 대한 위장된 제한을 구성하는 방법으로 적용하는 것을 금지하고 있다.

(3) 국제기준과의 조화(제3조)

국제기준, 지침 또는 권리가 있는 경우 이에 기초하여 적용하며, 관련 국제기준으로 식품에 있어서는 국제식품규격위원회(CODEX) 기준으로, 동물위생에 있어서는 국제수역사무국(OIE)을 기준으로, 식물위생에 있어서는 국제식물보호협약(IPPC)을 기준으로 함을 규정하고 있다. 다만 과학적 정당성이 있거나 회원국이 관련 규정(제5조 제1항부터 제8항까지)에 따라 적절하다고 결정하는 경우, 국제기준보다 엄격한 규제유지가 가능하다.

(4) 동등성(제4조)

수출회원국이 자국의 조치가 수입회원국의 위생 및 식물위생 보호의 적정수준을 달성한다는 것을 동 수입회원국에게 객관적으로 증명하는 경우, 회원국은 다른 회원국 사용조치가 자국 또는 여타국 조치와 상이하더라도 동등한 것으로 수락한다.

(5) 위험평가(제5조)

동·식물 위생 규제의 객관적 지표로서 위험평가(risk assessment)를 활용하며, 위생 또는 식물위생보호의 적정수준 결정 시 회원국은 무역에 미치는 부정적 영향을 최소화하는 목표를 고려하고, 또한 필요한 정도 이상의 무역 제한적인 조치가 되지 않도록 고려해야 한다.

(6) 투명성(제7조)

투명성 확보를 위해 위생 또는 식물위생조치의 변경을 WTO 사무국에 통보해야 한다.

(7) 분쟁해결(제11조)

WTO 협정상의 분쟁해결 양해절차 규정을 적용한다.

(8) 위생 및 식물위생조치위원회 설치(제12조)

위생 및 식물위생조치위원회를 설치하여 협정규정 이행에 필요한 기능을 수행하며, 특정 위생 또는 식물위생 사안에 대하여 회원국 간의 특별 협의 또는 협상을 장려하고 촉진한다.

(9) 개도국에 대한 특별 및 차등 대우(제10조, 제14조)

개도국의 경우 자국의 수출 관심품목에 대한 수출기회 유지를 위하여 동 품목에 대한 보다 장기간의 준수 기간 부여하며, 개도국에게 협정에 따른 의무의 전체 또는 부분으로부터의 구체적이고 한시적 예외를 부여한다. 또한 개도국은 기술지식, 하부구조, 자원이 부족한 경우 협정내용을 WTO 발효일로부터 2년간 연기가 가능하며, 최빈개도국은 5년간 적용 연기가 가능하다.

3. 섬유협정

1) 배 경

섬유 및 의류에 관한 국제교역은 GATT의 자유무역체제에서 벗어나 섬유제품 수입선진국과 섬유제품수출 개발도상국가 간 사이에 체결된 다자간 섬유협정(MFA: Multi−Fiber Arrangement)에 의해 규제되고 있었다.

다자간 섬유협정은 GATT의 무차별원칙 및 수량제한 금지원칙에서 벗어나 수입국과 수출국과의 양국 간 쿼터 협정을 통하여 수입국이 수출국별로 차별적인 수입수량을 설정하고 연 증가율을 제한하는 것을 허용하고 있었다. 이로 인해 섬유제품에 대해서 수입국가가 일방적으로 또는 상호간무역협정을 통하여 수입을 제한할 수 있게 되었다. 다자간 섬유협정이 선진국의 자국시장보호를 위해 지속적으로 운영되자 개발도상국들은 이의 철폐를 요구하여 왔다. 우루과이라운드 출범 시 섬유류 무역의 자유화를 주장하는 개도국 입장을 반영하여 MFA를 철폐하고 섬유류 무역을 GATT로 복귀시키기로 결정하였다.

WTO 섬유 및 의류협정은 다자간 섬유협정을 철폐하고 섬유류 제품의 무역을 원래의 GATT 체제에 단계적으로 복귀시킴으로써 자유로운 교역이 이루어지도록 하였다. 따라서 섬유류 협정은 다자간 섬유협정에 의하여 규제되고 있는 섬유류를 일정기한 내에 단계적으로 GATT에 복귀시키고, GATT에 복귀된 품목에 대해서는 차별적인 수입규제를 발동할 수 없으며, 복귀 기간 중에 규제가 계속 중인 품목에 대해서는 현재보다 쿼터량을 증가시켜 나간다는 내용을 담고 있다.

2) 주요 내용

(1) 협정의 구성

WTO 섬유 및 의류협정(ATC)은 9개 조항 및 1개의 부속서로 구성되어 있으며, 부속서는 협정적용 대상품목 목록으로서 다자간 섬유협정의 규제대상품목을 근간으로 하고 있다.

(2) 수량제한의 통보(제2조)

각국은 협정 발효 후 60일 이내에 현행 다자간 섬유협정 또는 양자 간 협상하에서 시행 중인 모든 수량제한의 내용을 섬유감시기구(TMB: Textile Monitoring Body)에 통보하며, 섬유감시기구는 이를 모든 회원국에 통지한다.

(3) 협정대상품목의 GATT 통합방법(제2조)

각국은 WTO 협정발효로부터 10년간을 과도 기간으로 설정한다. 동 과도 기간 중 3회에 걸쳐(협정 발효 시, 발효 3년 후, 발효 7년 후) 1990년을 기준으로 협정대상품목 총수입량의 51% 이상을 자유화하여야 하며, 매번 자유화 시에는 사, 직물, 완성섬유제품 및 의류 등 4대 제품군을 모두 포함하여야 한다. 11년째 되는 첫날 나머지 49%를 자유화하며, 자유화 조치의 구체적 내용은 시행 12개월 전까지 섬유감시기구에 통보하여야 한다.

(4) 잔여 규제품목의 쿼터 증가(제2조)

통합과정에서 제한이 계속 중인 품목(미통합 품목)에 대해서는 기본적으로 현 양자협정상의 제한수준(쿼터량)을 적용하되, 연도별 제한수준 증가율은 단계별로 현 양자협정상의 제한수준 증가율보다 높은 증가율을 설정하여야 한다.

(5) 협정대상품목이 아닌 섬유류제품의 자유화(제3조)

각국은 협정대상품목이 아닌 섬유류 제품에 대한 제한조치를 협정 발효 후 60일 이내에 섬유감시기구에 통보하고, 협정 발효 후 1년 이내에 GATT에 일치시키거나 또는 협정 발효 후 6개월 이내에 점진적 철폐를 위한 계획을 섬유감시기구에 제출하고, 이를 이행해 나가야 한다. 점진적 철폐이행 기간은 협정 존속 기간인 10년을 초과할 수 없다.

(6) 우회수출에 대한 대응조치(제5조)

환적, 항로변경, 원산지 국가 또는 원산지 지역에 대한 허위신고 및 공문서 위조를 통한 우회수출행위가 있을 경우 수출국 등 관련국은 수입국의 요청에 따라 협의에 응하고 조사 등에 필요한 협조조치를 취해야 한다. 조사결과 우회발생에 대한 충분한 증거가 있는 경우 수입국은 통관 거부 또는 관련국의 쿼터량 조정 등의 조치 실시가 가능하다.

(7) 과도적 세이프가드제도(제6조)

1994년도 GATT에 통합된 품목을 제외한 협정 부속서의 대상품목에 대하여는 대상국과의 협의를 거쳐 과도적 세이프가드 적용이 가능하며, 자유화를 통해 통합된 제품은 GATT 제19조의 세이프가드 조항이 적용된다.

특정상품의 수입증가로 인하여 동종 및 직접적인 경쟁관계에 있는 상품을 생산하는 국내산업에 심각한 피해 또는 이에 대한 현실적 우려(serious damage or actual threat hereof)가 있을 때 발동하며, 국별 수입량을 감안하여 국가별로 세이프가드 조치를 적용하며, 과도적 세이프가드 조치에 의해 특정품목의 수출에 대한 규제 시 그 수준은 과거의 정상적인 무역수준 이하가 되어서는 안 된다. 과도적 세이프가드 조치는 발동 후 3년 동안 또는 대상품목이 1994년도 GATT에 통합되는 시점 중 먼저 도래하는 시점까지 적용 가능하다.

(8) 섬유류 무역에 대한 GATT 일반원칙 적용(제7조)

각국은 협정대상품목의 GATT 통합 과정의 일환으로서 그리고 UR 결과에 대한 약속과 관련하여 1994년도 GATT의 규칙 및 규율 준수를 위해 필요한 조치를 실시한다. 관세인하 및 양허, 비관세장벽 완화 또는 철폐, 수입통관 절차간소화 등 섬유 및 의류제품 시장에의 접근 개선, 반덤핑, 보조금·상계조치 및 지적재산권 보호제도의 공정한 운영, 그리고 섬유류 수입에 대한 차별적 조치를 회피한다.

(9) 섬유감시기구(TMB) 설치(제8조)

의장과 10명의 회원으로 구성되는 상설기구인 섬유감시기구를 설치하여 협정의 이행 감독, 협정에 따른 조치의 협정과의 합치 여부 조사 및 협정상 요구되는 조치의 이행을 감독한다.

(10) 협정 존속 기간(제9조)

협정 및 협정의 모든 제한은 협정 발효 후 10년간 존속하며, 연장은 불가하다.

4. 기술장벽협정

1) 배 경

기술규정 또는 표준이란 정책당국 또는 민간표준기구를 중심으로 상품에 대한 기술규격(technical specification)을 설정하여 동 기술규격을 근거로 제품의 적합성을 평가함으로써 상품의 생산 및 유통상의 효율성을 제고시키는 일련의 과정을 의미한다. 일반적으로 기술규정은 인간과 동·식물의 생명, 안전, 보건, 위생, 환경의 보호 또는 국가안보의 확보 등을 위하여 특별한 고려를 필요로 하는 제품에 적용되며, 법적인 강제성에 따라 기술규정과 표준으로 구분된다. 이와 같은 표준관련 제도는 복잡한 기술체계의 공동사용, 시장투명성의 제고, 정보비용의 절감, 부정방지 및 보건·환경관련 위험의 억제 등을 보장하기 위해 사용되며, 별도로 각국 정부는 표준관련 제도를 통하여 인간·동식물의 생명과 보건, 안전, 환경보호, 국가안보 등 특정한 공공정책 목표를 위해 법률적으로 구속력을 가지는 기술규정을 제정하여 이에 대한 이행의무와 국경조치를 취하고 있다.

그러나 표준관련 제도는 과거 각국이 자국 상품의 표준화를 위한 기준 및 절차를 규정할 때 단지 자국의 국내시장만을 주요 관심대상으로 하여 제정한 결과로 인하여 일반적으로 국가마다 서로 다르게 되어 있다. 이에 따라 국가 간의 무역에 상당한 영향을 미치게 되며, 이러한 표준화의 차이가 수입을 억제하는 효과를 초래할 수 있다. 이와 같이 상품의 기술표준의 차이에 따라 발생할 수 있는 국가 간의 상품이동에 대한 장애를 무역에 대한 기술장벽이라고 한다.

기술장벽은 다자무역체제의 정착으로 인해 관세가 크게 인하됨에 따라 각국 정부들이 과다한 기술요건, 국제적으로 통용되지 않는 표준, 수출국과의 중복 검사 등의 수단을 통하여 자국 산업의 보호를 목적으로 사용할 수 있다. 기술장벽의 일반적인 유형은 기술규정, 표준 및 적합성 평가절차와 관련하여 발생한다. 기술규정상 대표적인 기술장벽은 차별적인 기준의 적용, 과다한 기술요건, 국제표준과의 불일치, 투명성의 문제, 기술규정의 부재 등이 있다. 표준의 경우 준수가 자발적인 성격을 지니고 있음에도 불구하고 민간부문에서 설정한 표준을 준수토록 법제화하는 등 시장여건상 실질적인 강제성을 지닐 수 있다는 점에서 기술장벽으로 작용하고 있다. 적합성 평가절차와 관련하여 기술장벽의 대표적인 예로서 표준, 기술규정 또는 적합성 평가절차상에는 국가 간 차이가 없음에도 불구하고 중복적인 검사를 요구하는 경우와 검사지연, 비용과다, 불투명한 절차 등이 있다. 한편, 표시부착(labelling)의 경우에도 상이한 표시부착요건과 과다한 표시요건도 기술장벽으로 작용하고 있다.

기술규정은 주권국가가 자국의 국민과 동·식물의 생명 및 건강을 보호하기 위해 취하는 조치이기 때문에 이의 장벽으로서의 기능 여부와 그 경제적 효과를 판단하기가 모호하고 어렵다.

일반적으로 기술장벽은 모든 상품에 대한 기술적 규제조치를 포함하고 있으나 WTO 협정상 그 조치의 형태에 따라 기술장벽 또는 위생 및 검역(sanitary and phytosanitary: SPS)조치로 구분된다. 원초적으로 기술규정과 관련하여 무역에 영향을 미치는 모든 조치는 GATT 1947 제1조의 일반적 최혜국대우조항 및 제3조의 국내과세 및 규제에 관한 내국민대우조항의 적용대상이었다.

또한 1974~79년간 진행된 동경라운드에서 타결된 '무역에 대한 기술장벽에 관한 협정'(Agreement on Technical Barriers to Trade)의 주된 목적은 비록 위생 및 검역조치를 규율하기 위해 고안되지는 않았지만 식품안전 및 동·식물과 관련된 기술요건들도 적용대상의 범위에 포함하고 있었다. 그러나 우루과이라운드(UR)에서는 당초 농산물협상의 일환으로 논의된 위생 및 검역조치관련 규정은 동 사안의 중요성을 감안하여 별도의 '위생 및 검역조치의 적용에 관한 협정'으로 규범화되었다.

기술장벽협정은 SPS협정에서 정의하고 있는 위생 및 검역조치인 경우를 제외하고는 모든 기술규정, 자발적 표준 및 절차를 포함하고 있다. SPS협정은 조치가 기술요건의 여부를 불문하고 식품에서 유래되는 위험으로부터 인간 또는 동물의 건강, 동・식물에 의해 운반되는 병해충으로부터 인간의 건강, 병해충으로부터 동・식물 등을 보호하기 위해 목적을 두고 있는 조치들을 적용대상으로 하고 있다.

TBT조치들은 자동차안전에서부터 에너지절감 장치, 식품상자의 모양에 이르기까지 어떠한 대상도 포함할 수 있다. 예를 들어 인간의 건강과 관련하여 TBT조치는 의약규제 또는 담배의 표시부착 의무 등을 포함할 수 있다. 인간질병의 관리와 관련된 대부분의 조치들은 광견병 등과 같이 동・식물에 의해 보균되는 질병과 관련되어 있지 않는 한 TBT조치에 해당된다. 식품의 경우, 표시(labelling)요건, 영양물 관련사항, 품질 및 포장 등에 관한 규정들은 일반적으로 SPS조치로 간주하지 않아 TBT협정의 대상이 된다.

이에 반해 식품의 미생물학적 오염, 살충제 허용수준, 수의약품 잔류량 등을 대상으로 하는 규정 또는 허용 식품첨가물에 관한 규정들은 SPS조치에 해당된다. 또한 식품의 안전과 직접적으로 연관되어 있는 포장 및 표시요건들도 SPS조치의 대상이 된다.

TBT협정과 SPS협정은 회원국들의 비차별에 관한 기본의무와 같은 공통적인 요소와 제안된 조치의 사전통보 및 질의처(Enquiry Points)의 설립 등과 같은 유사한 요건을 규정하고 있다. 그러나 다수의 규정들은 서로 상이하다. 예를 들어 양 협정은 국제표준의 사용을 권장하고 있으나 SPS협정하에서 식품안전 및 동・식물 건강보호에 있어서 국제표준을 사용하지 않는 것을 정당화시킬 수 있는 사유는 보건상 잠재적인 위험평가에 따른 과학적 근거에 기초한 것이다. 이에 반해 TBT협정은 각국 정부들이 근본적인 기술문제 또는 지역특성 등과 같은 여타 이유로 국제표준이 부적합하다고 결정할 수 있도록 하고 있다. 또한 SPS조치들은 과학적 근거에 기초하여 인간, 동물 및 식물의 건강을 보호하기 위해 필요한 만큼만 취할 수 있다. 그러나 각국 정부들은 국가안보 또는 부정방지 등과 같은 목적을 달성하기 위해 TBT규정을 도입할 수 있다.

무역에 대한 기술장벽에 관한 협정은 동경라운드에서 제정된 9개 다자간무역협상(MTN) 협정 중 하나로서 1980년 1월 1일 발효되었으며, 우리나라는 1980년 10월에 가입하였다. 기존의 기술장벽협정은 114개 GATT 회원국 중 38개국 가입하여 협정 참여국들의 수가 미미하였고, 지방정부 및 비정부기관의 기술장벽협정 이행 의무가 확보되지 않았으며, 기술장벽협정의 적용 및 관할범위가 모호하여 이에 대한 보완의 필요성이 대두된 것이 협정의 배경이라 할 수 있다.

2) 주요 내용

(1) 협정문의 구성

기술장벽협정은 15개 조항 및 3개의 부속서로 구성되어 있다.

(2) TBT협정의 적용 및 관할 범위의 명확화(제1조, 제3조 및 제4조)

기존 TBT 협정이 협정 참여국 간에만 적용되는 복수국간 협정(PTA)인 데 비해 금번 협정은 다자간 협정(MTA)으로서 모든 WTO 회원국에게 적용된다. 농산물의 특성을 고려, 농산물 관련 표준 및 기술규정은 새로이 제정된 '위생 및 식물위생조치의 적용에 관한 협정'에서 관할토록 이관하였다. '공정 및 생산방법 (PPMs)'개념을 도입하여 최종제품뿐만 아니라 생산 과정도 TBT협정의 적용대상에 포함된다. '모범관행규약(Code of Good Practice)'을 제정, 지방정부기관 및 비정부기관이 이를 통하여 TBT 협정을 이행토록 규정하였다.

(3) 기술규정 및 표준 제정의 일반원칙 명시(제2조)

내국민 대우 및 최혜국 대우 부여하며, 회원국은 국제무역에 불필요한 장애를 초래할 목적으로 또는 그러한 효과를 갖도록 기술규정을 준비, 채택 또는 적용하지 않도록 보장하고 있다. 동 목적을 위하여 기술규정은 정당한 목적수행에 필요한 이상으로 무역 규제를 할 수 없으며, 정당한 목적에는 국가안보, 기만적 관행의 방지, 인간의 건강 또는 안전, 동물 또는 식물의 생명 또는 건강, 환경의 보호 등이 포함된다. 원칙적으로 국제표준을 기술규정의 기초로 사용하며, 국제표준과 다르고, 다른 회원국의 무역에 중대한 영향을 미칠 수 있는 기술규정 제정 시 투명성을 보장하여야 한다.

(4) 지방정부기관 및 비정부기관에 의한 기술규정 및 표준 제정(제3~4조)

지방정부기관 및 비정부기관에 의한 기술규정 제정 시 상기 일반원칙을 준수토록 조치하고, 지방정부기관 및 비정부기관에 의한 표준 제정 시 '모범관행 규약'을 준수토록 하였다.

(5) 중앙정부기관에 의한 적합 판정절차(제5조)

적합 판정절차는 가능한 신속히, 그리고 다른 회원국의 영토를 원산지로 하는 상품에 대하여 국내산 동종 상품보다 불리하지 않는 순서로 실시 및 완료한다. 적합 판정절차의 표준 처리 기간은 공표 또는 요청 시 통보하여야 하며, 적합 판정절차와 관련된 정보의 비밀을 존중한다.

(6) 중앙정부기관에 의한 적합 판정의 인정(제6조)

다른 회원국의 적합 판정절차가 자국의 절차와 다르다 하더라도 동 절차가 자국의 기술규정 및 표준과의 적합을 보장하는 경우 다른 회원국의 적합 판정절차의 결과를 수용한다.

(7) 지방정부기관 및 비정부기관에 의한 적합 판정절차(제7~8조)

지방정부기관 및 비정부기관도 중앙정부기관에 상응하여 상기 적합 판정절차 및 타 회원국 판정의 인정관련 규정을 준수하도록 보장한다.

(8) 정보제공 및 기술지원 규정(제10~11조)

표준화 제도의 투명성 보장을 위하여 각 회원국은 문의처를 설치, 여타 회원국 내 이해당사자로부터의 문의에 응답하고 문서를 제공하며, 국가표준기관의 설립 및 국제표준기관에의 참가에 관하여 특히 개도국에게 조언 및 기술지원을 제공해야 한다.

(9) 개도국에 대한 특별 및 차등 대우(제12조)

기술규정, 표준 및 적합 판정절차의 준비 및 적용 시 개도국 수출에 장애를 초래하지 않도록 보장하기 위하여 개도국의 특별한 개발, 재정 및 무역상의 필요를 고려하여야 한다.

(10) 무역에 대한 기술장벽위원회 설치(제13조)

각 회원국의 대표로 구성되며, 협정의 운영 또는 목적의 증진에 관계되는 제반 사항에 관한 협의를 위하여 적어도 1년에 한 번씩 회합한다.

(11) 분쟁해결절차의 통일(제14조)

기존 TBT협정은 협정 자체 내에 분쟁해결절차를 두고 있었으나, 개선된 TBT 협정은 WTO의 분쟁해결에 관한 절차를 준용하도록 규정하고 있다. 단 TBT 협정이 난해한 기술규정이라는 점을 감안하여 패널 조사과정에서 기술전문가단의 의견을 얻도록 명시하고 있다.

5. 무역관련 투자조치 협정

1) 배　경

무역관련 투자조치(TRIMs: Trade Related Investment Measures)란 외국인 투자와 관련하여 무역흐름을 제한·왜곡시키는 투자 유치국의 규제나 인센티브를 지칭하는 것으로 대표적인 무역관련 투자조치로는 국산부품 사용의무, 외환규제, 생산제품의 국내판매 의무, 외환규제를 통한 수입제한, 국내제조의무, 생산제품의 일정량 수출의무, 해외시장에 대한 독점적 공급권 부여 등을 예로 들 수 있다. 세계 최대 투자국인 미국을 비롯한 서구 선진국들은 투자조치의 무역제한·왜곡 효과를 방지할 수 있는 다자간 규범제정을 주장하고 있다.

GATT 차원에서 국제투자문제가 본격적으로 거론된 것은 1980년대 중반 우루과이라운드 협상부터로 1986년 푼타 델 에스테 선언에는 무역의 흐름을 제한 또는 왜곡할 수 있는 투자조치의 규제를 규율하기 위한 협상을 개시한다는 내용이 포함되었다. 물론 UR 협상에서도 국제투자문제 자체가 협상의 대상이 된 것은 아니고, 무역의 자유로운 흐름을 왜곡하는 투자조치만을 일종의 비관세장벽 차원에서 다루었을 뿐이나 제한된 범위이나마 국제투자가 공식적으로 거론되었다는 데 중요한 의의가 있다. 동 선언에 따라 무역왜곡효과를 갖는 투자조치를 규제하는 규범의 제정을 위한 협상이 이루어졌고, 그 결과 무역관련 투자조치협정(TRIMs)이 체결되었다.

2) 주요 내용

(1) 협정의 구성

무역관련 투자조치협정은 9개 조항 및 1개의 부속서로 구성되어 있다. 적용범위, 내국민대우와 수량제한 금지, 개도국 우대, 통보 및 과도조치, 투명성, 협의 및 분쟁해결 등의 내용을 담고 있다.

(2) 적용범위(제1조)

상품무역에 관련된 투자조치에 한하여 적용된다.

(3) 내국민대우와 수량제한(제2조)

GATT의 내국민대우 원칙(GATT 제3조)과 수량제한 철폐(GATT 제11조) 원칙에 위반하는 무역관련 투자조치의 운용은 불가하다.

(4) 예외조치(제3조)

GATT 규정상의 모든 예외조치는 본 협정에도 적절히 적용된다.

(5) 개도국에 대한 우대 인정과 경과규정(제4조-5조)

국제수지 목적을 위한 경우 GATT의 내국민대우 의무 및 수량제한 철폐 의무로부터 일시적 일탈을 허용하며, 각 회원국은 협정 발효 후 90일 이내 본 협정과 어긋나는 모든 무역관련 투자조치를 사무국에 통보하고, 통보된 무역관련 투자조치를 발효일로부터 선진국은 2년, 개도국 5년, 최빈개도국은 7년 이내에 철폐한다. 특별한 경제적 어려움에 따른 개도국의 철폐기한 연장 요청 시 상품무역이사회는 동 기한의 연장이 가능하다.

(6) 협의(제6조)

각 회원국은 TRIMs 관련 간행물을 사무국에 통보해야 하며, 여타 회원국으로부터의 정보 요청을 호의적으로 고려하고, 협의를 위한 적절한 기회를 제공하여야 한다.

(7) 분쟁해결

무역관련 투자조치 관련분쟁은 WTO 분쟁해결절차를 적용한다.

(8) 협정문의 개정 제안(제9조)

WTO 협정 발효 후 5년 이내에 상품무역이사회는 협정의 운영을 검토, 적절한 경우 각료회의에 협정문의 개정을 제안한다.

6. 관세평가협정

1) 배 경

관세평가(customs valuation)란 수입상품의 과세가격을 결정하는 일련의 절차나 방법을 의미한다. 관세액을 책정하는 데 기준이 되는 것은 관세율과 과세가격(과세표준)이므로 과세가격의 적정한 평가는 관세의 적정한 부과와 직결된다. 관세의 적정한 부과를 위해서는 먼저 수입물품에 대한 과세가격이 정확하게 포착되어야 하므로 과세가격을 제2의 관세율이라고도 한다.

관세제도는 국가적으로 관세의 징수를 통한 재정수입의 확보와 함께 국내 산업을 보호하는 산업정책적인 기능을 가지고 있다. 반면에 외국수출자의 입장에서는 관세는 넘어야 하는 무역장벽이기 때문에 가급적 과세가격이 낮게 책정되기를 원한다. 관세평가제도는 일부 개발도상국에서와 같이 관세수입이 국가재정수입에서 중요한 비중을 차지하는 경우에는 국가경제에 매우 큰 중요성을 가지며, 또 관세당국이 고액의 관세가 부과되도록 하는 경우는 하나의 보호무역장벽으로 이용될 수 있다.

한 국가의 수입상품의 과세가격이 저평가될 경우 국가의 관세수입이 감소하게 되며, 관세부담이 적어짐으로써 수입상품의 경쟁력을 향상시켜 국내 산업에 나쁜 영향을 주게 된다. 반면에 과세가격이 고평가될 경우 수입자의 부담을 가중시켜 수입을 저지하는 효과를 주고, 관세수입이 증가할 수 있다.

이렇듯 과세가격의 평가를 달리함에 따라 당사자들의 이해관계가 달라지지만 전체적인 측면에서 보면 국제적인 차원에서뿐만 아니라, 개별국가의 차원에서도 부정적인 영향이 더 많다. 고평가든 저평가든 어느 경우에나 시장의 왜곡을 초래하고, 불공정한 무역이 되며, 수입자에 의한 국제이전가격조작을 통한 조세회피를 할 수 있는 여지를 제공할 수 있는 것이다. 따라서 각국에 의한 관세평가방법의 독자성을 존중하면서도 관세평가가 관세양허의 효과를 저해하지 않고 국제무역장벽이 되지 않도록 합리적이고, 객관적이며, 그리고 통일성 있는 관세평가제도를 위한 국제규범을 확립할 필요성이 있다.

관세평가 협정은 동경라운드에서 체결된 9개 다자간 무역협정 중 하나로서 1981년 1월 1일 발효되었으며, 우리나라는 1981년 1월 6일에 가입하였다. WTO 관세평가 협정이 기존의 관세평가협정은 일부 GATT 회원국만이 가입하고 있던 복수국간 협정으로서의 한계점을 지니고 있어 동 협정 적용대상을 확대시킬 필요성에 의해 우루과이라운드 협상 결과로 체계화되었다.

2) 주요 내용

(1) 협정문의 구성

관세평가협정은 전문, 24개 조항 및 3개 부속서로 구성되어 있다.

(2) 관세평가규칙(제1조~제6조)

수입품의 관세가격은 거래가격으로 한다. 거래가격은 수입국에 수출 판매되는 상품에 대하여 실제로 지불했거나 지불할 가격을 기준으로 상품가격에는 포함되지 않으나 구매자가 부담한 금액 등으로 조정한 가격이다. 관세가격을 거래가격에 의해 결정할 수 없을 경우 아래 가격을 순차적으로 적용한다.

① 동일한 수입국에 수출을 위하여 판매되며 평가대상 상품과 동시 또는 거의 동시에 수출되는 동종동질상품의 거래가격
② 해당상품과 동일 수입국에 수출을 위하여 판매되며, 평가대상 상품과 동시 또는 거의 동시에 수출되는 유사상품의 거래가격
③ 해당상품의 수입 시 또는 수입과 거의 동시에 상품 판매자와 관련이 없는 구매자에게 판매되는 가격
④ 제조원가를 기초로 한 산정가격

상기에 따라 관세가격을 결정할 수 없는 경우 이 협정 및 1994년도 GATT 제7조 관세평가의 원칙과 일반규정에 부합되는 합리적 기준에 따라 수입국 내에서 입수 가능한 자료를 기초로 결정한다.

(3) 특정 관세가격 결정방법의 금지(제7조)

신고가격이 의심스러운 경우 신고가격 자료나 서류의 진실성이나 정확성을 의심할 만한 사유가 있을 경우 세관당국은 수입자에게 추가 자료 제출을 요구가능하며, 응답이 없거나 추가 자료를 얻은 후에도 여전히 진실성이나 정확성을 의심할 만한 합리적인 이유가 있을 경우 거래가격에 의하여 관세가격을 결정하지 않고, 다른 방법으로 결정한다.

(4) 분쟁해결(제19조)

WTO 분쟁해결절차를 적용한다.

(5) 개도국 우대(제20조)

현행 관세평가협정의 당사자가 아닌 개도국에 대해서는 관세 평가협정의 이행을 WTO 협정이 효력을 발생한 날로부터 5년간 유예한다. 또한 선진국 회원국으로 하여금 개발도상회원국에 대해 기술적 지원을 해 주어야 한다.

(6) 관세평가에 관한 기술위원회 설치(부속서 2)

협정의 해석 및 적용의 통일성 보장을 위해 관세협력이사회 후원하에 기술위원회 설치하고, 회원국의 관세평가제도의 운영 시 발생하는 문제점 조사, 해결 방안에 관한 자문의견 제공, 협정 운영에 관한 연례보고서 작성 및 배포 등의 임무 수행한다.

7. 선적전검사협정

1) 배 경

선적 전 검사(Preshipment Inspection)는 선적화물의 가격, 수량 및 품질 등 해외로부터 주문받은 상품의 세부사항을 검사하기 위해 전문민간기업(또는 독립기관)을 고용하는 관행을 말한다. 선적 전 검사는 개발도상국의 정부에 의해 활용되는 것으로, 그 목적은 국가의 재정적 권익 예를 들면 자본도피, 상업적 부정행위, 탈세 등의 방지와 같은 이익을 보호하고 불충분한 행정적 하부구조를 보완하는 것이다.

선적 전 검사는 다국적 기업이나 수출입 업자들이 거래가격의 조작 등을 통해 외화 도피, 탈세 등 부당이득을 취하는 경우가 빈번히 발생하여 이를 막기 위해 일부 수입개도국들이 선적 전에 수입물품의 품질, 가격 등의 적정성 여부를 검토하는 선적 전 검사제도를 도입하였다. 국제거래에서의 상품검사의 일종으로서 수입국의 요청으로 수출국 내에서 민간 검사회사에 의해 행해지고 있는바, UR협상 이전에 국제무역상의 관행으로 발전하였으나 선진국들은 동 제도의 자의적 운영 시 심각한 무역왜곡 효과가 발생할 수 있다고 보고 이를 배제하기 위해 동 제도에 대한 다자간 규범의 제정을 주장하여 논의되기에 이르렀고, 우루과이라운드 협상 결과 WTO 선적 전 검사협정이 제정되었다.

선적 전 검사에 관한 협정은 정부에 의해 위임된 선적 전 검사기관의 활동이 GATT의 원칙 및 의무의 대상이 된다는 점을 규정하고 있다. 선적 전 검사를 사용하는 정부가 부담하는 의무는 비차별성, 투명성, 영업비밀 정보의 보호, 부당한 지연의 기피, 가격확인 조사를 위한 특정한 지침의 사용, 검사기관의 이해상충 회피 등을 포함하고 있다. 선적 전 검사를 사용하는 국가들에 대한 수출국의 의무는 국내법 및 규제의 적용에 있어 비차별성, 법률 및 규제의 신속한 공고 및 요청 시 기술지원의 제공 등이 포함되고 있다.

선적 전 검사협정은 독립적인 검토절차를 확립하고 있다. 이는 검사기관들을 대표하는 기구와 수출국을 대표하는 기구에 의해 공동으로 운영되고 있다. 이의 목적은 수출업자와 검사기관 간 분쟁을 해결하는 것이다.

2) 주요 내용

(1) 협정문의 구성

선적전검사협정은 전문 및 본문 9개 조항으로 구성되어 있다. 적용범위 및 정의, 사용회원국의 의무, 수출회원국의 의무, 독립적 검토 절차, 협정 시행을 위한 국내 법령의 통보, 협정의 검토, 협의, 분쟁해결 및 협정의 이행관련 최종 조항 등을 포함하고 있다.

(2) 사용회원국(PSI 운용 개도국) 및 수출회원국의 의무를 동시에 규정(제2조 및 제3조)

사용회원국의 의무는 제도의 무차별 적용, 투명성 유지, 객관적인 절차와 기준사용, 비밀영업 정보의 보호, 부당한 선적검사 지연 방지의무, 이의제기 절차 보장, 최소가치 이하의 선적에 대한 예외보장 의무 등이다. 수출회원국의 의무는 무차별 적용, 투명성 보장, 기술지원 제공 의무 등이다.

(3) 독립적 검토절차(제4조)

선적 전 검사기관과 수출자 간의 분쟁을 상호 해결하도록 장려한다. 그러나 각 당사자는 불만의 제출 후 2일 경과 후 분쟁을 독립적 검토에 회부가능하며, 독립적 검토절차는 선적 전 검사기관을 대표하는 단체와 수출자를 대표하는 단체가 공동으로 구성하는 독립기관에 의해 운영된다.

(4) 통보(제5조)

협정 발효 시 선적 전 검사와 관련한 회원국 내 모든 법률 및 규정뿐 아니라 이 협정을 시행하는 자국의 법률과 규정의 사본을 WTO 사무국에 제출하여야 한다.

(5) 검토(제6조)

각 WTO 협정 발효로부터 2년째 되는 연도의 말, 그리고 그 이후 매 3년마다 협정의 규정, 이행 및 운영에 관하여 검토하고 각료회의는 동 검토 결과에 따라 협정규정 개정이 가능하다.

(6) 분쟁해결(제8조)

WTO 분쟁해결절차를 적용한다.

8. 원산지규정협정

1) 배 경

원산지규정이란 국제무역에서 거래되는 물품의 생산 및 제조국을 판정하기 위한 제반 법률 및 규정 또는 판례 그리고 관련 행정적 절차를 통틀어 일컫는 것으로 일반적으로 특정국가가 특정제품의 원산지로 인정받기 위해 필요한 세부적인 요건과 통관과정 등에서 상기요건의 충족 여부를 밝히는 원산지 확인절차 및 여타 부대조건 등으로 구성되어 있다. 따라서 그 자체로서는 국제교역을 제한하는 효과를 가질 수 없는 중립적 성격을 띠고 있다.

그러나 원산지규정은 각국별로 상이하며, 그 자체의 불명료성, 복잡성 및 차별성으로 인하여 실질적으로는 무역장벽으로 기능하고 있다. 즉 지역경제 통합의 경우 원산지 규정은 수출국의 보다 엄격한 식별을 통하여 경제적 통합이 가져오는 경제적 효과를 공고히 하고자 하는 데 사용되고 있다. 또한 반덤핑관세나 상계관세의 부과, 쿼터적용 등 원산지의 식별이 수반되는 제반 무역관련 조치에 부속되어 간접적인 수입제한 조치로서의 효과를 발휘하고 있다.

현재 국제적으로 사용되고 있는 원산지인정 기준으로서는 세번변경기준, 부가가치기준, 주요공정기준 등이 있으며 그 적용목적에 따라 특혜원산지규정과 비특혜원산지규정으로 구분될 수 있다.

WTO의 원산지규정협정(ARO: Agreement on Rules of Origin)에는 특혜원산지규정에 관해서는 언급을 하고 있지 않으며 비특혜원산지에 관한 일반적 규정만이 제정되어 있다. 그 적용범위는 GATT 제1조 1항의 최혜국원칙이 적용되지 않는 특혜관세제도를 제외한 일반적인 교역에 있어서 상품의 원산지국가를 결정하는 것으로 그 범위가 한정되어 있다. 즉 GATT 1조, 2조, 3조, 11조, 13조의 MFN원칙, 제6조의 반덤핑 및 상계관세, 제9조의 원산지표시요건, 제19조의 세이프가드 및 여타 모든 차별적인 수량규제나 할당관세 등의 적용과 같이 비특혜적인 통상정책 수단의 적용 그리고 정부조달 및 무역 통계의 작성에 관하여 적용될 뿐인 것이다.

원산지판정 기준으로서는 완전변형기준과 실질변형기준이 있는데 특히 원산지판정기준으로서 실질적 변형(substantial transformation)의 기준의 적용에 있어 실질적 변형의 발생 여부를 판단하는 주된 기준은 세번변경기준(HS기준)이며, 보조적으로 부가가치기준과 주요 공정기준을 사용하기로 하고 있다. 한편 비특혜원산지에 관한 세계적인 통일규정을 만들기 위한 작업이 세계관세기구(WCO)와 WTO의 공동 작업으로 1995년도부터 진행되어 오고 있으나 각국의 첨예한 이해관계의 대립으로 인하여 원래 협상 완료시한이었던 1998년 7월 20일에 타결되지 못하고 현재까지도 협상이 진행되고 있다.

각국의 원산지규정의 상이성, 불명료성, 복잡성 및 차별적 적용 가능성으로 인해 무역장벽의 효과가 발생하고 있다. 이렇듯 원산지규정은 매우 복잡하고 각국 간의 서로 다른 이해관계 때문에 국제무역에 있어서 제2차적 장벽으로 작용하고 있다.

2) 주요 내용

(1) 협정문의 구성

원산지규정협정은 전문, 4부 9개 조항 및 2개 부속서로 구성되어 있다.

1) 제1부: 정의 및 적용 범위
2) 제2부: 원산지규정의 적용에 관한 규율
3) 제3부: 통보, 검토, 협의 및 분쟁해결에 관한 절차 규정
4) 제4부: 원산지규정의 조화
5) 부속서 1: 원산지규정에 관한 기술위원회
6) 부속서 2: 특혜원산지규정에 관한 공동선언

(2) 적용범위(제1조)

1994년 이후 작성될 통일 원산지규정과 과도 기간 동안 각국이 준수해야 할 원산지규정 관련 규칙의 적용범위는 비특혜 무역부문으로 한정하고 있다. 구체적인 적용범위는 최혜국대우원칙(GATT 제1, 2, 3, 11 및 13조), 반덤핑 및 상계관세(제6조), 긴급수입제한조치(제19조), 원산지표시 요건(제9조) 및 모든 차별적인 수량제한 또는 관세쿼터 등의 적용과 같이 비특혜적인 무역정책수단에 사용되는 원산지

규정 등이다. 가장 큰 쟁점 중의 하나였던 특혜무역 원산지규정은 EU 및 캐나다 등의 제안에 따라 적용대상에서 제외되었으나 부속서의 공동성명에서는 특혜원산지 규정의 적용에 있어서도 본 협정상의 원칙에 입각해야 한다고 선언하였다.

(3) 과도 기간 중의 규율(제2조)

원산지규정의 조화작업 계획이 완료될 때까지 각 회원국은 아래 사항을 보장하여야 한다.

① 원산지 판정 요건은 명백하게 규정
② 무역상의 목적 달성을 위한 직·간접적 수단으로서의 원산지 규정 사용 금지
③ 원산지규정의 적용을 통한 국제무역의 제한, 왜곡 또는 교란을 금지
④ 원산지규정은 일관적이고 통일적이며, 공정하고, 합리적인 방식으로 실시
⑤ 원산지규정은 적극적인 기준(positive standard)에 기초
⑥ 원산지 규정에 관한 법령, 사법 결정 및 행정판정은 공표
⑦ 원산지판정은 요청이 있은 후 가능한 조속히, 늦어도 150일 이내에 내려야 하며 제반조건이 비교 가능한 상태로 유지될 경우 동 판정은 3년간 유효
⑧ 원산지규정 도입 또는 변경 시 소급 적용 금지
⑨ 비밀보장을 조건으로 제시된 모든 정보의 비공개 원칙

(4) 실무기구 설치(제4조)

회원국 대표로 구성되는 원산지규정위원회(Committee on Rules of Origin) 설치하며, 또한 관세협력이사회(CCC: Customs Cooperation Council)의 후원하에 있는 원산지규정에 관한 기술위원회(Technical Committee on Rules of Origin) 설치한다.

(5) 회원국의 원산지규정 제출의무(제5조)

각 회원국은 WTO 협정 발효 후 90일 이내에 유효한 자국의 원산지규정, 사법결정 및 행정판정을 WTO 사무국에 제출해야 하고, 기존규정 수정 또는 새로운 원산지규정의 도입 시 이들의 효력 발생 60일 이전에 공표하여야 한다.

(6) 원산지규정의 조화(제3조 및 제9조)

WTO 협정 발효 이후 가능한 조속히 관세협력이사회와 함께 원산지규정의 조화작업을 개시하며, 개시 후 3년 이내에 완결한다. 원산지규정위원회와 기술위원회가 구체적인 작업을 수행한다. 조화된 원산지규정 이행관련 준수원칙은 특혜무역을 제외하고 적용목적에 상관없이 동등하게 적용하며, 원산지는 완전생산국가 또는 실질적 변형이 발생한 공정이 이루어진 국가에 부여한다. 원산지규정의 객관성 및 이해・예측가능성 제고하고, 무역왜곡 효과 배제하며, 적극적인 기준에 의한 서술 등에 의한다.

(7) 협의 및 분쟁해결(제7~8조)

WTO 분쟁해결절차를 적용한다.

제 2 절 ■■■

서비스무역협정

1970년대 후반 이후 세계경제에 미치는 서비스산업과 서비스교역의 영향이 증가하자 각국은 국내 서비스산업의 경쟁력 제고를 위한 투자와 정책 개발에 주목하기 시작하였다. 그러나 서비스교역에 관한 국제규범의 부재가 무역 분쟁의 소지로 작용할 가능성이 높다는 인식이 널리 퍼지게 되었다. 동경라운드가 종료된 이후 1980년대 초반부터 서비스교역에 관한 국제적 논의의 필요성이 제기되어 1982년 개최된 GATT각료회의에서는 서비스교역에 관한 의제를 다루기로 결정하기도 하였다. 그러나 당시만 해도 개도국의 반발이 매우 심했기 때문에 이러한 노력은 단순히 서비스 교역에 관한 정보교환과 작업반의 설치에 머무는 수준으로 그쳤다. 그러나 서비스산업과 서비스교역이 갖는 경제적 비중이 상품무역 못지않게 증가하면서 1986년 시작된 우루과이라운드 다자간 무역협상에서는 서비스교역을 대상으로 하는 본격적인 규범화 논의가 시작되었다.

서비스교역에 관한 논의가 본격화된 것은 UR이 시작된 2년 뒤인 몬트리올 각료회의 때부터였다. 그때까지도 서비스교역에 대한 정의와 서비스산업의 포괄범위에 대해 근본적인 문제가 해결되지 않아 답보상태에 머물렀던 서비스 협상은 서비스교역에 관련된 독자적인 규범 제정, 추가규정이 필요한 서비스 분야에 대한 부속서 제정, 시장개방을 위한 약속협상 등으로 나누어 진행하기로 결정하면서 각 분야별 논의를 진행시켰다. 이후 서비스협상은 많은 진전을 보였으며 1993년 12월 15일 종결된 UR의 결과를 담고 있는 최종의정서가 채택되고 다음해 4월 15일 마라케시에서 각국 대표가 이에 서명함으로써 서비스무역에 관한 일반협정(GATS: General Agreement on Trade in Services)이 정식으로 확정되었다.

1. 서비스무역협정의 서비스 공급 형태

서비스무역협정(GATS)은 국제적으로 교역이 이루어지고 있는 모든 서비스를 다룬다. 서비스무역협정은 국제적으로 서비스가 공급되는 형태를 다음 네 가지로 정의하고 있다.

1) cross-border supply(국경 간 공급)

서비스수요자(소비자)와 서비스공급자(생산자)의 이동 없이 서비스만 이동되는 형태로 국제전화와 같이 한 국가에서 다른 국가로 공급되는 서비스를 말한다.

2) consumption abroad(해외소비)

서비스수요자의 서비스공급자로의 이동 형태로 관광과 같이 소비자나 기업이 다른 국가에서 이용하는 서비스를 말한다.

3) commercial presence(상업적 주재)

서비스공급자의 서비스수요자로의 이동 형태로 외국은행 영업과 같은 외국회사가 다른 국가에 자회사나 지사를 설립하여 공급하는 서비스를 말한다.

4) presence of natural persons(자연인의 이동)

서비스공급자의 서비스수요자로의 이동 형태로 상업적 주재와의 구분은 주체가 법인과 자연인간의 차이이며, 패션모델, 컨설턴트와 같이 개인이 다른 국가로 이동하여 공급하는 서비스 형태를 말한다.

2. 서비스무역협정의 주요 내용

1) 협정의 구성

GATS는 WTO출범당시 모두 6부, 29개 조문으로 구성된 본문과 8개의 부속서 및 8개의 각료결정, 1개의 양해 및 각국별 양허표로 구성되어 있었다. GATS는 상품무역 분야에 있어서 GATT가 차지하는 지위에 해당하는 다자간 무역협정이나 비가시적이며, 측정할 수 없는 서비스의 본질적 특성 때문에 GATT 규범과는 구조적으로 구별되는 특징을 가지고 있다. 그러한 특징 중 가장 대표적인 것이 내국민대우의 법적 지위라 할 수 있다. GATT에서는 양허가 된 품목에 대해서 동시에 적용되는 것이 원칙인 반면 GATS에서는 다자간 협상을 통해 시장접근과 내국민대우가 양허된 서비스 분야에 한해서 회원국에게 적용되는 의무를 구성하기 때문이다.

2) 협정의 주요 내용

(1) GATS의 정의 및 적용범위(제1조)

GATS에서는 서비스에 관해서도 적극적인 정의를 내리지 않고 있다. 다만 소극적으로 GATS가 적용되지 않는 서비스의 범위를 설정하고 있다. GATS제1조 3항 (b)는 정부의 권한을 행사함에 있어서 공급되는 서비스를 GATS상의 서비스 개념에서 제외하고 있다.

'정부의 권한을 행사함에 있어서 공급되는 서비스'라 함은 상업적 기초에서 공급되지 아니하며 하나 또는 그 이상의 서비스 공급자와의 경쟁하에 공급되지 아니하는 모든 서비스를 뜻한다. 즉 각 회원국의 행정당국에 의해 제공되는 독점서비스에는 GATS가 적용되지 아니한다. 이와 유사하게 적용범위에서 제외되는 것으로는 GATS 제13조 1항에 규정되어 있는 정부조달의 경우가 있다. 정부의 목적으로 구매되며, 상업적인 재판매 또는 상업적 판매를 위한 서비스 공급에 사용할 목적이 아닌 정부기관의 서비스 조달을 규율하는 법률, 규정 또는 요건에 대해서는 최혜국대우, 시장접근 및 내국인대우에 관한 의무가 부과되지 않는다. 또한 GATS에는 서비스교역도 적극적인 정의를 내리지 않고 국경 간 서비스 이동을 유형화하여 규정하는 방식을 취하고 있다. GATS 제1조 2항은 서비스교역을 네 가지 유형의 서비스 공급으로 정의하고 있다.

(2) GATS의 적용대상(제1조)

회원국의 조치(measures)에 관하여 GATS상 적극적인 정의는 없지만 해당 범위에 '중앙, 지역 또는 지방의 정부 및 당국, 그리고 중앙, 지역 또는 지방의 정부 또는 당국에 의해 위임된 권한을 행사하는 비정부기구에 의해 취해진 조치'를 회원국의 조치에 포함시키고 있다. 조치는 법률, 규정, 규칙, 절차, 결정, 행정행위 또는 그 밖의 형태의 여부에 관계없이 회원국에 의해 취해지는 모든 형태의 조치를 의미하며, "서비스교역에 영향을 미치는 조치"는 최소한 ① 서비스의 구매, 지불 또는 이용, ② 서비스의 공급과 관련하여, 일반적으로 공중에게 제공되도록 회원국의 요구하는 서비스에 대한 접근과 이용, ③ 다른 회원국의 영토 내에서 서비스를 공급하기 위한 상업적 주재를 포함한 회원국의 자연인의 주재를 포함한다.

3) GATS의 주요 원칙

(1) 최혜국대우 원칙(제2조)

대표적인 GATS의 원칙은 GATT하에서와 같이 무조건부 최혜국대우이다. 최혜국대우를 규정한 GATS 제2조 1항에서는 "이 협정의 대상인 조치에 관하여, 각 회원국은 다른 회원국의 서비스와 서비스 공급자에게 자신이 다른 국가의 동종서비스와 서비스공급자에게 부여하는 것보다 불리하지 않는 대우를 즉시 그리고 무조건적으로 부여하여야 한다."라고 규정하고 있다.

그러나 GATS에서는 GATT의 최혜국대우와는 다르게 GATS 제2조 2항에서 회원국이 '최혜국대우 면제에 관한 부속서'에 면제되는 조치를 열거하고, 또한 이 부속서의 조건을 충족시키는 경우에는 최혜국대우 면제조치를 유지하는 것을 허용하고 있다. 또한 GATS 제2조 3항에는 예외를 한 가지 더 규정하고 있는데, 현지에서 생산되고 또한 소비되는 서비스의 인접접경지대에 국한된 교환을 촉진하기 위하여 인접국에 부여되는 혜택은 최혜국대우 의무로부터 면제됨을 규정하고 있다.

(2) 투명성 보장원칙(제3조)

투명성 보장원칙은 서비스교역의 성격상 최혜국대우 못지않게 중요한 역할을 맡고 있다. 사소한 법제도의 변화에도 민감하게 영향을 받을 수 있는 서비스교역의 성격 때문에 법제도의 변경이 신속히 공개되지 않을 경우 서비스공급에 심각한 장애를 초래할 경우도 발생할 수 있다. 이러한 점을 고려하여 공정한 경쟁을 보장한다는 차원에서 요구되는 원칙이 투명성 보장원칙이다. 각 회원국은 본 협정의 운영에 관련되거나 영향을 미치는 일반적으로 적용되는 모든 관련 조치를 신속히 공표하며, 긴급 상황의 경우를 제외하고는 늦어도 발효 전까지 공표한다. 특정 회원국이 서명국인 서비스무역에 관련되거나 영향을 미치는 국제협정도 또한 공표되어야 한다.

(3) 개도국 참여증대(제4조)

GATS 제4조는 개발도상국의 세계서비스교역의 참여 증대를 보장하기 위한 원칙을 규정한다. GATS 제3부와 제4부에 따라 회원국들이 교섭한 구체적 약속을 통하여 다음과 같이 개발도상회원국의 세계무역에의 참여 증진이 촉진된다. 우선, 상업적인 기초에서의 기술접근 등을 통하여 개발도상회원국의 국내 서비스능력과 그 효율성 및 경쟁력이 강화되어야 한다. 둘째, 유통망과 정보망에 대한 개발도상회원국의 접근이 개선되어야 한다. 셋째, 개발도상회원국이 수출관심을 가지고 있는 분야 및 공급유형에서 시장접근이 자유화되어야 한다.

최빈회원국은 이행에 관하여 특별한 우선권을 부여받아야 한다. 특별한 경제상황과 개발, 무역 및 재정의 필요에 비추어 최빈개도국은 교섭된 구체적 약속을 수락함에 있어서 자신의 심각한 어려움이 특별히 고려되어야 한다.

4) 구체적 약속

GATS 제3부 구체적 약속은 제16조(시장접근), 제17조(내국민대우), 제18조(추가적 자유화약속)로 구성되어 있다. 시장접근 및 내국민대우원칙은 양허표에 기재된 분야에서 그리고 명시된 조건과 제한하에서 적용된다.

(1) 시장접근(제16조)

GATS 제1조에 명시된 서비스공급의 형태를 통한 시장접근과 관련하여, 각 회원국은 타 회원국의 서비스 및 서비스공급자에 대해 자국의 양허표상에 합의되고 명시된 제한 및 조건하에서 규정된 대우보다 불리한 대우를 하여서는 안 된다.

(2) 내국민대우(제17조)

자국의 양허표에 기재된 분야에 있어서, 그리고 양허표에 명시된 조건 및 제한하에서 각 회원국은 타 회원국의 서비스 및 서비스공급자에게 서비스공급에 영향을 미치는 모든 조치와 관련하여 자국의 동종 서비스와 서비스공급자들에게 부여하는 대우보다 불리하지 아니한 대우를 부여해야 한다. 상품무역과는 달리 서비스무역은 국경조치보다는 국내규제조치에 의하여 통제된다. 서비스무역은 상품무역과 달리 국가 사이에서의 서비스공급만을 의미하지 않기 때문이다. 즉 관광의 경우처럼 한 국가에서 다른 국가 국민에 대한 서비스의 제공, 외국 건설회사의 경우처럼 한 국가 내에 외국 서비스 공급자의 상업적 주재를 통한 서비스의 제공 등의 경우가 중요한 의미를 갖는다.

■■■ 제 3 절

지적재산권협정

오늘날 경제활동에 있어서 무형자산의 중요성이 점점 증대되고 있다. 무형자산은 발명, 의장(design), 기술 및 예술적 창작활동의 결과 등으로 포괄적으로 지적재산(intellectual property)으로 불리고 있다. 지적재산 가운데 특별히 법적인 보호를 받도록 되어 있는 것은 발명품, 상표, 의장, 출판물, 집적회로의 배치설계 및 상거래기밀 등(TRIPs협정 제1조 2항)이며, 일반적인 재산권과 같이 양도권, 지분권 및 포괄적 지배권을 갖게 되고, 지적재산권 소유자는 법적으로 배타적 지위를 부여받게 된다.

법체계에 따르면 지적재산권을 크게 나누어 산업재산권, 저작권 및 신지적재산권 분야로 분류되며 성질에 따라 창작보호 및 공정경쟁보호로 나누어진다. 산업재산권은 다시 특허권(실용신안권 포함), 의장권, 상표권 등으로 구분되며, 저작권은 저작권과 저작인접권으로 분류된다. 신지적재산권은 산업재산권과 저작권의 성격을 동시에 포함하고 있는 산업저작권, 동·식물 및 미생물관련 생명공학기술 및 반도체집적회로의 배치설계기술에 관련한 첨단산업재산권, 영업비밀과 같은 정보재산권 등을 포괄한다.

지적재산권 보호를 위한 국가 간 공통된 법적 체계들은 오래전부터 존재해 왔다. 대표적인 것으로 파리협약(Paris Convention; 1883년 발효)은 특허, 상표 및 다른 산업재산권(industrial property rights)을 다루고 있으며, 베른협약(Berne Convention; 1886년 발효)은 저작권을 규율하고 있다. 최근에는 특히 지적재산권과 관련된 상품과 서비스의 무역이 급증함에 따라 세계경제에서 지적재산권보호의 중요성이 증대하고 있으며, 지적재산권을 적절하고 충분히 보호하지 못하면 자유무역을 왜곡할 수 있다는 면에서 많은 국가들이 무역과 관련된 지적재산권의 보호에 큰 관심을 기울이고 있다. 이에 따라 무역협상 의제에 지적재산권보호 문제가 빈번히 올랐으며, 그 결과 UR협상에 있어서 새로운 분야의 하나로 무역관련 지적재산권협정(TRIPs)이 이루어져 1995년 1월 1일 발효되었다.

경제적인 측면에서 지적재산권보호제도는 두 가지 목적을 촉진하기 위한 제도적 체계를 제공하고 있다. 첫째, 특허 및 저작권법은 지적재산의 창출, 개발자에게 특정의 배타적(독점적)권리를 부여함으로써, 지적창조활동을 장려하고 새로운 기술의 발전과 새로운 지식의 발견에 자원의 효과적인 활용을 촉진하고 궁극적으로 경제발전을 위한 지적기반구조를 확충하고 제고할 것을 목적으로 하고 있다. 둘째, 상표와 지리적 표시와 같은 상품의 서비스의 표시를 통하여 상행위(business)가 공공의 신뢰를 유지할 수 있도록 하고 공정경쟁을 촉진하는 것이다.

특히 국제경제 활동에서 지적재산의 중요성이 증대됨에 따라 국제무역과 관련된 불충분하고 부적절한 지적재산권보호는 국제무역에 상당한 왜곡을 초래할 것이다. 즉 각국의 지적재산권보호제도가 외국의 이익을 차별하거나 또는 국제적으로 일반적으로 합의된 원칙과 절차에서 크게 벗어나는 경우에서 볼 수 있듯이 지적재산권에 대한 부적절한 보호는 지적재산권을 침해한 상품의 제조와 유통을 초래하여 새로운 상품의 개발 유인과 그러한 활동에 자원배분을 위축시키는 등 지적재산보유자의 권리의 획득과 강화에 시간과 비용이 소요되어 자유무역과 정상적인 경제활동에 직접적으로 부정적인 영향을 미칠 것이다. 한편 지적재산권은 새로운 기술과 지식의 독점적 이용을 어느 정도 허용하는 것이기 때문에 제3자에 의한 활용과 경쟁을 억제하며 따라서 선진국들에 의해 창출된 지적재산을 활용해 오던 개발도상국들로부터 선진국으로의 국제적인 소득재분배가 예상된다는 측면에서 개발도상국들은 자신들이 새로운 지적재산권제도의 부담을 지게 될 것으로 우려하고 있다.

1. 배 경

지적재산권 자체의 교역비중이 증대하고 국제교역에 있어서 지적재산권이 상품의 경쟁력을 결정하는 중요한 요소로 등장함에 따라 선진국들이 지적재산권의 보호를 자국의 무역수지 및 국제경쟁력에 직접적으로 영향을 미치는 문제로 인식하게 되었다. 이에 따라 미국 등 선진국들의 강력한 주장으로 1986년 9월 UR협상 출범 시 지적재산권을 협상 분야로 채택하여 지적재산권 보호가 정당한 무역에 장애가 되지 않도록 GATT규정을 명료화하고 새로운 규칙과 규율을 마련하였으며, 위조상품의 국제교역문제를 취급할 다자규범을 개발하기에 이르렀다. 그 결과 무역관련 지적재산권협정(Trade related Intellectual Property Rights: TRIPs)이 탄생하게 되었다.

TRIPs 협정은 일부 문제를 남겨 놓고 있으나 무역관련 지적재산권 보호의 중요한 기준을 확립한 것으로 평가되고 있다. 동 협정은 법적으로 인지되고 있는 모든 범위의 지적재산권에 관한 보호를 포괄하여 원칙적으로 파리협약, 베른협약과 같은 기존의 조약에서의 보호수준을 높였다. 특히 TRIPs는 지적재산권에 관한 MFN 대우를 명시적으로 의무화한 최초의 협정으로 WTO 회원국들이 국내법에서 보장해야 하는 보호와 권리의 수준을 구체적으로 명시하고 있으며, 권리침해 시 권리의 강화절차에 관한 구체적인 규정과 분쟁해결 절차를 포함하고 있다. 동 협정의 위반 시에는 관세양허의 중지 또는 다른 무역 분야에서 WTO 혜택의 중단을 통한 교차보복을 할 수 있도록 하고 있다.

2. 협정의 주요 내용

1) 협정의 구성

무역관련 지적재산권협정(TRIPs)은 7부 73개 조항으로 구성되어 있다.

2) 일반규정 및 기본원칙

(1) 지적재산권 관련 기존 국제협약의 규정 수용(제1~2조)

파리협약, 베른협약, 로마협약, 워싱턴조약 등 기존 국제협약의 규정을 수용한다.

(2) 내국민대우(제3조)

회원국은 지적재산권보호에 있어서 내국민에 대우하는 것에 비하여 불리하지 않은 대우를 다른 회원국의 국민에게 부여해야 한다. 단 파리협약, 베른협약, 로마협약, 직접 회로에 관한 협약에서 예외적으로 내국민대우를 적용하지 않는 경우는 제외된다.

(3) 최혜국대우(제4조)

지적재산권의 보호와 관련하여 한 회원국이 다른 회원국에게 부여하는 모든 이익, 혜택, 특전, 또는 면책 등은 즉시 그리고 무조건적으로 모든 회원국에게도 부여해야 한다. 지적재산권에 관한 국제협약에서는 내국민대우만 있고 최혜국대우는 없다. 무역관련 협정이기 때문에 최혜국대우 원칙이 인정되고 있다.

(4) 권리소진(제6조)

권리소진(exhaustion)에 관한 문제는 협정상 분쟁해결 절차의 대상이 되지 않음을 명시하고, 권리소진을 인정할 수 있게 함으로써 사용허가(license)를 받은 기술 및 상표를 사용하여 만든 제품을 사용허가를 준 국가에 역수출하거나 제3국에 수출하는 것이 가능하다.

3) 지재권의 취득, 범위 및 사용에 관한 기준

(1) 저작권 및 저작인접권(제9~14조)

문학, 예술창작물 외에도 컴퓨터 프로그램, 데이터베이스(DB) 등 자료 편집물도 저작물로서 보호대상에 포함한다. 단, 컴퓨터 프로그램은 프로그램 표현 자체만 보호하고, 프로그램을 구성하고 있는 사고, 절차, 운용방법, 수학적 개념 자체는 보호하지 않는다. 자연인의 수명기준이 아닐 경우 승인된 발행 후 50년 또는 작품 제작 후 50년을 보호 기간으로 하며, 컴퓨터 프로그램, 영상저작물 및 음반의 저작권자에게 대여를 허가, 금지할 수 있는 배타적 대여권을 부여한다. 음반 제작자 및 실연가의 저작인접권을 50년간 보호하고, 방송기관의 저작인접권을 20년간 보호한다. 또한 음반에 대한 저작인접권은 원칙적으로 베른협약 제18조를 준용한다고 규정함으로써 소급보호를 인정한다.

(2) 상표(제15~21조)

상표는 식별력을 가져야 하며, 성명, 문자, 숫자, 도형 및 색채로 구성된다고 규정하여 색채상표를 인정하고 있으며, 상표에 대한 최초의 국제적으로 합의된 정의를 제공하고 있다. 상품 및 서비스에 대해 파리협약 제6조의 2를 적용토록 함으로써 등록되지 않은 상표라고 하더라도 널리 알려진 유명상표는 보호하며, 상표의 보호 기간은 7년 이상으로 하되, 무한정 갱신가능하며, 정당한 사유 없이 3년 이상 사용하지 않는 경우 취소 가능하다.

(3) 지리적 표시(제22~24조)

상품의 특정품질, 명성 및 기타 특성이 생산지(기후, 풍토)와 밀접한 관련이 있을 경우 동 생산지를 알리는 표시, 예를 들면 보르도 포도주를 지적재산권으로 보호한다. 상품의 원산지에 대해 대중의 오인을 유발할 수 있는 지리적 표시의 사용 또는 불공정 행위를 구성하는 지리적 표시의 사용을 금지한다. 포도주와 주류(wines and spirits)의 지리적 표시에 대해서는 추가적인 보호를 규정하여 원산지를 허위로 표시하지 않고, ~종류, ~유형, ~양식, ~모조품 등으로 표현하는 행위가 대중의 오인을 초래하지 않는 경우에도 금지한다. 포도주와 주류의 지리적 표시의 보호증대를 목적으로 하는 국제 협상을 개시한다. 그러나 상품, 서비스, 포도주의 일반 명칭이 되었거나 예를 들면 샴페인, 코냑, 또는 선의로 타국에서 장기간 사용하고 있던 지리적 표시는 보호의 예외로 인정 가능하다.

(4) 의장(제25~26조)

새롭거나 독창성이 있는(new or original) 독립적으로 창작된 의장은 최소한 10년간 보호하며, 직물의장에 대해서는 그 특성을 감안, 심사와 공고 절차를 가능한 간소화한다.

(5) 특허(제27조~제34조)

신규성, 진보성 및 산업상 이용가능성을 가진 모든 기술 분야의 물질과 제법에 대해 특허를 인정하되 ① 공공질서 또는 공서양속 보호, 공중보건보호, 환경보호에 위반되는 발명, ② 인간, 동물의 치료를 위한 진단방법, 요법 및 외과적 방법, ③ 식물변종은 특허 또는 특별법으로 보호해야 하는 것을 제외한 식물, 동물 생산을 위한 생물학적 제법 등은 특허 대상에서 제외 가능하다. 특허는 발명지, 기술 분야, 제품의 수입 또는 국내생산 여부에 따른 차별 없이 허용하며, 특허권은 출원일로부터 최소 20년간 존속한다.

합리적 기간 내에 합리적인 상업적 조건하에 권리자로부터 승인을 받을 수 없는 경우, 국가비상사태 또는 극도의 긴급 상황, 공공의 비상업적 사용에 해당하는 경우 권리자의 승인 없이 특허대상의 다른 사용을 허용하는 강제실시권 발동 가능하다. 단, 강제실시권을 발동하여 생산한 제품은 주로 국내 시장공급에만 사용하며, 권리자에게는 적절한 보상을 필요로 한다.

(6) 집적회로(IC) 배치설계(제35조~제38조)

집적회로에 대한 1989년 워싱턴 조약 내용의 대부분을 수용하고, 배치설계, 배치설계가 포함된 집적회로 또는 이것이 내장된 제품도 보호대상으로 포함한다. IC 배치설계권을 침해한 줄 모르고 IC칩을 구매한 사람이 제조·유통 수출하는 행위는 불법이 아닌 것으로 간주하여 선의의 구매자에 대한 보호를 규정하고 있다. 단, 권리자가 침해사실을 선의의 구매자에게 통보한 이후에는 이러한 행위를 하는 것이 불법이나 이런 경우에도 기 주문품과 재고품은 합리적인 사용료를 지급한 후 계속 이용 가능하다. 배치설계에 대해서는 특허권과 유사한 강제실시권 발동 가능하며, 배치설계는 등록출원일 또는 최초의 상업적 이용일로부터 최소 10년간 보호한다.

(7) 미공개 정보의 보호(제39조)

불공정 경쟁행위를 방지하는 과정에서 비밀인 것, 상업적 가치를 갖는 것, 권리자가 비밀로 유지하기 위한 합리적인 조치를 취한 요건을 갖춘 정보는 보호한다. 또한 의약품 또는 농약품 판매허가 시 제출된 미공개 실험결과를 불공정한 상업적 사용으로부터 보호한다.

(8) 사용허가(licence) 계약에 있어서 반경쟁 관행의 통제(제40조)

관련시장의 경쟁에 부정적 영향을 주는 지적재산권의 남용을 구성하는 사용허가 계약을 방지, 통제하기 위한 조치 가능하며, 상대국 국민이 자국의 반경쟁 관행 통제 법률을 위반하였을 경우 협의 요청 가능하다.

4) 지적재산권의 시행(제41~61조)

각국은 효과적이고, 공정하며, 공평한 ① 침해금지명령, 손해배상, 침해상품의 처분・폐기 등 민사적・행정적 절차, ② 지적재산권의 침해 발생 방지 또는 증거보전을 위한 잠정조치, ③ 저작권 및 상표권 침해상품에 대해서는 세관당국에 의한 반출의 정지를 청구할 수 있는 국경조치, 동 국경조치는 특허, 의장, 배치설계, 미공개 정보 등 기타 지적재산권에 대해서도 적용 가능하며, 기타 지재권에 대해 국경조치를 발동할 경우 수출입업자를 보호하기 위해 공탁금 예치 후 통관 허용, ④ 고의로 상표 또는 저작권을 상업적 규모로 침해하는 경우에 적용될 형사 절차와 처벌과 같은 시행절차를 마련해야 한다. 단, 이러한 절차가 무역에 장애가 되거나 남용되어서는 안 된다.

5) 지적재산권의 취득, 유지 및 관련 당사자 간 절차(제62조)

지적재산권의 취득 또는 유지는 합리적 절차 및 형식의 준수가 필요하고, 합리적 기간 내 허용 보장한다. 각종 이의제기, 취소 및 폐지 절차는 공정하고 공평하게 규율한다.

6) 분쟁의 방지 및 해결(제63~64조)

각 회원국은 자국의 관련법령, 사법적 판결 및 행정 결정에 대한 투명성을 보장한다. 관련법령을 자국 내에서 공표 또는 공개하고, 지적재산권 위원회에 통보한다. 지적재산권에 관한 분쟁해결은 WTO의 분쟁해결 절차 적용한다.

7) 경과조치(제65~67조)

각국의 경제발전 단계별로 협정발효부터 협정내용 이행까지 선진국은 1년, 계획

경제로부터 시장 경제로 이행 중인 국가를 포함한 개도국은 5년, 최빈개도국은 11년의 경과 기간을 부여한다.

8) 제도규정, 최종조항(제68조~제73조)

무역관련 지적재산권협정의 운영을 위해 무역관련 지적재산권위원회를 설치하며, 지적재산권위원회는 5년 경과 기간 종료 후 협정의 이행을 검토, 그 후에는 2년마다 협정을 검토한다. 협정 발효일에 존재하는 기존대상물에도 지적재산권협정의 규정을 적용하며, 특히 저작물 및 음반에 대하여는 베른협약에 따른 원칙적 소급보호를 부여한다. 단 국가안보를 위한 예외조치 허용한다.

■■■ 제 4 절

무역정책검토제도협정

1. 배 경

무역정책검토제도(TPRM: Trade Policy Review Mechanism)는 우루과이라운드 GATT 기능강화 분야 협상에서 조기 합의됨에 따라 1989년 4월 GATT 이사회의 결정에 따라 1989년 12월부터 시행 중에 있다. 무역정책검토제도는 회원국의 무역정책에 대한 정기적인 검토를 통하여 개별국가의 무역정책 및 관행의 명료성을 높이고 이해증대를 도모하려는 데 목적이 있다. 무역정책검토제도는 개별국가의 정책방향을 제어함으로써 국제무역환경이 보호무역주의 추세로 가지 않도록 하는 데 중요한 역할을 수행하게 된다.

무역정책 검토업무를 실질적으로 담당하는 기관으로서 무역정책검토기구(TPRB: Trade Policy Review Body)를 설치하여 회원국의 무역정책을 검토하고 있다. 무역정책검토기구는 검토대상 회원국이 작성하여 제출한 보고서와 WTO 사무국이 수집한 정보를 기초로 작성한 보고서를 기본 검토자료로 하여 시행된다. 무역정책검토기구는 다자간 무역체계에 영향을 미치는 국제무역환경의 진전에 대한 연례적인 검토를 하게 된다.

2. 협정의 주요 내용

1) 협정의 구성

무역정책검토제도협정은 총 7개조로 구성되어 있다.

2) 주요 내용

(1) 목적(제1조)

다자간 무역협정(MTA)에 대한 준수를 확보하고, 회원국의 무역정책 및 관행에 대한 투명성 및 이에 대한 이해증진을 달성한다. 특정한 의무의 집행 또는 분쟁해결절차의 기초로 사용되거나 또는 회원국에게 새로운 정책약속을 부과하려는 의도는 아니다.

(2) 국내적 투명성(제2조)

각 회원국은 무역정책사항에 대한 정부 의사결정의 투명성을 제고한다.

(3) 검토기관 및 검토자료(제3~4조)

WTO 산하 무역정책검토기구(Trade Policy Review Body)가 검토 실시한다. 검토대상국 정부가 작성한 보고서와 WTO 사무국이 작성한 보고서를 기본 검토자료로 사용한다.

(4) 검토대상국가 및 검토주기(제3조)

검토대상국의 무역규모에 따라 검토주기를 설정한다. 1~4위 교역국가인 미국, 일본, EC, 캐나다는 2년마다, 한국을 포함한 5~20위 교역국가는 4년, 기타국가는 6년을 주기로 각국의 무역정책을 검토한다. 최빈국가는 더 긴 기간을 설정할 수 있다. 예외적으로 어떤 국가의 무역정책이나 관행의 변경이 무역상대국에 중대한 영향을 미치는 경우에는 무역정책검토기구의 요청에 따라 차기 무역정책검토를 조기에 실시할 수 있다. 검토대상은 회원국의 관련 정책 및 관행을 포함하여 무역에 영향을 미치는 정책의 모든 요소이다.

(5) 국제무역환경의 진전에 대한 검토(제7조)

무역정책검토기구는 다자간 무역환경의 진전에 대한 전반적인 연례 검토를 실시한다.

제 5 절 ■■■

복수간 무역협정

WTO 회원국들은 모든 WTO 협정에 참여하는 것이 보통이다. 그러나 우루과이 라운드 이후 일부 WTO 회원국만 참여하는 4개의 협정이 있다. 이는 모두 동경라운드에서 협상되었으며, 이러한 4개의 협정을 복수간 무역협정이라고 한다. 이 4개의 협정만 제외하고 동경라운드에서 제정된 모든 협정은 1995년 세계무역기구가 출범할 때 모든 회원국이 의무적으로 지켜야 하는 다자간무역협정으로 편입되었다. 이 4개의 복수가 무역협정은 민간 항공기 교역, 정부조달, 낙농제품, 쇠고기 분야에 관련된 협정으로 특히 쇠고기 협정과 낙농제품 협정은 1997년 종결되었다.

1. 민간항공기 무역협정

민간항공기 무역협정은 1980년 1월 1일 발효되었다. 이 협정에서는 군용 비행기를 제외한 모든 비행기와 협정에 포함된 모든 물품, 즉 민간 항공기 엔진과 그에 따른 부품, 민간항공기의 부분품과 여기에 관련된 부품, 항공기 모의 훈련장치와 이에 관련된 부품 등에 대하여 수입관세를 면제시켜 준다. 또한 정부가 민간 항공기를 구입할 때 따라야 하는 절차 및 민간 항공기부문에 대한 정부의 재정적 지원에 대해 규정하고 있다.

2. 정부조달협정

대다수의 국가에서는 가장 큰 물품 구입자는 정부 및 정부 관련 기구로서 이들은 기본 필수품으로부터 첨단기술 장비까지 다양한 범위의 물품을 구입하고 있다. 동시에 외국 기업보다 국내 기업에 특별한 혜택을 부과하라는 강력한 정치적 압력을 받을 수 있다.

정부조달협정은 동경라운드에서 처음 체결되어 1981년 1월 1일 발효되었다. 정부조달협정의 목표는 정부조달 분야를 국제경쟁에 최대한 개방하는 것이다. 따라서 정부조달에 관련되는 법령, 규제, 절차와 관행을 더욱 투명화시키고, 정부조달과정에서 국내 기업이나 상품을 보호하지 않으며 외국 기업이나 물품에 차별 대우를 하지 않도록 되어 있다.

정부조달협정은 두 부분으로 구성되어 있는데, 첫 부분에서는 일반 규정과 의무를 정하고 있으며, 둘째 부분은 각 회원국에서 협정의 적용을 받는 정부기관을 기재하고 있다. 특히 일반 규정과 의무 중 상당한 부분은 입찰과정에 관한 의무를 설명하고 있다.

정부조달협정과 그에 따르는 약속은 우루과이라운드에서 협상되었다. 협상 과정에서 협정에 포함되는 분야가 10배 증가되었고, 해마다 총 수천억 달러의 물품을 구입하는 지방 정부에게도 국제경쟁이 적용되게 되었다. 또한 개정된 협정에서는 건설업을 포함한 서비스와 지방 정부, 그리고 공익사업의 조달 과정까지 협정의 적용범위가 확대되었다. 이 개정된 협정은 1996년 1월 1일 발효되었다.

개정된 협정에서 국제경쟁에 대하여 공정하고 비차별적인 조건을 보장하는 규칙이 강화되었다. 일례로 각 국가의 정부는 피해를 받은 민간 입찰자가 조달결정에 이의를 제기할 수 있는 국내절차를 설정하고, 결정이 협정에 위반된다고 판단되면 이에 대한 보상을 받을 수 있는 제도를 마련해야 한다.

3. 국제낙농협정과 국제우육협정

국제낙농협정과 국제우육협정은 1997년 말 종결되었다. 협정에 가입했던 회원국들은 협정에서 다루어졌던 내용을 차라리 농업협정과 위생 및 검역 협정 관할하에 취급하는 것이 더욱 바람직하다고 판단하였다. 또한 협정의 일부 사항은 회원국의 숫자가 적어 실행되기가 어려웠다. 일례로 낙농제품 주요 수출국 중 일부가 낙농제품협정에 가입하지 않아 낙농제품의 최소가격 합의 노력이 실패하였고, 따라서 낙농제품의 최소가격 제도는 1995년 중지되었다.

[읽고 가기]

21세기 국제무역질서

새로운 21세기의 국제무역질서를 조망함에 있어 역시 피할 수 없는 것은 21세기도 20세기의 연장선 위에 존재할 수밖에 없다는 사실이다. 오늘날 국제무역질서의 골격은 제2차 세계대전의 종식과 더불어 새로운 국제질서가 모색되는 과정에서 창출되었다. 따라서 전후 국제무역질서에 대한 이해는 현재는 물론 향후 국제무역질서의 조망을 위해 필요할 수밖에 없다.

과거 대규모의 전쟁 이후 벌어진 양상들과는 사뭇 다른 환경이 전후 새로운 국제질서의 모색과정에서 전개된다. 승전 강대국 간에 나타나는 이해의 분지가 전통적 의미의 권력경쟁을 벗어나 공산주의와 자본주의라는 이념적 대립에 기초하여 극한적으로 양분되었던 것이다. 최대의 승전국이었던 미국과 소련이 전후 협력관계를 유지할 수 있으리라는 기대는 과거의 예를 통해 얻어진 예견이었으나 그것이 환상이었다는 사실이 밝혀지는 데는 그리 오랜 시간이 필요하지 않았다.

종전과 더불어 자유무역의 진흥, 국제통화질서의 안정화 그리고 저개발국의 독립과 이를 위한 개발계획의 지원이라는 국제무역질서의 3원칙에 입각한 새로운 질서의 모색은 따라서 처음부터 난항을 겪을 수밖에 없었다. 1947년 트루먼 독트린을 통해 공산블록과의 전후 협력이 불가능하다는 것이 명백해지자 1944년 미국 브레턴우즈의 회합에서 확인된 전후 국제무역질서를 위한 기본 원칙을 미국은 자본주의 세계만의 질서, 나아가 자본주의 국가들의 범세계적 결속 강화방안으로 활용하기 시작한다. 즉 공산주의를 제외한 국제무역질서가 모색된 것이다.

브레턴우즈에서의 합의에 기초, 자유무역의 진흥을 위해 관세와 무역에 관한 일반협정(GATT)이 그리고 국제통화체제의 안정을 위해 국제통화기금(IMF)이 각각 설립되었다. 그리고 전후 급속히 추진된 식민지 해체의 결과 탄생된 신생독립국들의 경제지원을 위한 국제부흥개발은행(IBRD) 혹은 세계은행도 설립되었다. 여기서 중요한 점은 이러한 새로운 질서의 모색에 있어 미국의 이해와 힘이 결정적으로 작용하였다는 현실이고 나아가 겉으로 봐서는 경제적으로 세계가 양분된 것처럼 보이지만 실제로는 그렇지 않았다는 사실이다.

우선 브레턴우즈체제를 내면적으로 살펴보면 GATT의 경우 브레턴우즈에서의 회합을 통해 합의된 새로운 무역기구인 국제무역기구(ITO)를 대치하는 형식으로 급조되어 출범하였다. ITO는 현재의 기준으로도 자유무역의 진흥을 위해 대단히 획기적인 내용을 담고 있었는데 국가주권을 지나치게 제약한다는 이유에서 미국 자신에 의해 거부된 것이다. 따라서 미국은 미국의 주권이 침해되지 않는 범위 내에서 자유무역을 진흥시키겠다는 의사를 이미 반세기 전에 분명히 한 셈이다.

그리고 IMF의 설립과 운영에서도 미국의 영향력은 가히 절대적이었다. 우선 1945년 12월 29개국이 협정문에 조인함으로써 설립된 IMF는 소위 미국의 화이트(White)안에 기초하고 있다. 영국의 입장을 대변한 케인스(Keynes)안이 사실상 배제된 것이다. 이로써 IMF는 국제유동성(international liquidity)의 공급, 금환본위제도 및 고정환율제를 통한 환율의 안정화, 기금인출제(fund drawings)를 통한 긴급상황의 대처 등을 주 기능으로 삼게 된다. 그리고 독자적인 신용창출 기능이 부인됨으로써 국제통화 공급은 출발 당시부터 미국에 의존할 수밖에 없었다.

특히 금환본위제와 고정환율제도는 당시 미국의 위상을 여실히 보여준 좋은 예라고 할 수 있다. 금환본위제는 과거 금본위제와는 달리 금과 연계된 화폐를 미국의 통화로 한정하고 이를 기준으로 다른 통화가 평가되는 방식을 의미한다. 따라서 금환본위제하에서는 당연히 미국의 달러화만이 기축통화가 될 수밖에 없었다. 미국만이 대외지불수단으로 금을 보유한 금본위국가인 것이다. 미국의 통화패권은 사실상 금환본위제도를 통해 명백히 구현된 셈이다.

그리고 각국의 환율제도가 고정됨으로써 모든 환율은 미국의 달러화를 기준으로 평가될 수밖에 없고 그 결과 달러화에 대한 타국 화폐의 종속은 피할 수 없게 되었다. 여기에 국제유동성의 공급은 결국 달러화의 대외 공급에 의해 결정될 수밖에 없었으므로 미국은 기축통화의 독점권한인 이른바 주조권(seigniorage)을 극대화시키며 국제경제를 운영할 수 있었다. 즉 국내 경제적 희생 없이, 즉 대규모의 무역적자를 통해 타국의 부를 거의 대가 없이 획득하며 아울러 국제유동성을 공급하는 이중의 이익을 향유할 수 있었던 것이다. 인류 역사상 거의 유례를 찾아보기 힘든 단일국의 통화패권이 거의 철옹성에 가깝게 완성된 것이다.

이와 함께 국제부흥개발은행의 출범도 정치적으로는 매우 중요한 의미를 지닌다. 전전(戰前) 세계의 패권이 식민지의 획득과 운영에 의해 결정되었다는 역사적 사실에 비추어 세계은행은 결국 식민지의 독립을 전제하고 있었으므로 이는 곧 식민지에 기초한 전전(戰前) 국제질서의 해체를 의미한다. 당시 식민지가 거의 없었던 미국의 입장에서 이러한 조치는 미국의 국익에도 당연히 합치되는 것이었고 이미 오래전 제1차 세계대전의 종전과 더불어 미국이 주창한 민족자결의 원칙과도 부합하는 것이었다. 나아가 제2차 세계대전이 식민지 문제에서 비롯된 측면이 농후하다는 역사적 사실도 새로운 질서에 정당성을 제공하였다. 아무튼 식민지의 독립을 전제로 한 새로운 국제무역질서는 전전(戰前) 열강들의 약화를 의미하는 것이었고 이를 통해 미국은 나름의 새로운 원칙에 입각하여 국제질서를 모색 및 운영할 수 있게 되었다.

전후 확립된 양극체제는 미국을 중심으로 하는 자본주의 국가들만의 국제무역질서를 태동시켰다. 겉으로는 국제경제가 세계적으로 양분된 것이다. 그러나 전후 세계총생산의 대부분을 브레턴우즈체제의 국가들이 차지하였다는 사실, 그리고 효율성과 거리가 멀어 경제적 팽창에 한계가 있을 수밖에 없는 공산경제권의 한계는 전후 국제무역질서가 브레턴우즈로 특징지어질 수밖에 없는 상황적 조건을 제공하였다. 따라서 현실적으로는 국제경제가 양분되었다기보다는 사실상 미국을 중심으로 단일화되었다고 보아야 할 것이다. 이러한 맥락에서 이분법에 기초한 양극체제는 군사적인 측면이 강조된 표현이라 볼 수 있다.

위의 논리에 기초하여 보면 전후 국제무역질서는 자본주의 블록이 공산권을 압도하는 가운데 성립되었고 특히 미국의 경제패권이 유감없이 발휘된 독특한 질서라고 할 수 있다. 20세기를 마감하는 현재까지 전후 국제무역질서의 기본 축에는 획기적인 변화가 거의 없다. 여러 상황적 변수로 인하여 기존 질서에 다소의 변화는 발견되나 이는 절대적이 아닌 상대적인 개념일 뿐이다.

첫 번째 상황적 변화는 미국이 보여준 국제질서 운영상의 미숙으로 그들의 국제적 입지에 변화가 감지되며 가시화되었다. 1971년 닉슨쇼크로 불리는 미국 대외통화정책의 급작스런 전환은 상황적 변화의 정점에 위치하고 있다. 전후 국제무역질서의 가장 중요한 근간을 이루는 국제통화체제에 변화가 있자 국제무역질서 자체의 변형이 가시화될 수밖에 없었다. 1960년대로 들어서면서 동서냉전의 심화와 블록 간의 극심한 군비경쟁 그리고 다발하는 국지전 등에 미국이 휘말리면서 국제무역질서에도 변화가 초래된 것이다.

특히 1960년대 본격화된 월남전과 미국의 지나친 개입은 미국 경제력의 소진으로까지 이어졌다. 미국의 국력소진은 결국 통화패권의 자의적 남발로 보전될 수밖에 없었는데 미국의 달러화가 전 세계적으로 남발된 것이다. 또한 서유럽과 일본 등 과거 열강들의 급속한 경제회복도 미국의 상대적인 위상저하를 부추기게 된다. 이는 결국 미국달러화의 대외신인도 저하로 이어질 수밖에 없었는데 그 결과가 미국달러화의 금태환 정지를 주 내용으로 하는 닉슨쇼크였다. 기존의 IMF체제가 무너진 것이다. 미국의 경제적 허약성이 그대로 반영되어 달러화의 평가절하가 이루어졌고, 고정환율제는 더 이상 유지될 수 없었다.

이러한 국제통화질서에서의 변화는 국제무역에도 영향을 미치게 된다. 1970년대 들어서면서 그동안 안정 성장을 구가하던 국제무역에 보호주의의 바람이 일기 시작한 것이다. 1970년대 국내시장의 보호를 목적으로 하는 고전적인 보호주의를 시작으로 1980년대에는 타국 시장의 개방을 목적으로 하는 보다 공격적인 보호주의가 등장하여 국제시장 쟁탈전이 노골적으로 전개된다. 이러한 신보호주의를 주도한 것은 물론 미국이다.

국제경제상의 경쟁이 치열해지는 가운데 1990년대 들어오면서 기존의 국제정치질서를 뒤흔드는 획기적인 변화가 목격된다. 소련연방의 몰락을 필두로 시작된 공산권의 붕괴는 기존의 국제정치질서를 특징지어 주던 양극체제의 종식을 의미했다. 미국과 소련 간에 펼쳐졌던 범세계적 규모의 군사적 대립이 사실상 사라진 것이다. 이는 국제경제에도 중요한 의미를 지니고 있었다. 양극체제하에서 정치 및 군사적 이유로 특정 분야에서 어느 정도 자제되었던 자본주의 국가들 간의 경제적 경쟁에 있어 걸림돌이 사라졌기 때문이다.

범세계적 규모의 경제적 경쟁은 서유럽의 시장통합과 더불어 가시화되었다. 소련이 멸망할 즈음 완성된 서유럽 단일시장은 결국 지역주의로 인식되었던바, 이에 미국은 북미자유무역협정을 출범시키고 아·태 경제협력체를 강화시키며 맞서게 된다. 지역주의는 특정 국가들을 중심으로 일종의 영향권 범위를 확인한다는 의미에서 강대국들에게는 특히 중요한 경제적 개념으로 인식되었다. 특히 APEC으로 불리는 미국 주도의 경제협력체는 아시아와 태평양이 미국의 영향권에 있다는 일종의 정치 및 경제적 선언이었다. 이로써 지역주의는 경제적 경쟁의 현실적인 방법으로 간주되기 시작했고 각국은 이러한 새로운 환경에 적응하는 방법을 모색하여야만 했다. 결국 국제경제관계에 있어 문제를 당사자 간에 해결하는 쌍무주의, 다자기구를 통해 이해를 조율하는 다자주의, 그리고 특정지역에 대한 영향력 확보를 통해 경제적 이익을 극대화하는 지역주의가 상호 공존하며 국가 간의 경제경쟁이 가속화되는 새로운 질서가 전개되기 시작한 것이다.

세기의 전환점에서 한 가지 유의할 사항은 앞의 언급을 통해 드러나듯이 전후 국제무역질서의 변화와 발전에 있어 그 모태는 결국 미국이었다는 사실이다. 국제무역질서는 미국의 이해와 국제적 위상에 절대적인 영향을 받으며 변화 및 발전되어 왔던 것이다. 1980년대 미국을 제외한 서구 열강 특히 일본의 경제적 약진으로 미국의 위상에 한계가 있는 것이 아니냐는 경제적 단일패권에 대한 회의론이 고개를 들었던 것은 사실이나 10여 년이 지난 현재 현실은 그렇지 않다는 것이 점진적으로 분명해지고 있다.

그러면 새로운 21세기의 국제무역질서는 어떠한 모습을 하게 될 것인가. 이에 대한 해답을 구하기 위해서는 국제무역질서를 움직이는 중요한 동인과 그 동인이 결정되는 메커니즘에 대한 이해가 있어야 한다. 우선 과거 전후 국제무역질서의 형성과 운영과정에서 목격되었듯이 국제통화에 대한 패권의 존재 여부는 국제질서의 성격을 규정하는 가장 중요한 요인이 될 것이다.

유럽의 화폐통합 및 최근의 동아시아 경제위기는 이러한 맥락에서 시사하는 바가 크다. 적어도 현재까지 변동환율제하에서도 달러를 기축통화로 하는 국제통화체제에는 커다란 변화가 없기 때문이다. 우선 유럽의 화폐통합은 달러의 위상에 대한 현재로서는 유일한 대항요소라는 점에서 관심을 끌고 있다. 다시 말해 유럽의 단일화폐인 유로화의 국제적 위상이 강화되는 경우 미국의 경제패권은 도전받을 수밖에 없을 것이다.

여기서 한 가지 짚고 넘어가야 할 사실은 통화질서는 다른 경제 질서와 비교하여 대단히 독특한 특징을 지니고 있다는 점이다. 시장경제를 기본으로 하는 거의 모든 상거래가 그러하지만 특히 화폐는 신용을 그 전제로 하고 있다. 신용은 결국 인간의 믿음체계에 기초하고 있는바, 이는 곧 한 번 성립되기도 어렵지만 일단 성립되면 변화하기도 어렵다는 것을 의미한다. 미국달러화의 통화패권도 결국 궁극적으로는 인간의 이러한 가치체계 위에 존재한다고 볼 수 있는데, 이는 천문학적인 누적 재정적자와 매년 수천억 달러에 달하는 무역적자에도 불구하고 미국의 경제가 현재까지 건재한 이유 중의 하나이다. 수치상의 경제적 부실에도 불구하고 미국을 제외한 다른 국가들의 중앙은행이 달러와 연계된 자산을 보유하고 있어야 안전하다고 생각하는 현실은 국제통화체제의 특성을 잘 보여주고 있다.

통화패권의 위력은 아이러니하게도 일본이 현재 직면하고 있는 경제적 어려움을 통해 역으로 잘 이해될 수 있다. 일본의 엔화가 국제화되지 않는 한, 또한 화폐의 물류망이라 할 수 있는 일본의 금융체계가 선진화되지 않는 한 일본경제의 부활에 한계가 있다는 사실은 국제경제상 통화패권의 위력을 잘 보여주고 있다. 이러한 현실을 가장 잘 간파한 곳은 역시 서유럽이었다. 시장의 통합으로는 서유럽의 장기적 부흥에 한계가 있다는 사실을 간파, 화폐통합에 매진하고 있는 것이다. 서유럽의 단일통화인 유로화가 출범 이후 달러화에 대해 강세를 보일 것이라는 예상과는 달리 지속적인 약세를 보이고 있는 현실은 통화패권의 위력을 잘 보여주고 있다. 유로화의 국제적 위상이 강화되기 위해서는 회원국 경제의 균형적 조율이 우선 선행되어야 하고 나아가 통합 국가들 경제 전체의 경쟁력이 국제적으로 입증되어야만 한다. 그 위에 장기적으로 유로화에 대한 신뢰가 국제무대에서 오랫동안 축적된 이후 유로화의 국제적 입지가 확고해질 수 있는 것이다.

이러한 맥락에서 유로화가 달러화에 대응하는 강력한 통화로 부상하여 통화패권을 두고 달러화와 경쟁하는 데는 유로화의 운영이 성공적이라고 가정하여도 상당히 오랜 시간이 필요함을 알 수 있다. 또한 상기의 조건 이외에 여러 가지 다른 까다로운 조건들이 충족되어야만 한다.

국제무역질서 역시 미국이 현재까지는 사실상 주도권을 행사하고 있다. 전후 국제무역질서를 주도했던 미국이 서유럽의 시장통합을 통해 도전받을 기미를 보이자 미국은 지역주의를 그들에게 유리한 방향으로 활용하는 기민한 대응을 보여줬다. 그 결과가 북미자유무역지대의 출범이고 나아가 아·태 경제협력체의 강화였다. 따라서 GATT를 대신하여 WTO를 출범시키며 다자주의의 사장(死藏)을 막고 이를 미국의 시장개방원칙에 유리하도록 재정비 및 출범시켜 다자주의가 미국의 국익에 유리한 방향으로 발전하도록 유도하였다.

그리고 1980년대 이후 미국이 줄기차게 추진하여 왔던 쌍무주의도 현재까지 포기하지 않고 있다. 중요 국가들의 특정 사안과 관련된 문제가 발생할 시 쌍무적인 수준의 문제해결을 지향하고 있는 것이다. 결국 국제무역체제에 불어 닥치는 일종의 다원화 현상을 미국이 선점하여 새로운 국제무역질서를 창출함으로써 국제무역에 여전히 가장 강력한 영향력을 행사하고 있는 것이다.

국제통화 혹은 무역질서는 사실 겉으로 드러나는 현상이라고 할 수 있다. 미국 주도의 이러한 질서가 지속되기 위해서는 국내경제의 강건함이 필요하다. 이러한 측면에서 1990년대 불어 닥친 기존 산업의 재편 움직임은 시사하는 바가 크다. 산업혁명 이후 국부의 원천은 역시 제조업이라는 것이 거의 정설로 굳어져 왔다. 과거 영국의 세계제패가 이를 증명한 바 있고 전후 제조업의 최강국 자리를 일본과 독일이 차지하며 가장 부유한 나라가 되었다는 사실 또한 이를 입증하고 있다. 그러나 전통적인 시각에 반하는 신산업의 태동과 그 성공이 1990년대 들어 본격적으로 가시화된 것이다.

1970년대와 80년대 제조업의 부진으로 인해 특히 일본과 독일의 도전으로 고전하던 미국은 1990년대 들어 소프트웨어 산업이 중심을 이루는 새로운 지식기반산업을 통해 기존 산업에 대한 틀의 변화(paradigm shift)를 모색한다. 그 결과는 현재까지 대단히 성공적이어서 1990년대 미국경제가 다시 부흥의 길을 걷게 되는 중요한 요인이 되고 있다. 만약 지식기반산업의 성장이 지속적으로 이루어져 전통적인 제조업에 필적하는 양적 혹은 질적인 성장이 이루어지는 경우 이는 산업혁명 이후 처음으로 맞이하는 산업 틀의 변화가 될 것이다. 미국이 이 분야를 선점했다는 것은 중요한 의미를 지니는데, 과거 영국이 산업혁명을 통해 제조업 중심의 경제구조를 만들어 수세기 동안 세계를 풍미했던 역사는 새로운 산업에 대한 선점의 의의를 잘 보여주고 있다. 당시 영국과 경쟁하기 위해서는 같은 권역의 서방 강국들조차도 많은 노력과 세월이 필요했음을 상기할 필요가 있다.

결론적으로 국제통화, 국제무역 그리고 신산업에 대한 저력 등 큰 변수를 고려하건대 예측 가능한 미래에 있어 미국의 경제적 패권이 눈에 띄게 약화될 것이라는 징후는 발견되지 않는다. 통화패권의 경우 달러화를 대체할 유력 통화가 존재한다 해도 변화에는 상당한 시간이 필요한데 현재 그러한 국제통화는 존재하지 않는다. 국제무역질서도 미국의 경우 다른 국가들이 적응하기 힘든 새로운 질서를 창출할 수 있는 패권국 유일의 힘을 과시하며 질서의 다양성이 추구되고 있다. 지식기반 신산업의 중요성을 미국을 제외한 그 밖의 경제열강들이 인식하고 있음에도 불구하고 뚜렷한 성과를 내지는 못하고 있다. 그 이유는 여러 가지가 있겠으나 한 가지 분명한 것은 신산업이 사회체제 자체와 밀접히 연관되어 있다는 사실이다. 소프트웨어를 중심으로 한 지식산업의 특성상 미국과 같이 경제 및 사회 전반에 걸쳐 가장 진보적으로 자유가 보장되는 사회제도와 이에 기초한 창의력 중심의 교육제도 그리고 정부의 간섭이 최소화된 자유시장의 원활한 운영 없이는 신산업의 발전에 한계가 있을 수밖에 없다는 현재까지의 경험은 다른 국가들이 이를 발전시키는 데 많은 노력과 시간이 필요함을 암시해 주고 있다. 특히 제조업 강국인 독일과 일본의 경우 국가 혹은 전체 우선의 사회조직 자체가 지식기반산업의 육성에 걸림돌이라는 비판에 직면하고 있는 실정이다.

물론 미국이 강력한 영향력을 행사하게 될 21세기의 국제무역질서가 전후 거의 유일의 승전국으로서 세계총생산의 약 50퍼센트를 점하던 미국의 위상 그리고 이에 기초한 국제무역질서와 동일하다는 것을 의미하지는 않는다. 과거 50년 동안 국제경제의 기본 메커니즘은 보다 다양화되고 국제경제체제 또한 다원화되었다. 미국의 영향력 행사에 어느 정도의 한계가 있을 수밖에 없다는 사실은 1970년대 이후 이미 확인된 바 있다. 국제무역질서를 유지하고 운영하는 방식이 과거보다는 훨씬 정교하고 국제무역질서를 특징지어 주는 변수 또한 보다 다양화되었다. 그러나 한 가지 분명한 것은 새로운 21세기 국제무역질서의 핵심에 미국이 건재할 것이라는 사실이다.(자료출처: 김기수 / 세종연구소 연구위원)

제 4 장

FTA와 국제무역질서

자유무역협정의 이해 ①

세계의 자유무역협정 ②

한국의 자유무역협정 ③

■■■ 제 1 절

자유무역협정의 이해

1. 자유무역협정의 기초 개념

1) 자유무역협정의 개념

자유무역협정(FTA: Free Trade Agreement)이란 국가와 국가 간의 제반 무역장벽을 완화하거나 철폐하여 무역자유화를 실현하기 위하여 양 국가 및 양국 이상의 국가 간에 체결하는 특혜무역협정을 말하는 것으로 경제통합이라 한다. 그동안 FTA는 대부분 프랑스 · 독일 · 이탈리아 · 영국 등 서구유럽의 유럽연합(EU) 및 미국 · 캐나다 · 멕시코의 북미자유무역협정(NAFTA) 등과 같이 인접국가나 일정한 지역을 중심으로 이루어져 지역무역협정(RTA: Regional Trade Agreement)으로 불려지기도 하였다.

WTO 체제에서 이러한 FTA는 크게 두 가지 형태가 있는데, 하나는 유럽연합(EU: European Union)이 좋은 사례로 FTA의 모든 회원국이 자국의 고유한 관세 및 수출입제도를 완전히 철폐하고 역내의 단일관세 및 수출입제도를 공동으로 유지해 가는 방식이다. 또 다른 하나는 북미자유무역협정(NAFTA: North American Free Trade Agreement)에서 볼 수 있는 것과 같이 FTA의 각 회원국이 역내의 단일관세 및 수출입제도를 공동으로 유지하지 않고 자국의 고유 관세 및 수출입제도를 계속 유지하면서 무역장벽을 완화하거나 철폐해 가는 방식이다.

2) 자유무역협정의 생성배경과 확산 원인

(1) 자유무역협정의 생성배경

우루과이라운드(UR)의 결과로 출범한 WTO는 GATT의 기본정신을 그대로 유지하면서 세계무역질서를 규정할 국제기구라고 할 수 있다. 새롭게 강화된 틀(framework)을 가지고 출범한 WTO는 자유로운 국제무역을 통하여 세계경제의 안정적 성장에 기여할 것으로 기대되었으며, GATT의 정신을 계승한 다자주의(multilateralism) 원칙을 추구하고 있다. 이러한 세계무역기구는 무역자유화를 위한 협상이나 협정에서 관련 국가들 모두가 참가하여 모든 국가들의 이해관계가 반영된 국제무역의 규칙을 마련하고 이를 실행하고자 하고 있다.

그러나 새로운 국제무역질서를 규율하고자 WTO가 출범하였으나 지금도 세계에는 유럽연합(EU), 북미자유무역협정(NAFTA) 등 일부 국가들로 구성된 다양한 경제적 지역주의와 무역협정들이 존재하고 있으며 이러한 경제적 지역주의 성향의 전개과정은 세계경제에 커다란 영향을 미치고 있다.

이러한 지역경제블럭의 형성은 지리적 근접성으로부터 발생하는 자연스러운 현상으로 볼 수 있다. 지리적으로 근접하다는 사실은 상호 교역하는 데 있어서 수송비와 통신비용이 상대적으로 낮아 기업들이 역내에서 생산 활동을 넓히는 것이 용이하다. 또한 경제, 사회 및 문화적으로 유사한 환경을 가지고 있을 가능성이 높기 때문에 생산된 상품이나 서비스가 역내의 국가들의 수요를 잘 반영할 수 있다는 장점이 있기 때문이다.

경제적 지역주의가 활발히 형성된 이유[27]로서 GATT 체제가 가지고 있었던 문제점을

27) 지역경제블럭화가 대두되는 이유는 각국의 경제발전 단계가 달라 경제적 이해관계뿐만 아니

들 수 있다. GATT 체제 출범당시와 비교하여 회원국의 수가 대폭 증가하였을 뿐만 아니라 국제무역환경도 크게 변화하였다. 변화된 국제무역환경에서 발생되는 각종 문제들을 다자주의적으로 해결하기 위하여 관련된 모든 국가들이 합의할 수 있는 규칙을 마련하는 데는 많은 시간과 노력이 들어갈 뿐만 아니라 개별국가들의 입장에서 이렇게 마련된 국제무역에 관한 합의가 국내정책 및 규제와 일치하지 않을 위험성도 있는 것이다.

다자주의적 체제는 모든 국가들이 여러 가지 복잡한 문제들을 다루기 때문에 개별국가들의 경제, 문화 및 정치적 필요가 반영되기 힘들다. 따라서 다자주의적 기본원칙에 위배되지 않는 한 소수의 국가들이 모여 그들 나름의 경제, 문화 및 정치적 환경을 반영하는 경제통합을 이룩하는 것은 다자주의적 국제무역체제가 가지고 있는 일종의 획일성을 보완하여 다양성을 보충하는 것으로 볼 수 있다.

(2) 자유무역협정의 확산 원인

세계경제가 완전한 자유무역체제를 확립하지 못한 상태에서 개별국가들은 쌍무적으로 또는 지역적으로 자유무역협정이 확산되어 가고 있다. 이러한 자유무역협정의 확산 원인은 범세계적인 거대 지역경제통합체에 대한 대응책으로써 그리고 WTO 다자간 체제의 취약점에서 찾을 수 있다.

첫째, 범세계적인 거대 지역통합체에 대한 대응책이다. WTO 출범 이후에도 지역주의는 계속 확산 · 심화되어 세계경제가 몇 개의 지역블럭으로 재편되어 가고 있는 상황이다. 최근에 유럽연합(EU)의 중 · 동구권으로의 확대, 범미주자유무역지대(FTAA), ASEAN 등이 확대하려는 움직임을 보이고 있는 가운데 세계적으로 지역블럭에 편입되어 있지 않은 국가는 한국, 일본, 중국 등 동아시아 국가 일부에 불과한 실정이었다. 아시아 국가들은 아주지역만이 여타 지역의 무역블럭화 움직임

라 경제외적인 문제 등으로 인하여 현실적으로 완전한 자유무역을 실현하기 어렵기 때문이다. 따라서 경제블럭화는 완전한 국제자유교역이 어려운 상황하에서 제한된 범위 내에서 역내경제통합을 통하여 교역의 확대를 추구하고자 하는 것이다. 그러나 경제블럭화는 역내의 산업경쟁력을 강화하고 역내 회원국 간 경제관계의 확대를 통해 경제적 이익을 극대화하기 위한 것이므로 역외에 대하여 보호주의적인 경향을 갖게 됨에 따라 자유무역적 요소와 보호무역적 요소를 동시에 가지고 있다고 할 것이다.

에서 배제되는 데 불안감을 갖고 있다. 이러한 불안감은 특히 EU의 멕시코, 남아공과의 자유무역협정 체결, EU와 MERCOSUR와의 자유무역협정 체결 움직임, NAFTA의 본격적인 효과 발생 및 FTAA 제안 등으로 인하여 증폭하고 있다.

둘째, WTO 다자간 체제의 취약점이다. WTO 체제가 전통적인 교역 분야 이외에 회원국의 국내정책까지 관여하여 비효율성을 초래하고 있다. 무역정책 범주의 확대, 즉 국경조치뿐만 아니라 투자나 경쟁정책 등 국내의 각종 규제제도까지도 무역자유화 문제에 포함하였으나 WTO의 다자간 무역체제가 이러한 새로운 자유화 문제에 즉시 대응할 수 있을 정도로 효율적이지 못하여 한계를 노출하고, WTO가 미국과 유럽 및 일본 간의 대립, 선진국과 개도국의 대립을 해소하지 못하고 있는 상황이다.[28] 여기에다 세계화의 확산에 따라 기업 차원의 경제통합에 대한 욕구 증대가[29] 자유무역협정이 확산되는 원인이라 할 것이다.

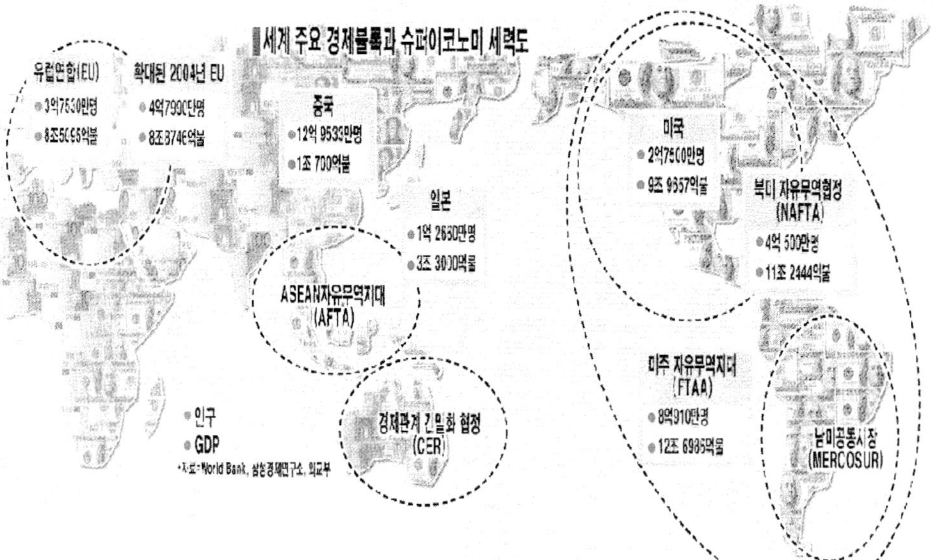

〈그림 1-1〉 세계의 자유무역협정 추진 현황

---

28) 농업, 노동, 환경, 반덤핑 문제 등에 대하여 미국과 일본·EU 간의 이견, 인도, 말레이시아 등 개도국은 선진국 주도의 일방적 룰(Rule) 제정의 반발 등을 들 수 있다.

29) 일반적으로 기업들은 세계적인 무역자유화보다는 자신의 주 활동 대상국의 관세인하나 무역장벽 철폐에 더 많은 관심을 가지고 있다.

3) 자유무역협정과 세계무역기구의 관계

세계무역기구는 모든 회원국에게 최혜국대우(Most-Favoured-Nation Treatment)를 보장해 주는 다자주의원칙의 존중을 기본으로 하는 세계무역체제이다.[30] 반면 FTA는 기본적으로 WTO의 이 최혜국대우 및 다자주의원칙을 벗어난 양자주의 및 지역주의적인 특혜무역체제이다. FTA에서는 FTA 회원국 간에 무관세나 낮은 관세를 적용하는 반면, 비회원국에게는 WTO에서 유지하는 관세를 그대로 적용한다. 또 FTA 회원국 간에는 상품의 수출입을 자유스럽게 교역할 수 있게 허용하는 반면, 비회원국의 상품에 대해서는 WTO에서 허용하는 수출입의 제한조치를 그대로 유지하는 것이 가능하다.[31]

그러나 WTO와 FTA는 기본적으로 각 회원국의 관세부과 및 수출입제한조치 등의 제반 무역장벽을 완전히 철폐하여 상품과 서비스의 교역 및 투자가 원활히 이루어져 각 회원국의 경제가 지속적으로 발전해 가고, 아울러 고용과 국민들의 경제적 후생이 증대되도록 하는 것을 주요표로 하는 점은 같다고 할 수 있다.

WTO에서 FTA가 최혜국대우 및 다자주의원칙에 벗어남에도 불구하고 FTA를 허용하는 큰 이유는 FTA 회원국 간의 제반 무역장벽을 완화하거나 철폐하는 경우, FTA 회원국 간에 상품과 서비스의 교역 및 투자가 촉진되어 FTA 회원국의 경제가 발전함에 따라 궁극적으로는 FTA 회원국과 비회원국 간에도 교역과 투자가 촉진되어 WTO의 다른 회원국 경제에도 유리한 여건을 조성하기 때문이다.

그러나 각 나라는 경제발전단계가 서로 천차만별이고 각 나라의 국민경제가 처한 정치·경제·사회적 제반 여건이 달라 어떤 방식으로 제반 무역장벽을 완화하고 철폐할 것인가 하는 방법론에 있어선 WTO에서는 물론 FTA에서도 각 나라가 처한 상황에 따라 입장 차이가 있는 것이 국제통상무대의 현실이다.

30) 이는 WTO 협정의 부속협정인 1994 GATT 제1조, 서비스무역협정(GATS) 제2조 및 지적재산권협정(TRIPs) 제4조 등에 규정되어 있다.

31) FTA 회원국에게 이런 특혜를 부여할 수 있는 WTO 협정상의 근거는 1994 GATT 제24조 및 1994 GATT 제24조의 해석에 관한 양해 제5조 및 제5조의 2에 규정되어 있다.

2. 자유무역협정의 유형과 경제적 효과

1) 자유무역협정의 유형

자유무역협정의 유형은 회원국들 간의 경제적 결합 정도에 따라 자유무역지역(FTA: free trade area), 관세동맹(customs union), 공동시장(common market), 경제동맹(economic union), 완전한 경제통합(Perfect Economic Integration)으로 분류될 수 있으나 같은 유형의 자유무역협정이라도 회원국들 간의 구체적인 협정내용과 지역적 특징 등에 따라 상이한 구성내용을 가질 수 있다. 또한 일반적으로 지역경제통합은 지리적으로 근접한 인근 국가들로 구성되어 있는 것이 대체적인 현실이지만 경제통합의 형성이 반드시 지리적으로 근접한 국가들로 구성되는 것은 아니라는 점이다.

또한 경제통합의 단계와 형태는 그 분류기준에 따라 다양하나 이것은 하나의 모형에 불과한 것이다. 실제로 근접국가 간의 경제통합이 반드시 경제통합이론에 의한 단계를 거치는 것도 아니고 또한 그 형태가 특정형태에 반드시 맞는 것도 아니다. 다만 어떠한 경제통합이든지 그들의 공통적 요소는 회원국 간에는 무역을 자유화하고 비회원국에는 각종 수입제한조치를 통하여 차별화한다는 점이다.

(1) 자유무역지역(FTA: free trade area)

자유무역지역은 협정을 맺은 회원국들 상호 간에 관세를 포함한 모든 무역장벽을 철폐하고 자유무역을 실시하지만 회원국들이 역외 비회원국들에 대하여는 회원국들 나름의 무역보호수준(독자적인 무역정책)을 유지하는 경우를 말한다. 따라서 회원국들이 비회원국들에 대하여 동일한 무역보호수준을 유지할 필요가 없으며 자국의 실정에 맞는 무역보호수준을 유지할 수 있다. 북미자유무역지역(NAFTA)이나 유럽자유무역지역(EFTA), 아세안자유무역지대(AFTA) 등을 예로 들 수 있다. 자유무역지역의 결성으로 회원국들 사이에 자유무역이 이루어지므로 각 회원국들의 무역유형, 즉 수출입구조가 변화할 수도 있으며, 수입선이 비회원국에서 회원국으로 전환되는 등 회원국뿐만 아니라 자유무역지역에 속한 국가들과 무역거래를 하고 있는 비회원국들의 무역구조 및 무역규모가 변동하게 되는 등 자유무역지대가 형성되는 국가들과 밀접한 대외거래 관계가 있는 국가들에 심각한 영향을 줄 수 있다.

(2) 관세동맹(customs union)

관세동맹은 자유무역지역에서 한 걸음 더 나아가 관세동맹 회원국들 사이에 자유무역을 유지할 뿐만 아니라 역외의 비회원국들에 대하여 회원국들이 공통의 무역보호수준(공동의 무역정책)을 부과하는 것이다. 현실적으로 무역보호수단은 관세뿐만 아니라 수입수량할당제와 같은 비관세장벽도 있으며 관세동맹으로 불리는 것은 과거에 무역보호의 주된 수단이 관세였으며 비회원국들에 대하여 회원국들이 공통의 관세체계를 적용하였기 때문이다. 자유무역지역과 비교하여 관세동맹은 회원국들의 경제적 결합 정도에서 보다 강한 지역경제블럭 유형이라고 할 수 있으나 국제무역정책을 제외한 회원국들 나름의 경제정책과 화폐를 보유하며 국가 간 노동과 자본과 같은 본원적 생산요소의 이동이 불가능하거나 크게 제약되어 있는 상황이다. 즉 관세동맹은 무역정책 측면에서의 경제통합이며 완전한 형태의 경제통합이라고 볼 수 없다. 현재 관세동맹형태를 유지하는 경제적 지역주의는 존재하지 않으나 초기의 EC가 관세동맹의 형태를 가졌으며 20세기 이전에 관세동맹과 유사한 형태의 경제적 지역주의가 존재한 바 있다.

(3) 공동시장(common market)

관세동맹은 상품의 수출입에 관한 역외 비회원국에 대한 무역정책을 공동으로 유지하고 회원국들 사이에는 자유무역이 이루어지지만 노동, 자본 등 생산요소의 역내이동이 자유롭지 못한 지역경제블럭의 유형이다. 관세동맹에서 생산요소의 자유로운 역내이동이 이루어지는 형태까지 포함하는 것이 바로 공동시장이다. 이러한 공동시장형태의 지역경제블럭 예로 완전한 형태는 아니지만 EC를 들 수 있다. 1986년에 EC가 단일유럽의정서(Single European Act)를 만듦으로써 상품뿐만 아니라 노동, 자본 등 생산요소를 포함하여 유럽공동시장 내 총 282개의 교역장벽을 폐지함으로써 1993년에 공동시장으로 출범하였다.

(4) 경제동맹(economic union)

공동시장형태의 지역경제블럭은 상품과 생산요소의 역내국가 간 교역이 자유롭지만 각 회원국 나름의 경제정책을 사용하게 된다. 즉 각 회원국들은 상품과 생산요소의 자유무역을 실현하고 역외의 비회원국들에 대하여 공통의 무역보호체계를 적용하지만 무역정책을 제외한 다른 경제정책에는 독자성을 갖고 있으며, 공동시장의 회원국들은 자국의 정치 및 경제적 상황에 적합하다고 생각하는 통화정책이나 재정정책을 다른 회원국들과는 독립적으로 독자성을 가지고 사용하게 된다. 그러나 경제동맹에서는 이러한 경제정책들을 상호 협조하에 실시하게 되며 더 나아가 화폐까지 단일화한다면 완전한 형태의 경제동맹 체제를 갖추게 되는 것이다. 이러한 의미에서 경제동맹 내의 회원국들은 정치적으로는 독립 국가이지만 경제적으로는 하나의 단일 경제권을 형성하는 명실상부한 경제적 통합을 이룩하게 된다. 경제동맹의 형태로는 EURO화라는 단일통화를 사용하고 있는 EU를 들 수 있다.

(5) 완전한 경제통합(Perfect Economic Integration)

완전한 경제통합(Perfect Economic Integration)이란 역내 제경제정책의 통일을 전제로 하며 각 회원국들의 의사를 수렴하는 초국가적 기구의 설립을 통해 경제적 측면뿐만 아니라 정치적인 측면에서의 통합까지도 수반하는 경제통합의 형태이다. 즉 회원국 상호 간에 초국가적 기구를 설치하여 그 기구로 하여금 각 회원국의 모든 사회·경제정책을 조정, 통합, 관리하는 형태의 통합으로 지역무역협정의 형태 중 가장 완벽한 유형이라 하겠다.

따라서 완전한 경제통합은 각 회원국들의 경제주권을 포기하고 하나의 단일경제 단위가 형성되는 경제통합의 최종단계로서 현실적으로는 회원국의 주권포기와 관련되어 있기 때문에 실현가능성은 희박하나 모든 경제통합이 궁극적인 목표로 하고 있는 이상형이라 할 수 있다.

2) 자유무역협정의 경제적 효과

자유무역협정의 체결에 따르는 경제적 효과는 역내 회원국들에 대한 효과와 역외 비회원국들에 대한 효과 및 세계경제 전체에 미치는 효과로 나누어 분석할 수 있으나 자유무역협정의 통합 정도에 따라 역내외 국가들에 미치는 효과가 다를 뿐만 아니라 동일한 유형의 자유무역협정이라고 하더라도 회원국들의 경제 환경의 차이나 구체적인 통합협정 내용에 따라 회원국들과 비회원국들의 경제적 후생에 미치는 효과는 상이하다. 따라서 자유무역협정 체결에 따른 경제적 효과를 이론적으로 분석하기 위해서는 구체적인 가정이 필요하며, 실증적인 효과분석을 하기 위해서도 경제통합을 이룩한 국가들의 구체적인 경제 환경을 고려하여야 한다.

자유무역협정의 체결에 따른 경제적 효과에 관하여 가장 잘 알려진 내용은 바이너(Viner)의 '무역전환효과(trade diversion effects)'와 '무역창출효과(trade creation effects)'에 관한 것으로서 관세동맹과 관련하여 역내국가 간의 자유무역과 역외국가들에 대한 무역정책의 공동보조가 역내 국가들의 경제적 후생에 미치는 효과를 분석하고 있다.

무역창출효과는 경제통합에 따라 회원국들 사이에 자유무역이 이루어지고 역외의 비회원국들에 대하여 공동의 관세체계가 부과되면 회원국들 사이의 무역규모가 증가하게 된다. 이때 상품을 수출하는 역내 회원국이 역외 비회원국들에 비하여 낮은 비용으로 그 상품을 생산하는 국가인 경우 무역창출효과가 발생하여 역내국가의 경제적 후생이 증대하게 된다.

〈표 4-1〉 자유무역협정의 무역창출효과-협정체결 전 3국의 생산비 조건과 관세율

	Ⅰ국	Ⅱ국	Ⅲ국
생산비($)	35 $	26 $	20 $
Ⅰ국이 100% 대외관세 부과 시 관세액	•	26 $	20 $
Ⅰ국내의 공급가격	35 $	52 $	40 $

〈표 4-2〉 자유무역협정의 무역창출효과-협정체결 후 3국의 생산비 조건과 관세율

	Ⅰ국	Ⅱ국	Ⅲ국
생산비($)	35 $	26 $	20 $
Ⅰ국이 100% 대외관세 부과 시 관세액	•	0	20 $
Ⅰ국내의 공급가격	35 $	26 $	40 $

상기의 표에서 보는 바와 같이 한 상품을 생산하는 국가가 Ⅰ, Ⅱ, Ⅲ 3개국이 존재한다고 할 때, 이 상품을 생산하는 3개국 중 Ⅰ국의 생산비가 가장 높고, Ⅲ국의 생산비가 가장 낮음을 알 수 있다. 만약 자유무역협정 체결 전 Ⅰ국이 Ⅱ국과 Ⅲ국에 대해 100%의 관세를 부과하고 있다면 Ⅱ국과 Ⅲ국으로부터의 동일한 상품의 수입은 발생하지 않을 것이다. 이는 Ⅰ국이 교역상대국에 대하여 해당 상품에 대해 100%의 관세가 부과되고 있기 때문에 Ⅰ국의 생산비를 초과하여 수입되므로 해당 상품의 국제거래는 발생하지 않을 것이다.

만약 이때 Ⅰ국과 Ⅱ이 자유무역협정을 체결하게 되면 Ⅰ국은 Ⅱ국으로부터 관세 없이 해당 상품을 26＄로 수입할 수 있으므로 국내에서 생산하는 것보다 가격이 싸게 된다. 이로 인하여 새로운 무역량이 창출되게 되며, Ⅱ국의 생산비가 Ⅰ국의 생산비보다 낮으므로 생산 면에서 자원은 더 효율적으로 분배된다. 이것을 자유무역협정의 무역창출효과라 한다.

즉 역내국들이 관세인하로 비교우위를 갖게 되는 재화를 중심으로 상호교역을 하게 되고, 따라서 역내국들은 비싼 국산재화를 값싼 역내상품으로 대체하게 되는 것이다. 관세로 인해 야기되었던 교역구조의 왜곡이 시정됨으로써 각국의 비교우위산업에 대한 교역기회가 새로이 만들어지는 것이며, 무역창출을 통한 각 역내국의 비교우위상품의 시장확대는 동 상품의 수출증대를 의미하고, 그것은 곧 동 산업의 생산량 증대를 요구하게 된다. 따라서 각 경제 내의 생산요소들이 자연스럽게 비교우위산업으로 이동하게 됨으로써 자원배분의 효율성이 증가하게 되는 것이다.

반면에 무역전환효과는 경제통합으로 인하여 낮은 비용으로 생산할 수 있는 역외 비회원국으로부터의 수입(import)이 높은 비용으로 생산하는 역내 회원국으로 전환되는 경우에 발생되며, 무역전환효과가 발생하면 상품을 수입하는 회원국의 경제적 후생이 증가할 수도 있고 감소할 수도 있다.

〈표 4-3〉 자유무역협정의 무역전환효과-협정체결 전 3국의 생산비 조건과 관세율

	Ⅰ국	Ⅱ국	Ⅲ국
생산비($)	35 $	26 $	20 $
Ⅰ국이 50% 대외관세 부과 시 관세액	•	13 $	10 $
Ⅰ국내의 공급가격	35 $	39 $	30 $

〈표 4-4〉 자유무역협정의 무역전환효과-협정체결 후 3국의 생산비 조건과 관세율

	Ⅰ국	Ⅱ국	Ⅲ국
생산비($)	35 $	26 $	20 $
Ⅰ국이 50% 대외관세 부과 시 관세액	•	0	10 $
Ⅰ국내의 공급가격	35 $	26 $	30 $

상기의 표에서 나타난 바와 같이 한 상품을 생산하는 국가가 Ⅰ, Ⅱ, Ⅲ 3개국이 존재한다고 할 때, 이 상품을 생산하는 3개국 중 Ⅰ국의 생산비가 가장 높고, Ⅲ국의 생산비가 가장 낮음을 알 수 있다. 만약 자유무역협정 체결 전 Ⅰ국이 Ⅱ국과 Ⅲ국에 대해 50%의 관세를 부과하고 있다면 Ⅱ국으로부터의 동일한 상품의

수입은 발생하지 않을 것이나 Ⅲ국으로부터의 수입은 이루어질 것이다.

만약 이때 Ⅰ국과 Ⅱ이 자유무역협정을 체결하게 되면 Ⅱ국의 생산비가 관세 없이 해당 상품을 26$로 수입할 수 있으므로 Ⅲ국으로부터의 수입은 중단되게 된다. 여기서 나타나는 바와 같이 자유무역협정 체결로 인하여 Ⅰ국의 수입은 생산비가 낮은 Ⅲ국으로부터 생산비가 높은 Ⅱ국으로 전환되게 됨으로써 생산 면에서 자원이 비효율적으로 배분되게 된다.

즉 역내관세 철폐로 인하여 저가의 역외국의 상품이 높은 가격의 역내상품으로 대체되는 것으로 무역협정 이전에는 역외국의 상품이 비교우위에 있었으나 협정 체결 이후 역내국 간의 교역에 관세가 제거됨으로써 역내국의 상품이 비교우위를 갖게 되는 것을 의미한다. 이는 관세부과 이전의 가격을 비교해 볼 때 역외국 상품이 더 싸다는 것이므로 싼 역외상품을 비싼 역내상품으로 대체하게 되는 비효율적인 결과를 초래하게 되는 것이다. 이러한 효과를 무역전환효과라 한다.

이와 같이 자유무역협정은 국제무역을 왜곡시키는 동시에 자유화하기도 한다. 무역거래는 경제통합 이전보다 낮아진 무역장벽으로 자유화되는 반면에 동일한 상품에 대하여 상품의 원산지가 어디냐에 따라 국내의 상품가격이 달라지기 때문에 왜곡되기도 한다. 자유무역협정의 체결로 인하여 역내 회원국들이 이득을 볼 것인가 아니면 손해를 보게 되는가는 경제통합으로 인하여 발생하는 무역창출효과와 무역전환효과 중 어느 것이 더 우세하게 나타나느냐에 의하여 결정된다 할 수 있을 것이다.

자유무역협정으로 인하여 교역조건이 변화하는 경우를 고려하는 경우에는 상황이 더욱 복잡하다. 세계경제에서 큰 비중을 차지하는 국가들의 경제통합이나 규모가 작더라도 많은 국가들의 경제블럭으로 형성된 지역경제가 세계경제에서 차지하는 비중이 큰 경우 회원국들 사이의 교역조건도 변화하지만 비회원국들과의 교역조건도 변화하게 된다. 자유무역협정을 통하여 자국의 교역조건을 개선시킬 수 있는 국가와 통합을 하거나 비회원국들과의 무역거래를 유리하게 변화시킬 수 있는 국가들끼리 경제블럭을 형성하면 경제적 이득을 확보할 수 있을 것이다. 그러나 현실에 있어서는 이러한 경제적 이득의 고려와 함께 정치적 혹은 단지 지역적으로 근접한 이유도 고려하기 때문에 경제블럭의 형성이 반드시 경제적 이득을 확보한다는 보장은 없다.

자유무역협정이 가져오는 자원배분상의 효율성 증대나 교역조건의 개선을 통한 경제적 이득의 증가와 함께 고려하여야 할 점은 경제통합의 결과 회원국들 상호 간의 자유무역의 확대로 보호무역에 길들여져 있는 국내시장을 부분적으로 해외경쟁에 직면케 함으로써 완전한 시장개방에 앞서서 국내시장을 해외경쟁에 노출시켜 세계적 무역자유화에 대한 적응력을 향상시킨다는 점이다. 이와 함께 확장된 시장으로 규모의 경제(economies of scale)를 향유할 수 있기 때문에 생산비용의 확장과 보다 다양화된 상품을 소비할 수 있다는 장점이 있다.

요약하자면 새로운 자유무역협정의 체결 또는 기존의 자유무역협정에의 참여의 궁극적인 목적은 회원국 상호 간의 무역장벽의 철폐를 통하여 역내 무역자유화를 실현함으로써 상호 간의 지속적인 경제성장을 도모하고 후생을 극대화하는 데 있다 할 것이다. 자유무역협정의 체결은 회원국 간 무관세교역을 가능하게 함으로써 수입단가를 낮추고 소비자후생을 증진시킬 뿐만 아니라 회원국들은 상대적으로 비교우위가 있는 산업에 생산과 수출을 특화함으로써 경제적 이익을 누릴 수 있게 된다. 적어도 이론적으로 볼 때 무역장벽의 철폐가 시장기능에 의한 역내 자원배분의 효율성 제고를 통해 비교우위산업의 경쟁력을 강화시킴으로써 경제성장의 촉진에 기여한다는 전통적인 자유무역이론에 입각한 논리는 자유무역협정 체결의 경제적 타당성에 중요한 근거가 되고 있다.

제 2 절 ■■■

세계의 자유무역협정

자유무역의 변화바람이 생성되기 시작한 1960년대에 있어서의 자유무역협정은 단순히 저개발지역국가들이 지역경제협의체의 한 부분으로 인식되어 있기에 GATT에서도 호혜주의(Reciprocity),[32] 무차별성이라는 GATT의 기본정신과 상충됨에도 불구하고 일부 인정하고 있었다.[33]

이러한 자유무역협정은 1980년대 중반부터 계속적인 유럽공동체(EC)의 확대 및 지역주의에 대하여 적대적이었던 미국이 자유무역지역 결성이라는 통상정책의 전환, 라틴아메리카, 카리브 해, 아프리카, 동남아지역에서의 지역경제통합의 재정비 또는 새로운 지역경제통합의 체결 등의 요인을 통해서 확대되었다. 그러나 현재 확산·심화되고 있는 지역주의 성향[34]은 1960년대의 지역주의와는 구별되며, 그

32) 무역 당사국들이 통상협정을 통해 호혜관세라는 동등한 조치를 취함으로써 상호 간의 무역장벽을 완화시키고 무역증진을 도모하려는 것을 말한다. 이러한 상호협정은 관세를 쌍방이 모두 인하함으로써 일방적으로 인하할 경우에 생길 국제수지적자의 위험을 감소시키므로 협정당사국 각각에게 안전한 관세인하의 방법이 된다. 이것은 또한 상호이익을 전제로 하고 있기 때문에 관세 삭감이 압력에 의한 굴종이 아니라 교환으로 받아들여지므로 정치적으로도 실시하기 쉽다.

33) 특혜를 부여할 수 있는 WTO 협정상의 근거는 1994 GATT 제24조 및 1994 GATT 제24조의 해석에 관한 양해(Understanding on the Interpretation of Article ⅩⅩⅣ of the General Agreement on Tariffs and Trade 1994)와 GATS(General Agreement on Trade in Services) 제5조 및 제5조의 2에 규정되어 있다.

34) 지역주의의 확산원인으로 지역무역협정체결을 허용한 GATT조항(제24조)과 시장적 요인으로 보고 있다. 특히 시장적 요인의 경우 각국의 상이한 무역 및 투자관련 정책, 절차 등을 하나의 규범으로 조화시키려고 하는 노력으로서 지역경제통합의 현상을 바

차별성을 강조하기 위하여 냉전 이후의 지역주의를 신지역주의 혹은 제2의 지역주의라고도 부르기도 한다. 이러한 새로운 지역주의는 세계 전 지역에서 나타나는 보편적 현상으로서 개발도상국뿐만 아니라 선진공업국에 의하여 선호되는 구조적 변화요인으로 관찰되고 있다.

협정의 통합형태 측면에서도 EU, EFTA와 같이 선진국 간 또는 ASEAN FTA와 같이 개발도상국 간의 수평적 통합이 아니라 NAFTA와 같이 선진국과 후진국 간의 수직적 통합, 세계경제권(EU)과 계획경제권(CISFTA: 독립국가연합자유무역지역) 체제 간의 통합, 일국의 경제전부문에 걸친 통합이 아니라 특정지역만을 결합하는 국지적통합[35] 등으로 통합의 형태 자체도 다양화되고 있으며, 한 나라가 평균적으로 2-3개의 지역경제통합체에 가입되어 있는 추세이다.[36]

〈표 4-5〉 주요 지역별 자유무역협정의 통합단계와 회원국

지 역	명 칭	설립연도 및 통합형태	주요 참가국
유럽	EU (유럽연합)	1968년 관세동맹으로 시작 경제동맹	독일 · 프랑스 · 네덜란드 · 벨기에 · 룩셈부르크 · 이탈리아 · 영국 · 덴마크 · 아일랜드 · 그리스 · 스페인 · 포르투갈 · 오스트리아 · 핀란드 · 스웨덴(15개국)
	EFTA (유럽자유무역연합)	1960 자유무역지역	아이슬란드 · 노르웨이 · 스위스 · 리히텐슈타인(4개국)
북미	NAFTA (북미자유무역협정)	1994 자유무역지역	미국 · 캐나다 · 멕시코(3개국)
중남미	MERCOSUR (남미공동시장)	1995년 자유무역지역	아르헨티나 · 브라질 · 파라과이 · 우루과이 · 칠레 · 볼리비아(6개국)
	LAFTA (라틴아메리카자유무역연합)	1961년 자유무역지역	아르헨티나 · 브라질 · 칠레 · 멕시코 · 파라과이 · 페루 · 우루과이 · 에콰도르 · 콜롬비아 · 볼리비아 · 베네수엘라(11개국)
	CACM (중미공동시장)	1961년 관세동맹	코스타리카 · 과테말라 · 엘살바도르 · 온두라스 · 니카라과(5개국)
	ANCOM (안데스공동시장)	1991년 공동시장	볼리비아 · 콜롬비아 · 페루 · 에콰도르 · 베네수엘라 · 파나마(5개국)

라보고 있다.(유장희(1996))

35) 아시아 지역에서 주로 나타나는 소경제권을 말한다.

36) 현재 진행되고 있는 신지역주의는 특정지역에 국한된 일시적 현상이 아니라 세계경제의 중심부와 주변부를 포함하는 일반적 현상이다. 또한 정치적 지배논리가 아니라 경제적 규제양식의 변화 내지는 국제분업환경의 구조적 변화요인에 그 뿌리를 두고 있어 장기적으로 지속될 수 있는 내구성을 가졌다는 점이 그 특징으로 관찰되고 있다.

지 역	명 칭	설립연도 및 통합형태	주요 참가국
중남미	CARICOM (카리브공동시장)	1973년 자유무역지역	안티구아 버뮤다 · 바베이도스 · 가이아나 · 바하마 · 벨리스 · 수리남 · 도미니카공화국 · 그레나다 · 자메이카 · 몬세데스트 · 세인트 크리스토프 네비스 · 세인트루시아 · 세인드빈센트 · 트리니다드토바고 · 아이티(15개국)
	G3 (중미3국그룹 자유무역협정)	1993년 관세동맹	멕시코 · 베네수엘라 · 콜롬비아(3개국)
아시아	AFTA (ASEAN 자유무역지대)	1993년 자유무역 지역	인도네시아 · 말레이시아 · 싱가포르 · 필리핀 · 태국 · 브루나이 · 베트남(7개국)
중동	ACM (아랍공동시장)	1974년 공동시장	이라크 · 쿠웨이트 · 요르단 · 시리아 · 이집트(5개국)
	GCC (걸프만협력위원회)	1983년 관세동맹	사우디아라비아 · 쿠웨이트 · 아랍 에미리트연합 · 카타르 · 바레인 · 오만(6개국)
아프리카	ECOWAS (서아프리카제국공동체)	1975년 관세동맹	베넹 · 감비아 · 라이베리아 · 나이지리아 · 부르키나파소 · 가나 · 말리 · 세네갈 · 깝베르데 · 기니 · 모리타니 · 세에라리온 · 코트디부아르 · 기네비소 · 니제프 · 토고(16개국)
	AMU (아랍 · 마그렙동맹)	1988년 자유무역 지역	모로코 · 알제리 · 튀니지 · 리비아 · 모리타니(5개국)
	ECCAS (중부아프리카국가경제공동체)	1983년 관세동맹	부룬디 · 카메룬 · 중앙아프리카공화국 · 콩고 · 가봉 · 적도기네 · 루안다 · 쌍토메프린시페 · 차드 · 자이드(10개국)
	COMESA (남부아프리카공동시장)	1993년 자유무역 지역	에티오피아 · 우간다 · 케냐 · 탄자니아 · 콩고 · 앙골라 · 루안다 · 부룬디 · 말라위 · 잠비아 · 짐바브웨 · 스와질란드 · 코모로 · 모리셔스 · 수단 · 지부티 · 나미비아 · 이집트 · 에리트리아 · 마다카스카르 · 세이셜군도(21개국)
	SADC (남부아프리카관세동맹)	1969년 관세동맹	보츠와나 · 레스토 · 스와질란드 · 나비비아 · 남아프리카공화국(5개국)

또한 현재 진행 중인 자유무역협정에서는 지역 간 협정 또는 기존 자유무역협정 간의 통합이 증가하고 있는 추세이다.[37] 현재 추진 중인 EU－MERCOSUR의 FTA, AFTA－오스트레일리아 · 뉴질랜드자유무역지대(CER)의 FTA, 북미－유럽 간 범대서양 자유무역지대(TAFTA) 구상, 북미－남미 간 자유무역지대(FTAA) 구상 등은 기존 자유무역협정 간 통합을 보여주는 대표적인 사례일 것이다.

한편 국제무역질서가 다자체제인 WTO를 중심으로 통합되어 가는 추세에도 불

37) 즉 신규로 체결되었거나 추진 중인 협정의 대부분은 기존 협정이 확대된 형태인 것으로 볼 수 있다.

구하고 새로운 자유무역협정[38]의 체결과 기존의 자유무역협정이 확대되고 있을 뿐만 아니라 심화되고 있는데, 이는 다자주의적 체제는 모든 국가들이 여러 가지 복잡한 문제들을 다루기 때문에 개별국가들의 경제, 문화 및 정치적 필요가 반영되기 힘들기 때문이라 할 수 있다. 따라서 다자주의적 기본원칙에 위배되지 않는 한 소수의 국가들이 모여 그들 나름의 경제, 문화 및 정치적 환경을 반영하는 경제통합을 이룩하는 것은 다자주의적 국제무역체제가 가지고 있는 일종의 획일성을 보완하여 다양성을 보충하는 것으로 볼 수 있다.

〈표 4-6〉 자유무역협정의 현황(2006.1)

	총 계	GATT에 통보된 FTA	WTO에 통보된 FTA
발효 중인 자유무역협정	186	50	136

현재 발효 중인 186개의 지역협정을 체결 시기별로 살펴보면, 1970년대 이전 5개, 1970년대 12개, 1980년대 10개에 불과하던 것이 1990년대 64개, 2000년 이후 95개가 체결되어 최근 지역주의의 광범위한 영향을 여실히 보여주고 있다. 이러한 자유무역협정 체결은 특히 WTO 출범 이후 매년 급속히 확산되어 전 세계 교역량의 50% 이상이 자유무역협정 내에서 교역이 이루어지고 있다.

---

38) 여기서 말하는 자유무역협정은 GATT / WTO에 통보의무를 지니는 모든 양자 간, 지역 간, 복수간 특혜무역블럭으로서 지역블럭의 통보의무는 GATT 24조에 명시되어 있으며 GATT의 무차별원칙의 예외로 허용되고 있다.

제 3 절 ■■■

한국의 자유무역협정

1. 자유무역협정의 추진정책

국제경제관계가 다원화됨에 따라 기존 통상정책의 국가 대 국가라는 쌍무적 협상 중심의 접근방식에 더하여 지역경제통합체와 국가 또는 지역경제통합체와 지역경제통합체라는 보다 다양하고 세분화된 집단주의적 보호주의에 탄력적으로 대응할 수 있는 정부 차원의 접근방법이 필요하다 할 것이다.

우리나라는 지역 및 자원적 조건이 여타 국가에 비하여 불리한 상황하에 경제성장의 발판을 수출증대와 해외시장 개척을 통하여 성장하여 왔으며 경제성장을 지속시키기 위해서도 무역과 해외투자 등 해외부문에 의지할 수밖에 없는 상황이라 할 수 있다. 그러나 세계교역 및 경제의 상호의존성의 심화가 계속되고 있는 현실 속에서 한국의 수출시장 여건은 매우 불리한 방향으로 전개되고 있으며 이러한 추세에 효과적으로 대응할 수 있는 하나의 방안으로써 자유무역협정의 적극적인 활용이 필요할 것이다.

1) 한국의 자유무역협정 추진 배경

우리나라는 세계무역이 WTO 중심의 범세계 자유화 추진과 다양한 지역을 중심으로 한 지역주의의 심화 추세라는 상반된 두 조류가 공존하고 있는 상태에서 급변하는 새로운 국제무역질서에 적응해 가면서 선진국이 주축이 된 지역경제권 형성에 대응하고자 기존의 지역주의에 대한 소극적인 태도에서 벗어나 자유무역협정을 대외무역정책의 중요한 수단의 하나로 활용하고 있다.

우리나라가 FTA를 추진하게 된 배경은 살펴보면 첫째, 정부의 개혁과 개방정책의 지속적 추진이다. 우리나라는 외환위기를 극복하는 과정에서 우리 경제의 지속적인 성장을 위해서는 개혁과 개방정책을 견지할 필요가 있으며 이를 위한 구체적 정책 수단으로 자유무역협정을 추진하게 되었다. 자유무역협정은 상품 및 서비스 시장, 투자, 정부조달, 지적재산권, 경쟁, 반덤핑 등 무역규범 등 포괄적인 분야를 대상으로 개방협상을 벌임으로써 국내 시장 및 제도의 개혁과 개방이 모두 협상의 제로 다루어지게 된다.

둘째, 지역주의 확산에 따른 적극적인 대응의 필요성 때문이다. 우리나라는 WTO를 중심으로 하는 다자무역체제의 우월성을 지지하고 지역주의는 다자무역체제에 부합해야 한다는 입장을 계속 유지하고 있으나 지역주의가 전 세계적으로 급속히 확산되는 추세임을 고려할 때 우리 나라도 적극적으로 양자 간 또는 지역자유무역협정을 추진하는 것이 실익이 크다는 인식이다.

WTO 출범 후에도 지역주의는 계속 확산·심화되어 대부분의 국가가 지역협정을 체결하고 있으며 최근에는 유럽연합(EU)의 중·동구권으로의 확대, 미주자유무역지대(FTAA), ASEAN 등의 확대를 통해 세계경제가 몇 개의 지역블록으로 재편되는 추세를 보이고 있다. 지역무역협정이나 관세동맹의 확산은 역내 교역을 증대시키게 되는바 WTO에 의하면 FTA 체결국 간의 교역이 전 세계교역에서 차지하는 비중은 50%를 넘고 있으며 이에 따라 제3국과의 교역비중이 점점 감소하고 있다는 점이다.

셋째, 우리경제의 구조의 개선 및 국민후생의 증대를 위해서이다. 우리경제의 높은 무역의존도로 인해 대외여건의 변화가 우리경제에 직접적인 영향을 미치고 있다. 주요 교역상대국들의 경기침체나 반덤핑조치 등 무역제한조치는 우리나라 제품의 수출 감소와 국내경기 침체의 직접적인 원인이 된다.

우리기업은 첨단기술보다는 중간급 제조기술의 비교우위에 근거한 생산체제를 유지하여 왔으나 최근 선진국과 개도국으로부터 공히 우리의 수출시장이 위협받고 있으며 선진국 기업들은 높은 기술수준을 토대로 시장지배적 지위를 유지하고 있는 한편 후발개도국들은 저임금에 기초한 가격경쟁력을 바탕으로 우리의 수출시장을 잠식하고 있다.

따라서 외국 선진기업의 첨단기술과 우리나라 기업의 생산기술, 마케팅 능력의 결합을 통하여 생산구조의 고도화와 수출능력 배양이 절실한바, 자유무역협정 체결은 선진 기업들과의 제휴를 증대시키는 유인이 될 것이다. 또한 기업들도 선진기업들과의 교류를 통한 첨단 경영기법 도입으로 경영능력이 향상될 것으로 기대하고 있다.

마지막으로 외국인투자의 적극적 유치 및 우리기업의 해외진출 거점지역의 확보를 위해서다. 주요국과의 FTA체결을 통해 국내시장이 역내시장으로 확대됨에 따라 역내시장 진출을 목적으로 우리나라를 생산 거점기지로 활용하려는 외국인 직접투자가 확대될 수 있다. 역내시장에 수출하려는 외국기업들은 무관세 혜택을 누리기 위해 우리나라에 대한 투자 확대될 것이며, FTA 체결을 통해 상대국의 투자시장이 확대되고 투자보장이 강화됨으로써 우리기업의 안정적인 투자활동이 이루어지게 된다. 또한 우리기업들은 FTA체결 상대국을 거점지역으로 삼아 주변 국가들의 시장에 접근하는 것이 가능하며 해당국이 다수국과 FTA를 체결한 경우 무관세 특혜를 받는 범위가 확대될 수 있다.

2) 한국의 자유무역협정 추진 방향

우리나라는 그동안 전 세계적인 FTA 확산추세에 비켜서 있었기 때문에 짧은 기간 안에 여러 나라와 FTA를 추진함으로써 그간 지체된 FTA 체결 진도를 만회하기 위하여 노력하고 있다. 이는 세계 주요 시장에서 FTA를 이미 체결한 국가의 기업들과 우리 기업이 경쟁해서 불리하지 않기 때문이다. 이러한 전략을 우리나라는 동시다발적 FTA 추진전략이라고 부르고 있다. 또한 여러 나라와 동시에 FTA를 추진하게 되면 FTA 협상의 모멘텀을 유지할 수 있고, 단기적으로 무역적자가 예상되는 FTA와 무역흑자가 예상되는 FTA가 동시에 체결됨으로써 무역적자 부담도 완화할 수 있다.

우리나라의 FTA 추진은 내용 면에서 포괄적이고 수준 높은 FTA를 지향하고 있다. 우리나라는 FTA 체결 효과를 극대화하기 위해 상품 분야뿐만 아니라 서비스, 투자, 정부조달, 지적재산권, 기술표준 등 광범위한 분야를 포함하는 포괄적인 FTA 체결을 지향하고 있으며, 또한 내용 면에서도 WTO에서 추진하는 자유화의 폭보다 더 큰 자유화를 추진하되 그 내용이 WTO의 규범과 상치하지 않는 방향으로 수준 높은 FTA를 추진하고 있다. 이렇게 함으로써 WTO로 대표되는 다자주의를 보완하고 FTA를 통해 국내제도를 개선하고 선진화를 추구할 수 있기 때문이다.

시장개방은 종국적으로 우리 경제의 체질을 개선하여 생산성을 높이고 경제체제를 선진화하는 데 긴요한 정책방향이지만 이러한 개방에는 고통 또한 따르기 때문에 국민적 공감대를 바탕으로 추진하지 않으면 국민적 지지를 받기가 어렵다. 그렇기 때문에 우리나라는 지난 2004년 5월 FTA 추진에 대한 국민적 공감대를 형성하고, FTA 추진과정에서 투명성을 제고하기 위해 '자유무역협정체결절차규정(대통령 훈령)'을 제정하였다. 이 규정에 따라 우리나라는 FTA정책을 추진하고 있으며, 이 절차는 광범위한 의견수렴을 거쳐 국민적 합의를 도출하고 민간 전문가의 참여를 확대하며 절차적인 투명성을 확보하는 것을 그 주요 목적으로 하고 있다.

FTA 체결과정을 협상 전 단계, 협상 단계, 협상 후 단계로 구분하여 각 단계별로 필요한 절차를 세부적·실무적으로 규정하고 있으며, FTA 정책 추진의 효율성을 제고하기 위하여 FTA실무추진회의, FTA추진위원회, 대외경제장관회의로 이어지는 추진 체계를 마련하고 있다. 나아가 효과적인 국민의견 수렴을 위해 FTA추진위원회 산하에 업계 및 학계 대표자로 구성된 FTA민간자문회의가 설치되어 있다. 또한 각 단계마다 FTA 추진에 대한 정보를 국민에게 제공하고 이해관계자의 의견을 수렴할 수 있는 절차를 마련하였으며, FTA 협상 개시 결정 이전에는 반드시 공청회를 개최하여 의견을 수렴하도록 하고 있다. 이와 함께 관계부처와 함께 대외협상을 직접 주관하는 외교통상부의 통상교섭본부는 업계 현장을 직접 방문하거나 업종별 간담회를 개최하여 업계 요구사항을 정확히 파악하여 협상 과정에 반영하기 위해 노력하고 있다.

또한 우리나라는 우리나라의 기존 주요 시장과의 FTA 체결을 추진함과 아울러 신흥유망시장과의 FTA도 적극적으로 추진하고 있으며, 브라질·러시아·인도·중국 이른바 BRICs로 대표되는 신흥유망시장과의 FTA는 향후 우리 산업의 성장 동력 확보에 큰 도움이 될 것으로 기대하고 있다.

2. 우리나라의 자유무역협정 발효 현황

1) 한·칠레 자유무역협정

(1) 한·칠레 자유무역협정의 추진과정

한·칠레 자유무역협정(FTA)은 1998년 퀄라룸푸르 APEC 정상회의 기간 중 칠레의 Frei 대통령과 11월 17일 양국정상회의에서 한·칠레 자유무역협정(FTA) 추진방안을 논의하는 데 합의하고, 이에 따라 양국은 실무협의를 개최하여 양국 간 FTA 추진방안을 모색키로 하여 시작되었다. 그 이후 '한·칠레 FTA 추진을 위한 실무협의'가 1998년 12월 2일부터 3일까지 칠레 산티아고에서 개최되어 한·칠레 간 FTA 체결 논의가 본격화되었다.[39)]

---

39) 한·칠레 FTA 추진을 위한 실무협의의 주요 내용을 살펴보면, 한국과 칠레의 경제상황에 대한 일반적 의견교환, 칠레의 FTA 운용사례에 대한 정보교환, 한·칠레 FTA 추진을 위한 기본 Framework 협의 등이 주요 협의 의제였으며, 주요 협의결과로는 첫째, 협상의 기본원칙은 Comprehensive하고 최대한 자유화하며, 협상 및 이행과정에서 투명성을 유지하

이 협의 결과로 인하여 우리나라에서는 1999년 1월 국내대책반이 발족되면서 외교통상부 통상교섭조정관을 위원장으로 관계부처 국장, 연구소, 협회 등의 전문가들로 구성된 추진위원회가 결성되었고 추진위원회 산하에 국장급이 반장인 5개 작업반과 과장급이 간사인 14개 세 부분과를 두어 운영하게 되었다.

물론 1998년 이전에도 칠레는 지속적으로 외교채널을 통하여 우리나라와의 자유무역협정 체결에 지속적인 관심을 표명해 왔으며, 우리나라는 1998년 11월 5일 국무총리 주재 대외경제조정위원회에서 칠레와의 자유무역협정(FTA) 추진을 의결하게 되었다.

그러나 우리나라는 칠레와의 FTA 체결에 대하여 1999년 12월 제1차 협상이 개최된 이후 여러 차례에 걸친 두 국가 간의 협상에도 불구하고 입장 차이를 좁히지 못하여 한·칠레 간 자유무역협정을 결렬시켜야 할 위기에까지 직면하였으나 우여곡절 끝에 2003년 2월 양국정상이 공식 서명함으로써 한·칠레 간 FTA가 정식 체결되었다.

〈표 4-7〉 한·칠레 FTA 추진과정

날 짜	주요 일정	협상단계	소요 기간
'98. 11	칠레를 첫 FTA 대상국으로 선정 양국 정상 FTA 추진에 합의	협상 전 단계	13개월
'99. 9	FTA 협상 개시에 합의		
'99. 12	1차 협상(산티아고)	협 상	34개월
'00. 2	2차 협상(서울)		
'00. 5	3차 협상(산티아고)		
'00. 12	4차 협상(서울)		
'02. 8	5차 협상(산티아고)		
'02. 10	6차 협상(제네바)		
'02. 10	협상 타결		
'03. 2	공식 서명	서 명	4개월
'03. 7	비준 동의안 국회 제출	국내 비준	12개월
'04. 2	국회 비준		
'04. 4	발 효	발 효	2개월

기로 한다는 것, 둘째, 협상의 대상범위는 상품, 서비스, 투자, 지적재산권, 정부조달, 경쟁정책, 분쟁해결절차 등을 포괄하도록 한다는 것, 셋째, 추진체계로는 고위급 작업반을 두고, 그 산하에 시장접근, 무역규범, 서비스 및 투자, 지적재산권·정부조달·경쟁정책, 분쟁해결 및 기타 법률문제 등 5개 그룹을 두기로 한다는 것 등이다.

또한 한·칠레 자유무역협정 비준 동의안이 세 번에 걸친 비준 실패를 거듭한 후 2004년 2월 16일 국회를 통과하면서 우리나라도 지역무역체제에 합류하고, 경쟁력을 갖춘 강자만이 살아남는 무한자유경쟁의 국제무역질서 대변화에 능동적으로 진입할 수 있는 계기를 마련하게 되었다.

(2) 협정의 주요 내용

한·칠레 자유무역협정은 양국 간 상이한 산업구조에 따라 각국의 이해관계를 대변한 양허안의 내용이 주요 골자를 이룬다. 우선 양국은 원칙적으로 농업을 포함한 전 산업을 자유화 대상으로 포함하되 양국이 민감하게 반응하는 민간품목에 대해서는 관세율을 점진적으로 철폐하기로 하였다. 즉 FTA 체결효과를 극대화하기 위해 품목 수를 기준으로 우리나라는 96.2%를 10년 이내에 관세율을 철폐하기로 하였고, 칠레는 96.4%의 품목에 대한 수입관세율을 10년 이내에 철폐하기로 하였다.

우리나라는 관세 철폐 대상을 즉시 철폐, 10년간 철폐, 계절관세, 도하개발아젠다(DDA) 이후 논의, 자유화 제외 등 관세양허 내용을 총 10개 카테고리로 분류하였다. 즉시 철폐 품목 비율은 87.2%로 총 1만 1170개 품목 중 9,740개 품목으로 이 중 9,101개는 공산품이며, 농산물과 관련된 농산품은 224개, 임산물은 138개, 수산물은 227개 품목으로 구성되어 있다. 또한 10년 이내 철폐되는 비율은 96.22%이며, 공산품과 임·수산물은 100%, 농산물은 71.07% 수준이다.

〈표 4-8〉 한국의 관세철폐 계획

양허구분	전 체	공산품	농산물	임산물	수산물	주요 품목
즉시철폐	9,740 (87.2)	9,101 (99.9)	224 (15.6)	138 (58.2)	277 (69.5)	배합사료, 종우, 양모, 커피
5년 철폐	701 (6.3)	–	545 (38.1)	70 (29.5)	86 (21.5)	장미, 포도주, 아몬드
7년 철폐	41 (0.4)	1 (0.01)	40 (2.8)	–	–	과실주스, 가금류, 감자
9년 철폐	1 (0.01)	–	1 (0.7)	–	–	기타 과일주스

양허구분	전 체	공산품	농산물	임산물	수산물	주요 품목
10년 철폐	262 (2.3)	–	197 (13.8)	29 (12.3)	36 (9.0)	토마토, 키위, 돼지고기
10년(계절)	1 (0.01)	–	1 (0.07)	–	–	포 도
16년 철폐	12 (0.1)	–	12 (0.8)	–	–	조제분유, 혼합주스
할당관세	18 (0.15)	–	18 (1.26)	–	–	쇠고기, 닭고기, 맨드린
DDA 이후	373 (3.3)	–	373 (26.0)	–	–	마늘, 양파, 고추, 낙농제품
예 외	21 (0.2)	–	21 (1.5)	–	–	쌀, 사과, 배
합 계	11,170	9,102	1,432	237	399	

주: ( ) 안은 전체 품목에서 차지하는 비중

품목별로는 우리나라는 쌀, 사과, 배 등을 예외품목으로 하여 관세철폐 대상품목에서 제외하였으며, 칠레는 냉장고, 세탁기 등을 자유화 품목에서 제외하였다. 민감하게 반응하였던 포도의 경우에 있어서는 비수기 포도(11월-4월)에 대해서만 향후 10년 동안 관세를 철폐하는 계절관세를 도입하였다.

〈표 4-9〉 농산물 분야의 주요 양허 내용

양허유형	주요 대상품목
제 외	쌀, 사과(신선), 배(신선)
계절관세	포도(11월~4월)
도하개발아젠다 이후 논의	고추, 마늘, 양파, 참깨, 잎담배, 보리, 콩, 팥, 돼지고기(냉동), 오리, 꿀, 감귤, 대추, 밤, 수박, 녹차, 인삼
도하개발아젠다 이후 논의 (무관세물량 제공)	쇠고기, 닭고기(냉동), 자두
16년 내 철폐	조제분유, 혼합주스
10년 내 철폐	돼지고기, 닭고기(냉동), 복숭아, 딸기, 키위, 단감, 살구, 절화류, 토마토, 당근, 오이
9년 내 철폐	기타 과실주스
7년 내 철폐	복숭이통조림, 잼, 감자, 호두

양허유형	주요 대상품목
5년 내 철폐	말, 양, 닭, 튤립, 백합, 배추, 상추, 무, 김치, 고사리, 당류, 면류
즉시 철폐	종우, 종돈, 배합사료, 양모, 밀, 귀리, 수수, 조, 사탕무, 사탕수수, 커피

주: 농산물에만 적용하는 세이프가드조치(S / G) 확보

칠레는 즉시철폐, 5년 철폐, 10년 철폐, 자유화 제외 등 10개 분야로 구성되어 있다. 즉시철폐 비율은 전체 5,854개 품목 중에서 41.8%인 2,450개 품목으로 공산품 비율은 30.6%로 낮은 대신 농·수산물은 52개의 특수품목을 제외하고 전 품목을 즉시 철폐하였다. 10년 이내 철폐 비율은 96.4%로 공산품 4,664개 품목을 포함한 5,648개 품목이 해당된다.

〈표 4-10〉 칠레의 관세철폐 계획

양허구분	전 체	공산품	농산물	임산물	수산물	주요 품목
즉시철폐	2,450 (41.8)	1,478 (30.6)	677 (92.9)	96 (100)	199 (99)	TV, 자동차, 컴퓨터, 휴대폰
5년 철폐	1,994 (34.1)	1,992 (41.3)	–	–	2 (1.0)	폴리에틸렌, 수송용 차량
7년 철폐	14 (0.2)	14 (0.3)	–	–	–	유류여과기
10년 철폐	1,190 (20.3)	1,180 (24.4)	10 (1.4)	–	–	축전지, 청소기
13년 철폐	152 (2.6)	152(3.1)	–	–	–	철강, 섬유 및 의류
예 외	54 (1.0)	12 (0.2)	42 (5.8)	–	–	세탁기, 냉장고
합 계	5,854	4,828	729	96	201	

주: ( ) 안은 전체 품목에서 차지하는 비중

한편 한·칠레 FTA에서는 정부조달협정이 포함되어 있다. 정부조달협정이 포함되어 있어 칠레가 추진 중인 사회간접자본 확충을 위한 대규모 프로젝트 등에 대한 우리나라 기업의 참여가 가능하여졌다. 칠레는 연간 정부조달 규모가 약 30억

달러에 이르는 것으로 추정되고 있는데, 정부조달협정 미가입국이라 자국 조달품목에 대한 외국기업의 입찰 의무가 없었으나 FTA 발효로 인하여 우리 기업은 칠레 기업과 동등한 자격으로 칠레 정부의 공공입찰에 참여할 수 있게 되었다. 이로 인하여 우리나라가 경쟁력을 갖고 있는 자동차, PC 등 공산품의 진출이 가능하게 되었다.

2) 한・싱가포르 자유무역협정

한・싱가포르 FTA에 대한 본격적인 논의는 1999년 9월 APEC 정상회담에서 고촉통 싱가포르 당시 총리가 양국 간 FTA 체결을 김대중 전 대통령에게 제안함으로써 시작되었다. 이어 2002년 11월 시드니 WTO 소규모 각료회의 기간 중 개최된 양국 간 통상회담에서 FTA 체결을 위한 산・관・학 공동연구회를 발족하기로 합의하여 2003년 3월부터 10월까지 3차례의 공동연구회의가 개최되었으며, 공동연구회는 최종보고서를 통하여 양국 간 FTA 협상을 조속히 개시할 것을 권고하였다.

이에 따라 공동연구회의 권고에 기초하여 양국 정상은 2003년 10월 개최된 정상회담에서 양국 정부 간 FTA 협상을 개시할 것을 선언하였고, 2004년 1월부터 11월까지 본격적인 협상을 진행하여 2004년 11월 라오스에서 개최된 ASEAN+3 정상회담 기간 중 개최된 양국 정상회담에서 FTA 협상을 실질적으로 타결하였다.

그 이후 협정문에 대한 실무적인 법률검토를 거쳐 2005년 4월 협정문에 가서명한 후 2005년 8월 4일 서울에서 우리 측 반기문 외교통상부 장관과 싱가포르 측 Lim Hng Kiang 통상산업부 장관이 협정문에 정식 서명함으로써 협정이 체결되었으며, 2005년 12월 1일 국회 본회의에서 한・싱가포르 FTA 비준동의안을 통과를 거쳐 2006년 3월 2일자로 정식 발효되었다.

한・싱가포르 FTA 협정 발효로 인하여 상품교역 분야에서 한국은 품목 수 기준으로 볼 때 91.6%인 10,315개 품목에 대하여 최장 10년 내 관세를 철폐하게 되며, 이 중 59.7%인 6,724개 품목은 즉시 관세가 철폐되었다. 싱가포르는 모든 품목에 대해 즉시 관세를 철폐하였다.

〈표 4-11〉 한국의 상품 양허안(HSK 10단위 기준, %)

구 분	품목 수 (비율)	공산품	농산물	수산물	임산물
즉시 철폐	6,724 (59.7)	반도체, 컴퓨터, 통신기기, 철강, 자동차, 선박, 섬유류 등	제분용 밀, 사탕무·수수, 팜유 등	연어, 홍합, 냉동해조류 등	석재류, 원목, 단판 등
5년 철폐	2,009 (17.8)	석유아스팔트, 글리세롤 등 유기화학품, 면도기, 전기다리미 등	곡류가공품, 커피, 초콜릿 등	염장품, 통조림 등	대바구니, 부채살 등
10년 철폐	1,582 (14.1)	염화수소, 염화암모늄, 포름산 등의 유기화학품, 전동기 등	살구, 딸기, 콩, 감자, 무, 인삼, 주류 등	고등어·대구 등 일부 냉동품, 쥐치포 등	제재목, 성형목재, 팔레트 등
소계	10,315 (91.6)	–	–	–	–
양허 제외	946 (8.4)	휘발유 등 석유제품, 볼베어링, TV 수신기 등	쌀, 사과, 배, 양파, 마늘, 쇠고기 등	양식용 활어 및 패류, 열대관상어 등	합판, 섬유판 등
계	11,261 (100)	–	–	–	–

주: ( ) 안은 전체 품목에서 차지하는 비중

특히 한·싱가포르 FTA에서는 개성공단 등 북한의 경제특구에서 생산한 제품에 대하여도 한국에서 생산된 제품에 부여하는 것과 동일한 특혜관세를 부여하기로 하여 개성공단 등에서 생산된 제품의 해외판로 확보 및 남북 경협사업의 활성화에 기여할 것이다.

또한 정부는 한·싱가포르 FTA 발효로 싱가포르와의 교역 확대뿐 아니라 우리 기업들의 동남아 시장 진출기반을 강화하는 한편, 세계적인 물류 금융 및 비즈니스의 중심지이며 다국적 기업의 유망 투자대상국가인 싱가포르와의 연계 강화로 우리나라의 경제시스템을 선진화시키는 계기가 될 것이다.

제 5 장

국제무역기업의 불공정무역 행위와 무역구제제도

■■■ 제 1 절

불공정무역행위

덤핑과 보조금 지급은 수입국 내의 효율적인 자원분배를 저해하고, 시장질서를 문란하게 한다는 점에서 국제무역거래에서 불공정무역행위로 간주되고 있다. WTO에서도 대표적인 불공정무역 행위로 규정하고 있을 뿐 아니라 우리나라에서도 불공정무역으로 규정하여 규제를 하고 있다. 또한 무역상대국에 의하여 보호되는 상표권 또는 의장권을 침해하는 물품을 수출입하는 행위와 원산지를 허위로 표시한 물품을 수출입하는 행위도 불공정무역으로 규정하여 규제하고 있다. 즉 불공정무역이란 광의로는 덤핑, 보조금 지급, 상표 및 특허권 등 지적소유권의 침해, 원산지표시 위반 및 불공정 경쟁행위를 말하며, 협의로는 지적소유권의 침해, 원산지표시 위반 및 불공정 경쟁행위를 의미한다.

WTO 국제규범에서는 이러한 불공정무역행위를 규제하기 위한 수단으로 관련 협정들에 의해 규율되고 있고, 우리나라에서는 불공정무역행위조사 및 산업피해구제에 관한 법률에서 규정하고 있다. 이와 같이 덤핑, 보조금 지급, 원산지표시 위반 및 불공정 경쟁행위, 외국의 상표나 의장을 모방하여 수출하는 불공정한 무역행위에 대하여 우리나라도 국제무역질서에 부합되는 공정무역을 함으로써 외국과의 통상마찰을 방지하기 위한 제도적 장치의 하나라 할 수 있다.

1. 덤 핑

덤핑이라 함은 일반적으로 원가 이하 판매를 말한다. 여기서 원가란 제조원가[40]에 판매비 및 판매관리비를 추가한 비용인 판매원가를 의미하며, 이러한 덤핑은 국내시장은 물론 국제시장에서도 이루어진다.[41] 그러나 국제무역에서 덤핑이라 함은 GATT 제6조[42]에서 정의되고 있는 개념으로 살펴볼 때 경제학적 의미의 덤핑 개념과는 차이가 있다.

GATT 제6조 규정은 덤핑을 수출품의 가격이 수출품과 동일한 국내판매 물품의 가격보다 낮은 경우로 규정하고 있다. 이는 일반적인 원칙에 불과하다고 할 수 있는데, 이는 수출품의 가격과 국내의 동종물품의 가격 결정은 수출국과 원산국 및 수입국 내의 특별한 상황에 따라 달라지기 때문이다. 따라서 국제무역에서의 덤핑은 훨씬 복잡하고 광범위한 의미를 내포하고 있다. 그러나 국제시장에서의 덤핑이란 결국 가격차별화[43]라는 개념으로 정의될 수 있으며, 가격차별화란 특정상품을 자국시장에

40) 판매회사의 경우에 있어서는 상품구입비를 말한다.

41) 국내적으로는 경쟁사를 쓰러뜨리기 위해서 부당 염매를 할 경우 독점규제 및 공정거래법에 관한 법률에 의해 규제되고 있다.

42) GATT(Article Ⅵ(Anti－dumping and Countervailing Duties)) The contracting parties recognize that dumping, by which products of one country are introduced into the commerce of another country at less than the normal value of the products, is to be condemned if it causes or threatens material injury to an established industry in the territory of a contracting party or materially retards the establishment of a domestic industry. For the purposes of this Article, a product is to be considered as being introduced into the commerce of an importing country at less than its normal value, if the price of the product exported from one country to another……(체약당사자들은 덤핑, 즉 일국의 상품이 그 상품의 정상가격보다 낮게 타국의 상거래에 도입되는 것이 체약당사자 영토 내의 기존 산업에 실질적인 피해를 야기하거나 야기할 우려가 있는 경우 또는 국내산업의 설립을 실질적으로 지연시키는 경우 이러한 덤핑이 비난받아야 한다는 것을 인정한다. 이 조의 목적상 일국에서 타국으로 수출되는 상품의 가격이 다음의 어느 하나에 해당되는 경우 동 상품은 정상가격보다 낮게 수입국의 상거래에 도입되는 것으로 간주된다.)

43) 경제학적으로 가격차별이란 동일한 조건에서 생산된 동질의 재화나 용역이 다른 가격으로 서로 다른 소비자에게 판매되는 행위를 말한다.

서 판매하는 것보다 특정국가에 낮은 가격에 수출하는 경우라 할 수 있다.

한편 국제무역규범에서 덤핑을 규제하는 이유는 덤핑으로 인하여 수입국시장에서 다음과 같은 문제점이 발생할 수 있기 때문이다. 첫째, 수입국의 동종물품 생산기업은 외국으로부터 저가 수입이 증가하는 경우 판매가격을 낮추거나 또는 가격을 낮추지 않을 경우 판매물량이 감소되는 것을 감수해야 한다. 다시 말하면 단가인하 또는 물량감소에 따른 피해가 발생할 수밖에 없다는 것이다. 또한 부품, 소재 등 새로운 제품의 생산설비를 갖추어 상업적 생산에 들어간 기업은 그 기업과 산업이 뿌리를 내리기 전에 피해를 볼 수 있게 된다. 둘째, 이러한 기업의 피해는 결국 수입국의 고용유지에 지장을 초래하게 된다. 셋째, 덤핑 또한 수입국시장에서의 공정거래를 저해하게 되며 결국 수입국시장에 투자한 외국기업에도 피해를 주어 투자유치를 저해할 우려가 있다.

따라서 국제사회에서 시장개방이 수입국시장에서의 소비자 후생증진 및 경쟁촉진이라는 측면이 있음에도 불구하고 일정한 요건하에 덤핑을 규제하는 것이 공정거래, 고용유지, 투자보호, 장기적인 소비자보호 등을 위한다는 측면에서 정당성이 있다는 것이다.

2. 보조금

보조금(subsidy)이란 정책당국이 특정 정책목표를 달성하기 위해 산업 및 기업활동에 제공하는 금융·조세상의 각종 지원을 의미한다. 이는 덤핑과 함께 대표적인 불공정무역으로 이를 시정하고 공정을 기하기 위하여 보조금율 범위 내에서 추가적으로 관세를 부과하는 상계관세(Countervailing duty)의 적용대상이 된다. 이러한 보조금 지급은 국내생산 및 소비를 변화시킬 뿐만 아니라 수출입에도 직·간접적으로 영향을 미치게 된다. 즉 어떤 국가가 생산보조금이나 수출보조금을 지급한다면 보조금을 지급받은 상품은 그만큼 싼 가격으로 수출하게 되어 유리해지고 그 결과로 수출국 간에 공정한 경쟁기회를 저해할 가능성이 있게 되며, 수입국의 해당 산업에도 피해를 줄 우려가 있게 될 것이다.

따라서 보조금 지급은 덤핑과 마찬가지로 수입국 내의 효율적인 자원분배를 저해하고 시장 질서를 문란하게 한다는 점에서 국제무역에서는 불공정무역으로 간주되고 있다. 그러므로 수입국 정부는 수출국의 생산자가 보조금 지급을 했다는 증거를 확보하고, 국내의 동종 산업이 보조금 지급으로 인하여 실질적 피해를 입었거나 또는 입을 우려가 있다고 판단한 경우에 보조금 지급을 시정함으로써 공정한 경쟁관계를 확립하고, 국내 산업을 보호하기 위한 목적으로 보조금액 이하에 상당하는 관세, 즉 상계관세를 부과할 수 있다.[44)]

이러한 상계관세는 반덤핑관세와 함께 수입국이 수출국의 불공정한 무역 행위를 규제할 수 있는 중요한 수단이며, 자유무역 질서의 유지를 위한 필수불가결한 조치라 할 수 있다. 따라서 상계관세는 정당한 목적을 가지고 있어 보호무역의 수단이 아니라고 할 수 있으며, WTO에서도 수입국의 당연한 권리로서 상계관세 부과를 허용하고 있으며, 이를 위한 절차와 기준을 마련해 놓고 있다.

---

44) 각국은 경쟁력이 약화되는 산업을 보호하기 위해 또는 수출을 활성화시키기 위해 보조금을 지급하거나 상계관세를 부과하고 있다. 특히 선진국의 경우에는 조선, 철강, 섬유 등 사양산업을 보호하기 위해 운영보조금, 구조조정보조금, 생산보조금 및 상계조치 등을 취하고 있다. 이에 반해 후진국의 경우에는 수출을 장려하기 위해 수출금융, 조세감면, 수출원자재 관세인하 등을 사용하고 있다.

3. 원산지

1) 원산지와 원산지규정

오늘날 상품의 생산방식은 놀랄 만큼 급속도로 국제적 분업이 진전되고 있다. 특히 세계적인 다국적기업들은 기업내부에서 국제적 수직분업을 통하여 같은 브랜드의 상품을 세계 여러 지역에서 생산하고 있으며, 국내의 중소업체들까지도 의류, 완구 등은 물론 가전제품에 이르기까지 중국 등에 원자재를 보내 자사 브랜드로 수입하는 경우가 크게 늘어나고 있다. 이렇게 상품생산 및 거래에 관여하는 국가가 늘어남에 따라 여러 원산지 문제들이 발생하고 있다. 가장 대표적인 것은 소비자의 선호도가 높은 국가산으로 원산지를 허위표시하거나 또는 그 국가로 오인시키는 표시를 하는 것이다.

이와 같이 소비자의 국가 간 선호도 차이를 악용하는 것 또는 원산지 자체를 속이는 것은 손쉽게 부당한 이익을 얻으려는 데에 근본적인 동기가 있다고 말할 수 있다. 이러한 행위를 방지하여 소비자를 보호하고 무역정책의 실효성을 확보하기 위하여 세계 각국은 원산지제도를 운영하고 있다.

그런데 이러한 취지로 출발한 원산지제도가 복잡해지고, 때로는 비관세장벽으로 이용됨으로써 국제무역 분쟁의 기회를 제공하고 있다. 복잡해지는 원인은 다단계 국제분업 구조의 이유 외에도 지역적 경제통합의 확산도 중요한 요인이 되고 있다. 각국은 WTO와 같은 다자간 시스템을 통한 자유무역의 확대를 추진함과 동시에 EU, NAFTA, ASEAN 등과 같이 지역무역블록화를 강화하고 있어서 역내산과 역외산 물품의 구별이라는 새로운 문제를 발생시키고 있기 때문이라 할 수 있다.

일반적으로 원산지(原産地)라 함은 일반적으로 원료나 제품의 생산지를 의미하며, 원산지규정(Rules of Origin)은 특정제품의 국적인 원산지를 결정하기 위한 제반 기준 및 절차를 의미하는 것으로 법령이나 행정규칙을 말한다. 또한 국제무역에서 거래되는 물품의 생산·제조국을 판정하기 위한 제반 법률 및 규정 또는 판례 그리고 관련 행정적 절차를 통틀어 일컫는 것으로 일반적으로 특정국가가 특정 제품의 원산지로 인정받기 위해 필요한 세부적인 요건과 통관과정 등에서 해당요건의 충족 여부를 밝히는 원산지 확인절차 및 여타 부대조건 등으로 구성되어 있다. 따라서 그 자체로서는 국제교역을 제한하는 효과를 가질 수 없는 중립적 성격을 띠고 있다.

그러나 원산지규정은 각국별로 상이하며, 그 자체의 불명료성, 복잡성 및 차별성으로 인하여 실질적으로는 무역장벽으로 기능하고 있다. 즉 FTA의 경우 원산지규정은 수출국의 보다 엄격한 식별을 통하여 경제적 통합이 가져오는 경제적 효과를 공고히 하고자 하는 데 사용되고 있으며, 또한 반덤핑관세나 상계관세의 부과, 쿼터적용 등 원산지의 식별이 수반되는 제반 무역관련 조치에 부속되어 간접적인 수입제한 조치로서의 효과를 발휘하고 있다. 현재 국제적으로 사용되고 있는 원산지인정 기준으로서는 세번변경기준, 부가가치기준, 주요공정기준 등이 있으며, 그 적용목적에 따라 특혜원산지규정과 비특혜원산지규정으로 구분될 수 있다.

현재 WTO의 원산지규정협정(ARO: Agreement on Rules of Origin)에는 특혜원산지규정에 관해서는 언급을 하고 있지 않으며, 비특혜원산지에 관한 일반적 규정만이 제정되어 있다. 그 적용범위는 최혜국원칙(MFN)이 적용되지 않는 특혜관세제도를 제외한 일반적인 교역에 있어서 상품의 원산지국가를 결정하는 것으로 그 범위가 한정되어 있다.[45)]

원산지 결정기준으로서는 완전변형기준[46)]과 실질변형기준[47)]이 있는데, 특히 원

45) GATT 1조(최혜국대우), 2조(관세양허), 3조(내국민대우), 11조(수량제한의 일반적 금지), 13조(수량제한의 무차별대우)의 최혜국대우원칙, 제6조의 반덤핑 및 상계관세, 제9조의 원산지표시요건, 제19조의 세이프가드 및 여타 모든 차별적인 수량규제나 할당관세 등의 적용과 같이 비특혜적인 통상정책 수단의 적용 그리고 정부조달 및 무역 통계의 작성에 관하여 적용될 뿐인 것이다.

46) 어느 상품이 1개국에서 완전히 생산되는 경우에는 당해 완전생산국을 원산지로 한다는 것이다. 이 기준은 주로 농산물, 동식물, 지하자원 등과 같은 천연산물과 천연산품만을 원재료로 하여 제조된 물품에 적용된다. 공산품 중에서도 원재료 생산국에서 완제품을 생산한 경우에는 이 기준이 적용되나 수입원료 또는 원산지 불명의 원재료를 사용한 경우 또는 당초 생산국 이외의 국가에서 건조, 염장 등의 공정을 거친 농수산물의 경우에는 이 기준을 적용할 수 없다.

47) 생산공정에 2개국 이상이 관여하는 경우에는 상품에 본질적인 특성을 부여하기에 충분한 정도의 실질적인 제조 또는 가공을 최종적으로 수행한 국가, 즉 최종의 실질적 변화국을 원산지로 하자는 것이다.

산지 판정기준으로서 실질적 변형(substantial transformation)의 기준의 적용에 있어 실질적 변형의 발생 여부를 판단하는 주된 기준은 세번변경기준(HS기준)[48]이며, 보조적으로 부가가치기준과 주요공정기준을 사용하기로 하고 있다.

비특혜원산지에 관한 세계적인 통일규정을 만들기 위한 작업이 세계관세기구(WCO)와 WTO의 공동작업으로 1995년도부터 진행되어 오고 있으나 각국의 첨예한 이해관계의 대립으로 인하여 원래 협상 완료시한이었던 1998년 7월 20일에 타결되지 못하고 현재까지도 협상이 진행되고 있다. 이렇듯 원산지규정은 매우 복잡하고 각국 간의 서로 다른 이해관계 때문에 국제무역에 있어서 제2차적 장벽으로 작용하고 있는 것이다.

한편 국제무역거래에 있어서 기업의 세계화로 인해 생산 활동이 2개국 이상에 걸쳐 이루어지는 경우가 확대되면서 제품의 가격과 이미지, 해외투자 및 부품조달 전략에 큰 영향을 미치는 원산지규정의 중요성이 증가하고 있다. 또한 원산지효과로 인해 동일한 제품이라 하더라도 원산지가 어디냐에 따라 제품가격 및 판매는 큰 영향을 받고 있다. 이는 완제품 판매자와 구매자 간에 있어서 혹은 중간재・시설재・완제품 판매자와 기업 간의 거래 모두에서 마찬가지라 할 수 있다.

원산지제도는 크게 원산지결정제도와 원산지표시제도로 나누어진다. 이 가운데 WTO 통일원산지협정[49]이 직접적으로 적용되는 것은 원산지 결정과 관련되는 것이고, 원산지표시제도는 통일원산지규정과는 무관하게 각국에 일임되어 운영될 것이므로 이에 따라 각국이 운영하게 될 원산지표시제도의 내용도 서로 다르게 규정될 것이다.

원산지표시제도는 국내소비자 보호문제와 공정무역거래 질서 확립에 직결될 뿐만 아니라, 수출 대상국 혹은 수입 대상국과 통상마찰을 일으킬 수도 있는 중요한 제도이다. 왜냐하면 동일한 국가에 대해서 소비자들이 갖는 이미지는 나라마다 다르고, 그에 따라 원산지표시 자체가 무역에 상당한 영향을 미칠 수밖에 없는 사안이기 때문이다.

---

48) 세번변경기준은 사용된 원재료의 세번과 상이한 세번의 제품이 생산된 국가를 원산지로 한다는 것이다.

49) 현재 제정협상이 진행 중인 WTO통일원산지협정은 국제적인 해외 직접투자와 각국의 수출입, 산업정책 등에 큰 영향을 미치게 될 것으로 예상된다.

현재 우리나라가 세계 무역규모에서 차지하는 비중으로 볼 때 원산지표시제도의 확립은 불필요한 통상마찰을 최소화하여 국익을 도모함은 물론 건전한 세계경제질서에 기여할 수 있을 것이다. 국제무역은 원산지제도의 국제규범화와 원산지표시제도의 강화에 따라 중대한 전환기를 맞고 있다고 할 수 있다.

2) FTA와 원산지

원산지 규정(Rules of Origin)은 원산지의 인정범위에 따라 적용 관세율이 달라지는 것은 물론 지역통합에 따른 경제적 효과 확보와 역외국의 우회침투 등을 방지하는 데 실질적 역할을 한다. 그 결과 원산지 규정은 자유무역협정의 확산과 함께 역내 회원국 간의 협상과정에서 중요한 쟁점으로 등장하게 되었다. 특히 원산지 규정은 각 특혜협정들마다 상이할 뿐만 아니라 그 자체의 불명확성과 복잡성, 그리고 차별적 적용 가능성으로 인해 상당한 무역장벽으로 작용하고 있다.[50)]

자유무역협정하에서의 원산지 규정은 이러한 판정기준을 이용하여 상품의 시장접근과 투자 결정에 영향을 미치는 강력한 무역정책 수단으로 사용되고 있다. 특히 최근 원산지 규정은 역내산업의 보호를 통한 우회수입의 방지와 무역창출, 나아가 외국인직접투자의 확대 등을 달성하기 위하여 원산지 규정을 복잡하면서 엄격하게 그리고 까다로운 절차 등을 시행하는 것으로 나타나고 있다.

이와 관련하여 원산지 인정규정이 엄격하면 할수록 무역전환에 따른 부정적인 경제효과가 크며, 무역과 투자의 왜곡을 야기하는 것으로 분석되고 있다. 즉 엄격한 원산지규정은 역내 회원국들에게 여러 가지 행정절차와 제품 생산에 관련된 비용을 유발시키는 것으로 나타나고 있다.

이러한 복잡한 원산지규정은 역내 회원국들에게 여러 가지 행정절차와 제품 생산에 관련된 비용을 유발시키게 되는데 행정비용은 원산지 증명과 관련된 비용으

50) 즉 원산지규정이 FTA 협상에서 중요한 쟁점으로 등장하게 된 주된 이유는 원산지 규정이 각 국가들마다 상이할 뿐만 아니라 그 자체의 불명확성과 복잡성, 그리고 차별적 적용 가능성으로 인해 상당한 무역장벽으로 작용하고 있기 때문이라고 할 수 있다.

로써 국가마다 상이한 증명절차(mechanism)는 기업들에게 가지각색의 비용을 부담시키고 있다. 그 사례로서 EC－EFTA하에서 핀란드 수출기업의 원산지 증명을 받기 위한 행정비용은 수출 거래액에서 1.4~5.7%를 차지하는 것으로 나타났으며, EFTA에서 EC로 수출할 때 요구되는 문서는 평균적으로 36종류, 페이지 수로는 360쪽에 달하는 것으로 조사되었고, 미국－캐나다 FTA에서 미국으로 수출하는 캐나다 기업들이 원산지 증명과 관련한 과다한 행정비용으로 인하여 역내산에 따른 관세혜택을 포기하는 기업의 사례도 있다.[51)]

또한 생산관련 비용은 원산지규정에서 요구하고 있는 다양한 기술요구기준(technical criteria)에 의해 발생되는데, 즉 역내 원산지로 인정받기 위하여 상대적으로 저렴한 역외국가의 부품 또는 중간재를 이용하는 대신 역내국의 부품을 사용하는 무역전환이 야기되어 다양한 기술수준의 요구 등과 같은 엄격한 원산지규정이 역내국가 간 무역을 현저하게 감소시키는 것으로 설명하고 있다.

현재 FTA는 역내산업의 보호를 통한 우회수입의 방지와 교역확대, 나아가 외국인직접투자의 확대 등을 달성하기 위하여 원산지 규정을 복잡하면서 엄격하게 그리고 까다로운 절차 등을 시행하고 있다. 우리나라도 적극적으로 FTA를 추진하고 있는 현재의 상황에 비추어 볼 때 FTA 추진에 따른 효과를 극대화하기 위하여 FTA 원산지 협상 목표로써 역내무역활성화와 역외경제권으로의 개방화 중 어디에 초점을 맞추어야 할 것인가에 내부합의를 이룰 필요가 있으며 이 목표에 따라 원산지 기본전략을 세워야 할 것이다.

---

51) 물론 행정비용에 대해 보다 구체적인 실증적 조사가 이루어지지는 않았지만 원산지규정이 복잡하면 할수록 원산지 증명과 관련하여 기업이 부담해야 할 비용이 증가할 것이다.

4. 지적재산권

오늘날 경제활동에 있어서 무형자산의 중요성이 점점 증대되고 있다. 무형자산은 발명, 의장(design), 기술 및 예술적 창작활동의 결과 등으로 포괄적으로 지적재산(intellectual property)으로 불리고 있다. 지적재산 가운데 특별히 법적인 보호를 받도록 되어 있는 것은 발명품, 상표, 의장, 출판물, 집적회로의 배치설계 및 상거래기밀 등이며, 일반적인 재산권과 같이 양도권, 지분권 및 포괄적 지배권을 갖게 되고 지적재산권 소유자는 법적으로 배타적 지위를 부여받게 된다.

법체계에 따르면 지적재산권을 크게 나누어 산업재산권, 저작권 및 신지적재산권 분야로 분류되며 성질에 따라 창작보호 및 공정경쟁보호로 나누어진다. 산업재산권은 다시 특허권(실용신안권 포함), 의장권, 상표권 등으로 구분되며, 저작권은 저작권과 저작인접권으로 분류된다. 신지적재산권은 산업재산권과 저작권의 성격을 동시에 포함하고 있는 산업저작권, 동·식물 및 미생물관련 생명공학기술 및 반도체집적회로의 배치설계기술에 관련한 첨단산업재산권, 영업비밀과 같은 정보재산권 등을 포괄한다.

지적재산권 보호를 위한 국가 간 공통된 법적 체계들은 오래전부터 존재해 왔다. 대표적인 것으로는 1883년에 발효된 파리협약(Paris Convention)은 특허, 상표 및 다른 산업재산권을 다루고 있으며, 1886년에 발효된 베른협약(Berne Convention)은 저작권을 규율하고 있다.

최근에는 특히 지적재산권과 관련된 상품과 서비스의 무역이 급증함에 따라 세계경제에서 지적재산권보호의 중요성이 증대하고 있으며, 지적재산권을 적절하고 충분히 보호하지 못하면 자유무역을 왜곡할 수 있다는 면에서 많은 국가들이 무역과 관련된 지적재산권의 보호에 큰 관심을 기울이고 있다. 이에 따라 무역협상 의제에 지적재산권보호 문제가 빈번히 올랐으며, 그 결과 UR협상에 있어서 새로운 분야의 하나로 무역관련 지적재산권협정(TRIPs Agreement)이 이루어져 1995년 1월 1일 발효되었다.

경제적인 측면에서 지적재산권보호제도는 두 가지 목적을 촉진하기 위한 제도적 체계를 제공하고 있다. 첫째, 특허 및 저작권법은 지적재산의 창출, 개발자에게 특정의 배타적(독점적)권리를 부여함으로써, 지적창조활동을 장려하고 새로운 기술의 발전과 새로운 지식의 발견에 자원의 효과적인 활용을 촉진하고 궁극적으로 경제발전을 위한 지적기반구조를 확충하고 제고할 것을 목적으로 하고 있다. 둘째, 상표와 지리적 표시와 같은 상품의 서비스의 표시를 통하여 상행위(business)가 공공의 신뢰를 유지할 수 있도록 하고 공정경쟁을 촉진하는 것이다.

특히 국제경제 활동에서 지적재산의 중요성이 증대됨에 따라 국제무역과 관련된 불충분하고 부적절한 지적재산권보호는 국제무역에 상당한 왜곡을 초래할 것이다. 즉 각국의 지적재산권보호제도가 외국의 이익을 차별하거나 또는 국제적으로 일반적으로 합의된 원칙과 절차에서 크게 벗어나는 경우에서 볼 수 있듯이 지적재산권에 대한 부적절한 보호는 지적재산권을 침해한 상품의 제조와 유통을 초래하여 새로운 상품의 개발 유인과 그러한 활동에 자원배분을 위축시키는 등 지적재산보유자의 권리의 획득과 강화에 시간과 비용이 소요되어 자유무역과 정상적인 경제활동에 직접적으로 부정적인 영향을 미칠 것이다.

지적재산권은 새로운 기술과 지식의 독점적 이용을 어느 정도 허용하는 것이기 때문에 제3자에 의한 활용과 경쟁을 억제하며 따라서 선진국들에 의해 창출된 지적재산을 활용해 오던 개발도상국들로부터 선진국으로의 국제적인 소득재분배가 예상된다는 측면에서 개발도상국들은 자신들이 새로운 지적재산권제도의 부담을 지게 될 것으로 우려하고 있다. 이러한 상충되는 이해의 균형을 유지하기 위해 지적재산권보호제도는 공정하고 자유로운 경쟁을 저해하지 않도록 신중하게 제도화되어야 할 것이다.

제 2 절 ■■■

무역구제제도

1. 무역구제제도의 개념과 의의

1) 개 념

국제무역은 유형적인 상품의 국제 간 거래뿐만 아니라 자본, 서비스, 지적재산권 등 무형적인 재화의 국제거래와 노동의 국제이동까지를 포함하고 있다. 국제무역에서 세계 각국이 WTO 체제의 근본이념인 자유무역과 공정무역 아래 각종 무역장벽을 완화 및 철폐하고 기존의 국제무역규범을 보다 구체화, 명료화, 간결화하여 새로운 국제무역질서를 정립하고, 공정하고 객관적인 분쟁해결 제도를 도입하여 다자간 무역체제를 개선하고 강화하는 데는 명시적으로 찬성하고 있다. 그러나 그 실행에 있어서 자국의 이익보호를 위한 여러 정책들로 인하여 국제무역마찰은 여전히 지속되고 있다.

WTO 체제의 출범은 이제 지구상의 어느 나라도 국제무역환경으로부터 분리되어 존재할 수 없는 상황을 창출하게 되었다. 이러한 세계무역환경의 변화에 부응하여 우리나라 역시 WTO의 창립회원국으로 참여하였으며, 이러한 시장개방과 무한경쟁시대는 우리에게 발전의 기회가 될 수 있지만 국내기업과 산업에 피해를 주어 우리 경제에 부담으로 작용할 수도 있는 것이다.

WTO 체제는 한편으로는 재화의 생산과 교역의 증대를 위하여 관세와 기타 비관세장벽의 실질적인 완화, 즉 수입수량제한을 포함한 수입규제의 철폐를 지향하면서도 다른 한편으로는 불공정무역과 같은 일정 조건하에서 수입국 내의 경제 내지 산업의 보호를 위한 수입규제조치를 정당화하는 예외적 조치를 허용함으로써 이원적 체제가 병존할 수 있는 것으로 받아들이고 있다.

이러한 불공정무역에 의한 수입국 내의 산업보호를 무역구제라 하며, 이러한 무역구제를 위한 제도적 장치를 무역구제제도라 한다. 무역구제제도는 불공정무역에 의한 무역구제제도와 WTO에 저촉되지 않는 공정무역에 의한 무역구제제도의 두 가지로 나누어지는데, 불공정무역에 속하는 것으로는 반덤핑관세(AD: Anti-Dumping Duties)와 상계관세(CVD: Countervailing Duties)의 부과제도가 주축을 이루고 있으며, 공정무역은 세이프가드(SG: Safeguards)가 중심이 된다.

현재 우리나라에서는 세계무역기구의 특정회원국 및 우리나라와 자유무역협정을 체결한 국가로부터 불공정한 무역행위와 물품의 수입증가 등으로 인하여 입게 되는 국내산업의 피해를 조사, 구제하기 위한 조치로 무역구제 및 분쟁해결 절차에 관한 사항들을 정함으로써 공정한 무역질서 확립과 국내산업의 보호를 도모하기 위한 목적으로 2001년 2월 3일 '불공정무역행위조사 및 산업피해구제에 관한 법률(이하 산업피해구제법이라 한다)'이 제정, 시행되고 있다.[52)]

2) 의 의

WTO 체제로 대표되는 경제활동의 범세계화는 세계 각국 경제의 대외개방을 가

---

52) 산업피해구제법 제1조(목적) 이 법은 불공정한 무역행위와 수입의 증가 등으로 인한 국내산업의 피해를 조사·구제하는 절차를 정함으로써 공정한 무역질서의 확립과 국내산업의 보호를 도모하고, 세계무역기구 설립을 위한 마라케시협정 등 무역에 관한 국제협약의 이행을 위하여 필요한 사항을 규정함을 목적으로 한다.

속화시켜 이제는 국내시장도 국내외 기업들의 치열한 경쟁의 장이 되고 있다. 이로 인해 외국상품이 수출국 국내시장보다 낮은 가격으로 수입되거나 수입이 급증하여 또는 외국정부로부터 보조금을 지급받은 상품의 수입으로 국내기업들이 많은 피해를 입을 수 있는데, 이러한 덤핑 또는 보조금을 지급받은 물품의 수입이나 수입급증으로 인해 국내산업이 받는 피해를 구제하기 위한 제도가 무역구제제도이다.

〈표 5-1〉 무역구제제도 개요

구제유형	의 의	WTO 관련규범	한국 관련법규
반덤핑관세	외국물품이 정상가격보다 싼 가격으로 수입되어 국내산업이 실질적인 피해를 받거나 우려가 있을 때 또는 국내산업의 확립을 지연시킬 때 관세를 추가로 부과하여 공정경쟁을 확보하는 제도	GATT 제6조/WTO 반덤핑협정	관세법 제51조-제56조/불공정무역행위조사 및 산업피해구제에 관한 법률 제23조
상계관세	수출국 정부로부터 보조금을 받아 수출경쟁력이 높아진 물품이 수입되어 국내산업이 실질적인 피해를 받거나 우려가 있을 때 또는 국내산업의 확립을 지연시킬 때 관세를 추가로 부과하여 공정경쟁을 확보하는 제도	GATT 제6조, 제16조/WTO 보조금과 상계조치협정	관세법 제57조-제62조/불공정무역행위조사 및 산업피해구제에 관한 법률 제24조
세이프가드	수출국의 공정한 수출행위에 의한 수입이지만 특정물품의 수입증가로 인하여 국내산업이 심각한 피해를 받거나 받을 우려가 있을 때 관세인상 또는 수량을 제한하여 국내산업을 보호하는 제도	GATT 제19조/WTO 세이프가드협정	관세법 제65조-제67조/불공정무역행위조사 및 산업피해구제에 관한 법률 제15조-제26조

즉 무역구제제도 함은 특정 물품의 덤핑수입, 외국정부로부터의 보조금이나 장려금의 수령 또는 특정 물품의 수입증가로 인하여 국내산업이 피해를 입거나 입을 우려가 있는 경우, 이해관계인의 신청 등에 의하여 수입과 그로 인한 국내산업의 피해사실을 조사하여 당해 물품의 수입관세에 추가하여 반덤핑관세 또는 상계관세를 부과하거나 수입수량 등을 제한함으로써 공정한 무역을 지향하고 아울러 국내산업을 보호하는 제도를 말한다. 이는 국가 간 자유무역주의를 지향하는 WTO 체제하에서 예외적으로 인정되는 국내산업보호제도로서 여러 나라에서 공정한 무역

및 자국의 산업보호를 위하여 시행하고 있는 제도이다.

이러한 무역구제제도는 그 중요성이 갈수록 높아지고 있는 실정인데, 이는 국가간의 보호무역장벽을 철폐하고 자유무역을 지향하는 WTO가 허용하고 있는 거의 유일한 국내산업보호제도이기 때문이다.

2. 무역구제제도의 유형

무역구제제도의 유형에는 크게 상품교역 분야와 서비스교역 분야로 대별할 수 있는데, 상품교역 분야에는 반덤핑관세(Anti-dumping duty)와 상계관세(Countervailing duty) 및 세이프가드 제도가 있으며, 서비스교역 분야에는 서비스세이프가드 제도가 있다.

〈표 5-2〉 무역구제제도 유형

목 적	무역구제제도	
국내산업보호	상품 분야	반덤핑관세 상계관세 세이프가드
	서비스 분야	서비스세이프가드

반덤핑관세제도는 외국상품이 정상가격(normal price), 즉 수출국 국내시장가격 이하로 수입되어 국내산업이 피해를 받거나 받을 우려가 있을 때 조사를 실시하여 정상가격과 덤핑가격의 차액 범위 내에서 당해 수입품에 추가로 반덤핑관세[53]를

53) 반덤핑관세란 덤핑으로 인하여 정상가격과 덤핑가격의 차액 범위 내에서 해당 수입품에 추가하여 부과하는 관세를 말한다.

부과함으로써 국내 생산자가 공정한 경쟁을 할 수 있도록 하기 위한 제도이다.

상계관세제도는 외국정부로부터 보조금(subsidy)을 받은 상품이 수입됨으로써 국내산업이 피해를 받거나 받을 우려가 있을 때 조사를 실시하여 보조금의 범위 내에서 상계관세[54]를 부과하는 제도이다.

세이프가드는 외국상품의 수입이 급격히 증가하여 국내산업이 심각한 피해를 받거나 받을 우려가 있을 때 조사를 실시하여 수입수량을 제한(quota)한다든지 관세율을 인상(tariff increase)하는 등의 구제조치를 취하는 제도이다. 서비스 교역 분야의 서비스세이프가드는 아직 국제규범이 정립되지 않은 상태에 있어 향후 서비스산업의 보호를 위한 제도마련이 요청되고 있다.

〈표 5-3〉 무역구제제도 내용

유 형	사 유	구제조치
반덤핑관세	덤핑수입	관세인상(Tariff increase)
상계관세	보조금지급	관세인상(Tariff increase)
Safeguards	수입급증	수입수량제한(Quota)
		관세인상(Tariff increase)

이 중에서 반덤핑관세와 상계관세는 불공정한 교역행위에(unfair trade) 대한 당연한 제재조치인 반면에 세이프가드는 공정한 교역행위에(fair trade) 대한 수입제한제도라는 점에서 서로 구별되며, 따라서 정부가 세이프가드를 발동할 때에는 수출 당사국과 협의하여 적절한 보상을 해 주어야 한다. 아울러 협의 결과가 만족스럽지 못할 때에는 당해 물품의 수출국이 세이프가드조치를 취한 수입국에 대해 무역보복 조치를 할 수 있도록 하고 있다.

54) 상계관세란 보조금 지급으로 보조금 지급 범위 내에서 해당 수입품에 추가하여 부과하는 관세를 말한다.

제 6 장

WTO의 무역구제제도

무역구제제도는 특정한 물품의 수입으로 인하여 국내산업이 피해를 입거나 입을 우려가 있을 경우 당해 국내산업에 이해관계가 있는 자 및 관계행정기관의 장의 신청에 의하여 정부가 수입과 그로 인한 국내산업의 피해사실을 조사하고, 그 결과에 따라 수입품에 대하여 수량제한이나 관세부과 등 적절한 구제조치를 취하는 제도이다. 이러한 산업피해구제제도에는 반덤핑관세(Anti-Dumping Duty)제도, 상계관세(Countervailing Duty)제도, 세이프가드(Safeguards)제도 등이 있으며, 1900년대를 전후하여 미국, 호주, 캐나다 등 선진국들은 반덤핑관세 및 상계관세를 국내법에 도입하였으며, 세이프가드 제도는 1942년 미·멕시코 무역협정에 도입된 후 사용되기 시작하였다.

각국의 무역구제제도는 국제규범인 GATT 관련 규정과 이들 규정을 구체적으로 해석하고 집행하기 위한 별도의 협정에 근거하여 운영되고 있다. 별도의 협정으로는 반덤핑관세제도와 관련하여서는 반덤핑협정으로 불리고 있는 "GATT 제6조 이행에 관한 협정"(Agreement on Implementation of Article Ⅵ of the GATT)이 케네디라운드 협상 결과로 1967년에 처음 제정되었으며, 동경라운드 협상에 따라 1979년에 1차 개정되고 우루과이라운드 협상결과로 1994년에 다시 현재의 협정으로 개정되었다.

상계관세제도와 관련하여서는 보조금 및 상계관세협정인 "GATT 제6조, 16조 및 제23조의 해석과 이행에 관한 협정"(Agreement on Interpretation and Application of Article Ⅵ, ⅩⅦ and ⅩⅩⅢ of the GATT)이 도쿄라운드 협상결과로 1979년에 제

정되었으며, 우루과이라운드협상에 따라 1994년에 현재의 협정으로 대폭 개정되었다. 그리고 "세이프가드협정"(Agreement on Safeguards)은 우루과이라운드협상의 결과로 1994년에 새로이 제정되었다.

1947년 GATT가 설립되기 전에도 미국, 캐나다, 호주 등의 국가에서는 외국의 덤핑행위와 보조금이 지급된 수입품에 대하여 관세를 부과하는 등 반덤핑관세제도와 상계관세제도를 운용하고 있었다. GATT는 설립 당시 각국이 운용하고 있었던 반덤핑법과 상계관세법을 모델로 하여 GATT 제6조의 반덤핑관세와 상계관세규정을 도입하였으며, 세이프가드조치는 미국과 멕시코 간 무역협정에 규정되었던 면책조항(escape clause)이 모델이 되어 GATT 제19조로 도입됨으로써 국제규범으로 자리잡게 되었다.

GATT 반덤핑규정, 보조금 및 상계관세규정, 세이프가드조치규정 및 이들 규정에 근거한 반덤핑협정 및 보조금 및 상계관세협정은 1947년 GATT설립 이후 1994년까지 GATT 체제에서 회원국의 반덤핑관세 및 상계관세와 세이프가드제도의 운용과 관련하여 국제적 규범으로서 각국의 산업피해구제법과 그 운용을 규율하여 왔다. UR협상의 결과로 출범한 WTO 체제에서는 GATT와 GATT에 근거하여 제정된 협정들이 "세계무역기구 설립을 위한 마라케시협정"에 부속됨으로써 WTO 체제의 협정으로 대체되었다.

따라서 WTO 체제하에서 반덤핑관세, 상계관세, 세이프가드조치를 규율할 국제규범은 GATT 1994협정의 관련 조항과 이 협정에 근거한 협정들로서 일반적으로는 WTO 반덤핑에 관한 협정, WTO 보조금 및 상계조치에 관한 협정, WTO 세이프가드에 관한 협정으로 불리고 있다.

WTO 협정들과 각국의 무역구제법과의 관계를 살펴보면 협정가입국(Member)은 협정에서 규정하고 있는 세이프가드조치, 반덤핑관세, 상계관세를 부과하기 위해서는 협정에서 정한 발동 또는 부과요건 및 절차 등과 관련된 의무를 준수하여야 하므로 WTO 협정이 회원국의 산업피해구제법보다 상위의 규범성을 지니고 있다고 볼 수 있다. 따라서 WTO 협정은 각국의 무역구제제도의 운영에 통일적 기준을 제공해 줌과 아울러 각국의 무역구제조치 사항이 WTO 협정에 일치하는지 여부를 판단하는 기준이 되고 있다.

■■■ 제 1 절

반덤핑관세제도

국제무역에서 의미하는 덤핑(Dumping)은 수출국의 생산자 혹은 수출자가 자국 내에서 통상적으로 거래되는 정상가격(normal price)보다 낮은 가격으로 수출하는 것을 의미한다. 즉 수출국 내에서 통상적으로 거래되는 특정물품의 정상가격이 무역상대국(수입국)으로의 수출가격(export price)보다 높을 때에 덤핑이 성립되며 그 과정에서 발생하는 차액을 덤핑마진이라 한다.

덤핑은 수입국 내의 효율적인 자원분배를 저해하고 시장 질서를 문란하게 한다는 점에서 국제무역에서는 불공정 무역으로 간주되고 있다. 따라서 수입국 정부는 수출국의 생산자가 덤핑을 했다는 증거를 확보하고 국내의 동종 산업이 덤핑수입으로 인하여 실질적 피해를 입었거나 또는 입을 우려가 있다고 판단한 경우에 덤핑행위를 시정함으로써 공정한 경쟁관계를 확립하고 국내산업을 보호하기 위한 목적으로 덤핑차액 이하에 상당하는 관세, 즉 반덤핑관세를 부과할 수 있다.

반덤핑관세제도란 외국물품이 정상가격보다 싼 가격으로 수입되어 국내산업이 실질적인 피해를 받거나 우려가 있을 때 또는 국내산업의 확립을 지연시킬 때 관세를 추가 부과하여 공정경쟁을 확보하는 제도를 말한다. WTO 반덤핑관세제도는 GATT1994 제6조에 법적 근거를 두고 있으며, 구체적인 조사기준 및 절차는 WTO 반덤핑협정(AD)에 규정되어 있다.

반덤핑 관세는 특정 수출국이나 수출자의 상품에 대해 선별적으로 적용할 수 있고 보상의무가 면제되므로 그 적용이 비교적 용이할 뿐만 아니라 WTO 협정상에 모호한 규정이 많아 수입국의 자의적인 운용으로 동 제도가 남용될 가능성이 높다는 특성이 있다. 즉 다수 국가들이 반덤핑협정상의 조사기준 및 절차를 자국에 유리하게 해석함으로써 반덤핑제도를 불공정무역행위의 규제보다는 조사당국의 편의와 자국 산업을 보호하기 위한 보호무역의 수단으로 남용할 수 있는 여지가 큰 것이다. 또한 장시간의 조사 기간을 통해 조사결과에 관계없이 피소기업의 수출에 막대한 타격을 입힐 수 있다는 특성도 갖고 있다.

WTO 체제하에서 회원국의 반덤핑관세 관련법과 반덤핑제도 운영을 규율할 국제 규범은 "GATT 제6조 이행에 관한 협정"(Agreement on Implementation of Article Ⅵ of the GATT)이 케네디라운드협상 결과로 1967년에 처음 제정되었으며, 동경라운드 협상에 따라 1979년에 1차 개정되고 우루과이라운드 협상결과로 1994년에 다시 현재의 협정으로 개정되었다. 이 WTO 반덤핑협정은 종전 1979년 반덤핑협정이 조사 개시의 요건, 덤핑마진의 산출, 피해 및 인과관계의 판정 등에 있어서 용어 및 적용기준이 불명확하고 재량의 여지가 넓어 보호무역의 수단 내지는 국제무역의 새로운 장벽이 될 수 있다는 인식에서 개정된 것인데 종전 반덤핑협정에 대한 근본적인 개선이라기보다는 종전에 논의되어 온 개별적인 문제점을 해결하는 데 그친 것으로 평가되고 있다.

1. 반덤핑관세제도와 경쟁정책

1) 경쟁정책과 무역정책의 충돌

일반적으로 무역정책과 경쟁정책은 경제적 효율성과 소비자 복지에 기여하기 위해 자유무역과 시장개방을 추진한다는 점에서 이론적으로는 양자가 동일한 목표를 지향하며 본질상 상호 보완적인 성격을 가진다고 할 수 있다. 하지만 실제로는 이들 양 정책이 상호 충돌하는 방향으로 집행되는 경우가 많다.

무역정책의 경우를 보면 본래 자국민의 경제적 이익을 위한다는 점에서 소비자의 이익이 생산자의 이익과 같은 정도로 보호되어야 하지만 현실적으로는 정치적으로 조직화된 생산자의 이익을 보호하는 쪽으로 실시되는 것이 일반적이다. 즉 무역정책은 국가 전체의 후생증진이 이념적인 목적이 될 수 있을지는 모르지만 현실적으로는 생산자 이익을 보호하는 방향으로 입법되거나 운영되고 있는 것을 볼 수 있다. 이에 비하여 경쟁정책의 주된 목적은 생산자의 보호가 아니며 오히려 경쟁을 통해 소비자의 이익을 보호하는 것이 가장 중요한 요소이다.

따라서 현실적으로는 무역정책이 생산자의 이익 중심으로 입법되고 집행되는 데 비하여 경쟁정책은 개별소비자의 이익을 우선하여 고려하기 때문에 양 정책 간에는 충돌과 부조화가 발생할 수 있다. 이러한 대표적인 무역관련 조치가 반덤핑조치이다. 반덤핑조치 자체는 다자간 무역체제의 핵심이라고 할 수 있는 무차별원칙의 예외로 파악될 수 있는데 이는 전형적으로 국내산업인 생산자 이익을 보호하는 무역법으로서 소비자 이익 보호가 주목적인 경쟁법과 충돌을 가져온다고 할 수 있다.

2) 반덤핑관세제도의 경쟁정책적 평가

WTO반덤핑협정에 따르면 수출국의 덤핑이 수입국의 기존 국내산업에 실질적인 피해를 유발하거나 그럴 위협이 존재하는 경우에 한하여 반덤핑관세를 부과할 수 있도록 하고 있으나 문제는 덤핑마진 산정에 있어 정상가격과 수출가격의 산출에 수입국이 재량을 발휘하여 덤핑마진이 과다하게 산정되는 경우가 많다. 이로 인해 종종 반덤핑조치는 국제 무역거래를 위축시키고 자유경쟁시장 기능을 경색시키는 효과(chilling effect)를 초래한다.

특히 경쟁정책과 반덤핑이 극명하게 상충되는 점은 반덤핑제도가 각국의 보호무역조치의 하나로 남용될 소지가 크기 때문에 경쟁의 기본 틀에 벗어나는 점이다.

예를 들어 어느 기업이 특정물품에 대해 반덤핑 혐의로 제소되었다고 가정하자. 이 기업은 거래상의 불확실성으로 인해 잠재적 수입상으로 하여금 계약을 꺼리도록 만들 수 있다. 또한 제소당한 기업과 물품은 소비자에 대해 부정적 이미지를 초래하여 수입국에서의 판매량은 감소할 수밖에 없다. 즉 반덤핑제도는 수입국의 경쟁자를 보호하는 일정의 수입제한조치로 활용되어 경쟁 자체의 보호를 목적으로 하는 경쟁정책에 정면으로 상충되는 결과를 초래한다.

이러한 측면에서 EU는 공공이익 조항(public interest clause)과 유사한 공동체이익(community interest) 조항을 두어 반덤핑조치의 부가요건을 갖추더라도 EU 전체의 이익을 고려하여 부과하지 않을 수 있음을 규정하고 있다. 공동체 이익을 고려할 경우 덤핑 조사대상물품과 동종물품의 역내 생산자의 이익은 물론 소비자의 이익도 고려하는 것이 일반적이다. 따라서 공동체 이익조항을 적용하여 반덤핑조치를 취하지 않는 것은 각 회원국 간의 판단에 맡겨져 있다고 볼 수 있다.

2. WTO 반덤핑협정

1) WTO 반덤핑협정의 주요 특징

(1) 적용국가

WTO 반덤핑협정이 GATT 체제하의 종전 반덤핑협정과 가장 큰 차이점은 이전 협정들이 원하는 체약국, 즉 협정에 조인한 국가들에게만 적용되었던 반면 WTO반덤핑협정은 WTO회원국 모두에게 적용된다는 점이다. 따라서 반덤핑제도는 더 이상 미국이나 EU 등 선진국의 전유물이 아니다. WTO출범에 따라 수입규제수단으로는 반덤핑이 가장 효과적인 수단이 되었으므로 개도국들도 자국의 반덤핑법 마련에 적극적으로 나서고 있다.

(2) 구체적 적용기준의 설정

WTO 반덤핑협정은 기존의 반덤핑 법률상의 애매한 부문을 어느 정도 구체화하였다. 예를 들어 수출자의 적정한 수출국 내 판매가격을 추정하는 데 사용되는 구성가격(constructed price) 산정 시 일반판매비와 이윤을 산정함에 있어 기존의 반덤핑 법률은 합리적인 금액으로 산정하도록 함으로써 모호하게 규정하고 있으나 반덤핑협정은 실제자료에 의해 일반판매관리비와 이윤을 산정하도록 하였다. 덤핑마진이 매우 작아 덤핑조사를 철회해야 하는 정도의 작은 마진을 의미하는 미소마진(deminimis)의 경우도 이전의 반덤핑규정은 계량화된 기준을 정하고 있지 않으나 WTO반덤핑협정은 덤핑마진이 2% 이하일 경우를 미소마진으로 규정하고 있다. 이외에 반덤핑 조치의 소멸시효(sunset) 기간 설정, 제소자격 등을 보다 구체화하고 있는 것이 WTO 협정의 특징이다.

(3) 조사절차

① 반덤핑조사의 신청자격

반덤핑조사의 신청은 덤핑수입품과 동종의 물품을 생산하는 국내산업이나 국내산업을 대표하는 자가 한다. 구체적으로 반덤핑조사의 신청은 국내산업 동종물품 전체 생산량의 50% 이상을 생산하는 국내생산자의 지지가 있어야 한다. 또한 반덤핑조사를 신청한 국내생산자들의 생산량 합계가 동종물품 전체 생산량의 25% 미만일 경우에는 반덤핑조사를 개시할 수 없도록 함으로써 조사남용을 방지하고 있다.

② 일정수준 이상의 덤핑마진 및 수입량의 요구

협정에 따르면 덤핑마진이 수출가격의 2% 미만일 경우 반덤핑 조사는 종료되며, 수출국으로부터의 덤핑수입이 수입국에서의 동일한 상품수입의 3% 미만인 경우에도 조사는 종료된다. 단, 개별적으로 3% 미만인 모든 국가로부터의 덤핑수입이 수입국에서의 동일한 상품수입의 7%보다 클 경우 반덤핑조사는 계속된다고 규정하고 있다.

③ 가격인상의 약속

가격인상의 약속은 최종판정 이전의 예비판정에서 덤핑사실이 확인되고 덤핑행위에 따라 생산자의 중대한 피해가 있다는 잠정적인 긍정판정이 내려질 때 이루어질 수 있다. 가격인상 약속에 수출자나 수입자 또는 수출자나 수입국 정부의 쌍방이 합의할 경우 반덤핑조사는 종결되는 것이 원칙이나 수출자나 수입국의 요청으로 관련 반덤핑조사가 계속 진행될 수도 있다. 요청에 따라 반덤핑 조사가 계속 진행되어 덤핑과 중대한 피해의 최종판정이 긍정판정으로 결정되면 가격인상의 약속은 유효하나 최종판정이 부정으로 결정되면 가격인상 약속의 효력은 소멸된다.

④ 비조사대상 수출자에 대한 적용

조사기관이 모든 수출자를 조사하지 않고 표본추출에 의하여 조사대상 기업을 선정하는 경우에 비조사대상 수출자에 대한 덤핑마진은 조사대상 수출자의 가중평균 덤핑마진이 적용된다. 덤핑마진의 가중평균 계산 시에 영(0) 또는 미소 덤핑마진(2% 미만)과 이용 가능한 최선의 정보에 근거한 덤핑마진은 제외된다.

⑤ 표본조사

수입당국은 과다한 비용지출을 피하기 위해 합리적인 방법으로 표본을 추출하여 조사대상자를 선정할 수 있다. 표본대상은 수출자와 협의하여 결정하며 조사과정에서 자료를 제출한 수출자에 대해서는 개별적인 덤핑마진이 부과될 수 있다.

⑥ 자동소멸조항

가격인상 약속을 포함한 반덤핑조치는 5년 이내에 종료되어야 한다. 다만 일몰재심(sunset review)을 통하여 피해를 야기하는 덤핑이 지속되거나 또는 덤핑행위가 재발될 우려가 있다고 판단될 경우 반덤핑조치는 연장될 수 있다. 반덤핑조치 이후 5년 후에 동 재심이 없게 되면 자동적으로 반덤핑조치는 실효된다. 재심은 통상적으로 12개월 이내에 완료되어야 한다.

(4) 덤핑마진의 결정

① 구성가격의 산출

덤핑마진의 산정은 기본적으로 수출국 국내시장의 내수판매 가격과 수출가격을 비교하여 결정되는 것이지만 수출국 국내시장에 정상적 거래에 의한 동종물품의 판매가 존재하지 않을 경우 덤핑마진 결정을 위한 수출가격은 제3국에서의 판매나 내수가격으로 인정할 만한 가격을 구성(construction)한 가격인 이른바 구성가격과 비교하도록 하고 있다. 구성가격은 생산비, 관리비, 일반비용 및 이윤으로 구성되며 실제자료에 의거하여 산출된다. 단 실제자료에 의한 구성가격 산출이 어려울 경우에는 (a)문제가 되고 있는 수출자 또는 생산자의 원산국 내 동종물품의 생산, 판매에서 실현된 실제규모의 생산비 및 이윤 등 (b)원산국 내에서 조사대상 물품과 동종물품을 생산, 판매하는 여타 생산자에 의해 실현된 실제액의 가중평균 생산비 및 이윤 등 (c)원산국 내 동종 물품을 생산, 판매하는 여타 생산자에 의해 실현된 이윤을 초과하지 않는 범위 내에서 기타 합리적인 방법을 통하여 구성가격을 산출하도록 협정에 명문화하였다.

② 원가 이하의 판매

협정은 수출가격이 생산비에 관리비, 판매비 및 일반비용을 포함한 가격 이하일 경우 특정 요건하에서 덤핑 판정을 위하여 수출가격과 비교하는 수출국 내 내수가격인 이른바, 정상가격으로 간주하지 않고 있다. 특정요건이라 함은 이러한 원가 이하의 판매가 상당 기간, 상당한 수량으로 계속되고 합리적인 기간 내에 총비용을 회복하지 못할 것이라고 수입국이 판단하는 경우를 말한다.

③ 생산개시가동 비용

수출품이 생산개시가동(start－up operation) 기간 동안에 수출되는 특수한 경우에 당해 기간 동안 생산비 이하의 판매에 대해서는 생산개시 가동비용을 조정하도록 되어 있다. 생산개시가동에 대한 조정은 생산개시 기간의 마지막 시점에서의 비용을 반영하며 생산개시 기간이 반덤핑 조사 기간을 초과할 경우 조사 기간 동안 당국이 합리적으로 고려할 수 있는 가장 최근의 비용을 반영해야 한다고 규정되어 있다.

④ 가격 비교

덤핑마진의 계산은 통상적으로 정상가격의 가중평균과 비교가능한 모든 수출가격의 가중평균 비교에 의하거나 각각의 거래에 기초한 정상가격과 수출가격을 개별적으로 비교하여야 한다. 다만 특정 지역에 집중적으로 저가에 판매하되 전체적으로 가중평균하는 경우에는 저가가 되지 아니하는 이른바, 의도된 표적덤핑(targeted dumping)의 경우는 정상가격의 가중평균과 개별수출가격을 비교할 수 있다.

(5) 피해판정 시 누적계산

2개국 이상으로부터 수입된 물품이 동시에 반덤핑관세 조사의 대상이 되는 경우

(a)수입물품의 덤핑마진이 덤핑조사를 종결해야 하는 수준의 적은 덤핑마진인 이른바 미소마진 기준을 초과하고, 수입물량이 무시할 만한 수준이 아니며, (b)수입효과를 누적적으로 평가하는 것이 경쟁여건을 감안해 볼 때 조사당국이 적절하다고 판단하는 경우 누적적으로 평가할 수 있다.

2) WTO 반덤핑협정의 구성과 주요 내용

(1) WTO 반덤핑협정의 구성

반덤핑협정은 18개 조항 및 2개의 부속서로 구성되어 있다.

① 제1부(제1조~제15조): 기본원칙 및 제반규정
② 제2부(제16조~제17조): 반덤핑관행위원회 및 분쟁해결 절차
③ 제3부(제18조): 최종조항
④ 부속서 Ⅰ: 제7조 제6항에 따른 현장조사 절차
⑤ 부속서 Ⅱ: 제6조 제8항에 따른 입수 가능한 최선의 정보

(2) 협정의 주요 내용

① 덤핑의 판정(제2조)

덤핑의 존재를 판정하기 위해서는 수출된 물품의 수출가격과 동종 상품(like product)에 대한 정상가격(normal value)에 대한 비교가 선행되어야 하는바, 이 정상가격의 기준이 주요 쟁점이 되어 왔다. 정상가격의 산출 시 원가 이하의 판매가

상당 기간 계속되고 합리적인 기간 내에 총비용을 회수하지 못할 경우 정상가격 산출대상에서 제외할 수 있도록 하였는데, 이는 덤핑마진이 크게 산출될 수 있어 보호주의 측면이 강화된 기준이라고 보인다.

구성가격 산정 시 판매 및 관리비와 이윤을 실제 자료 또는 동일 부류 생산자가 실현한 실제 금액 등에 근거하여 산출토록 구체화하여 판매관리비 및 이윤의 적용과 관련한 마찰의 소지를 축소하였다. 덤핑마진산정이 정상가격과 수출가격 비교를 가중평균 대 가중평균 또는 개별거래가격 대 개별거래가격별로 비교토록 하여 종전 정상가격은 가중평균으로, 수출가격은 개별가격으로 비교하여 자의적으로 덤핑마진을 크게 산출할 수 있는 여지를 축소하였다.

② 피해의 판정(제3조)

피해판정 시 덤핑마진의 크기를 고려할 수 있도록 하였다. 덤핑수입물품이 2개국 이상인 경우 피해를 누적적으로 평가할 수 있도록 하였다. 실질적 피해우려 판정 시 판단기준을 구체적으로 규정하여 우려의 규정을 남용하지 못하도록 하였다.

③ 국내산업(제4조)

동종 상품을 생산하는 국내생산자 전체 또는 이들 중 생산량의 합계가 당해 상품의 국내 총생산량의 상당 부분을 점하는 국내생산자들을 지칭한다.

④ 조사개시 및 후속 조사(제5조)

㉠ 조사신청(제1항 및 제4항)

덤핑의 존재, 정도 및 영향을 판정하기 위한 조사는 국내산업에 의하거나 또는 이를 대신하여 행하여진 서면신청으로 개시한다. 조사개시에 대한 지지 또는 반대의사를 표명한 국내생산자들의 동종 상품 총생산의 50% 이상을 생산하는 국내생산자의 지지가 있을 경우에만 가능하며, 조사개시를 명시적으로 지지하는 국내생산자의 생산합계가 국내 총생산 25% 미만일 경우에는 조사를 개시할 수 없다. 국내 동종 상품의 국내생산자의 피고용인이나 피고용인의 대표자 역시 조사에 관한 신청 및 그에 대한 지지의사 표시가 가능하다.

ⓛ 당국의 의무(제3항~제5항)

특별한 상황에서 국내산업의 서면신청이 없이 조사를 개시할 경우 덤핑 및 피해에 대한 충분한 증거 필요하다. 조사개시의 결정이 없는 한, 조사개시 신청서의 공표는 회피되나 적합하게 서류를 갖춘 신청서가 접수된 이후 그리고 조사개시 이전에 관련 수출회원국에 통보하여야 한다.

ⓒ 미소마진의 인정(제8항)

덤핑마진이 미소마진 수준이거나 실제 또는 잠재적인 덤핑수입량이나 피해가 무시할 만한 수준이라고 당국이 결정할 경우에 조사는 즉각적으로 종결된다. 즉 (i) 덤핑마진이 2% 미만이거나, (ii) 특정국으로부터의 덤핑 수입물량이 수입회원국 내 동종 상품 수입량의 3% 미만의 점유율을 차지하고, 3% 미만 점유율을 가진 국가들로부터의 수입물량이 총수입물량의 7%를 초과 점유하지 아니하면 이러한 덤핑수입량은 무시할 만한 수준으로 간주한다.

ⓡ 조사 기간 제한(제9항)

특별한 상황을 제외하고는 조사는 1년 이내에 종결하고, 어떠한 경우에도 개시 후 18개월을 초과할 수 없다.

⑤ 증거(제6조)

ⓖ 표본(sampling)에 의한 조사대상 선정(제10항)

원칙적으로 조사대상 상품의 관련 수출자 혹은 생산자 각각에 대해 개별적인 덤핑마진을 결정해야 하나 관련된 수출자, 생산자, 수입자 또는 관련 상품의 유형의 수가 너무 많아 이러한 결정이 불가능할 경우에는 조사대상 선정 시에 표본을 사용함으로써 조사를 합리적인 수 또는 수출량의 비율로 제한이 가능하다.

㉡ 이해당사자의 범위(제11항)

조사대상 상품의 수출자, 외국의 생산자, 수입자, 또는 대부분의 회원이 동 물품의 생산자, 수출자 또는 수입자로 구성된 동업자협회 혹은 사업자협회를 말한다.

⑥ 잠정조치(제7조)

잠정조치는 잠정적으로 산정된 덤핑마진을 초과하지 않는 범위 내에서 잠정관세를 부과하거나 잠정적으로 산정된 반덤핑 관세액과 같은 보증금의 제공을 명하는 조치를 말한다.

㉠ 잠정조치 발동요건(제1항)

반덤핑 여부 조사가 개시, 공표되고 이행당사자에게 의견 제시 기회가 주어진 후 국내산업에 대한 피해에 관한 긍정적 예비판정이 내려지고, 관계당국이 조사기간 중 초래되는 피해를 예방하기 위하여 이러한 조치가 필요하다고 판단하는 경우 발동할 수 있다.

㉡ 잠정조치의 적용 기간(제3항 및 제4항)

잠정조치는 조사 개시일로부터 60일 이전에는 적용할 수 없다. 잠정조치는 원칙적으로 4개월, 관련무역에 상당한 비율을 차지하는 수출자의 요청에 따라 관계당국이 결정한 경우에는 6개월을 초과하지 아니하는 기간에 한정하여 적용된다. 당국이 조사과정에서 덤핑마진보다 낮은 관세로 피해를 제거하기에 충분한지의 여부를 검토할 경우, 동 기간은 각각 6개월 및 9개월로 연장 가능하다.

⑦ 가격약속(제8조)

당국이 수출자로부터 덤핑의 피해 효과가 제거되었다고 납득할 수 있을 만큼 상품가격을 수정하거나 당해 지역에 덤핑가격으로의 수출을 중지하겠다는 만족스럽고도 자발적인 약속을 받을 경우 조사는 잠정조치나 반덤핑 관세 부과 없이 정지되거나 종결될 수 있다. 이러한 약속에 따른 가격인상은 덤핑마진을 제거하기에 필요한 수준을 초과해서는 안 된다.

덤핑과 덤핑으로 인한 피해에 대한 긍정적 예비판정 전에는 가격약속의 추구 또는 수락을 할 수 없으며, 수입회원국 당국은 수출업자에게 가격약속을 제안할 수 있으나 강요할 수는 없다.

⑧ 반덤핑관세의 부과 및 징수(제9조)

㉠ 반덤핑관세의 부과 및 환불(제3항)

반덤핑관세는 판정된 덤핑마진을 초과할 수 없다. 반덤핑관세의 금액이 소급적으로 산정된 경우 반덤핑관세 지불의 최종적인 책임 판정은 반덤핑 관세액의 최종 산정 요청일로부터 가능한 빠른 시일 내 이루어져야 하며 일반적으로 12개월 이내에, 어떠한 경우에도 18개월을 초과해서는 안 된다. 반덤핑관세의 환불(refund)은 가능한 한 빠른 시일 내에 일반적으로 최종책임의 판정으로부터 90일 내에 하여야 한다. 반덤핑 관세액이 예상을 기초로 산정되는 경우 덤핑마진을 초과하여 납부된 반덤핑관세에 대해서는 신속히 환불되도록 하는 규정을 둠. 실제 덤핑마진을 초과하여 납부된 관세는 통상적으로 12개월 이내에 환불하여야 하고 어떠한 경우에도 18개월을 초과해서는 안 된다.

㉡ 신규수출자에 대한 반덤핑관세 부과(제5항)

조사 기간 중 반덤핑관세 부과대상의 상품을 수출한 바 없는 당해 수출국 내의 수출자나 생산자가 기존의 반덤핑관세 부과대상 수출자나 생산자와 관련이 없음을 증명할 경우, 당국은 신속하게 이들에 대한 개별적 덤핑마진을 결정하기 위한 검토를 수행해야 한다. 이러한 검토가 진행되는 동안 이러한 생산자 또는 수출자로부터 수입되는 상품에 대해서는 반덤핑관세를 부과할 수 없다.

⑨ 소급(제10조)

특정 예외를 제외하고는 잠정조치와 반덤핑 관세는 부과결정이 효력을 발생한 시점 이후에 소비용으로 반입된 상품에만 적용한다. 잠정조치가 적용된 경우 반덤핑관세는 잠정조치 적용 기간에 대하여 소급 적용될 수 있다.

⑩ 덤핑관세와 가격약속의 존속 기간 및 검토(제11조)

반덤핑관세는 부과 후 5년이 경과하면 자동 소멸하는 조항을 신설하였다. 5년의 존속 기간이 경과되기 이전에도 반덤핑관세부과 후 합리적인 기간이 경과하고 명확한 정보를 제시하는 이해관계인의 요청이나 직권으로 계속적인 적용 여부를 재심사할 수 있도록 하였다.

⑪ 협의 및 분쟁해결(제17조)

반덤핑분쟁에 관한 회원국 사이의 분쟁은 원칙적으로 "분쟁해결에 관한 양해(DSU)"가 적용된다.

㉠ 분쟁해결기구에의 회부(제4항)

당사국 간의 협의결과 상호 합의된 해결책에 도달하지 못하고 확정 반덤핑관세의 부과 혹은 가격 약속을 수락하기 위한 최종조치가 수입회원국의 관할당국에 의해 취해진 경우 분쟁해결기구에 회부할 수 있다. 잠정조치의 경우도 본 협정상의 규정에 반하여 취해졌다고 협의 요청 회원국이 간주하는 경우 분쟁해결기구에 회부가 가능하다.

㉡ 패널의 반덤핑조치에 대한 검토기준(제6항)

수입국 조사당국에 의한 사실의 확립이 적절하였는지 및 동 사실에 대한 당국의 평가가 공평하며 객관적이었는지 여부를 검토하고, 국제공법의 해석에 관한 관습적인 규칙에 따라 협정을 해석하며, 하나 이상의 해석이 가능할 경우에 수입국 조사당국의 조치가 그중 하나의 해석에 근거하여 취해졌으면 당해 조치는 협정에 일치하는 것으로 판정한다.

WTO반덤핑협정은 종전 협정보다는 각국의 반덤핑제도 운영을 보호무역수단으로 운영하는 것을 규제하는 장치를 상당 부분 도입하였다는 면에서 진일보한 것이기는 하지만 한편으로는 수입물량의 누적평가의 인정, 원가 이하의 판매를 정상가격 산출대상에서 제외시키는 등 보호무역주의적 색채를 띤 제도를 합법화하는 부정적 측면이 있다. 앞으로도 우회덤핑방지, 영업상 비밀자료의 공개범위 등 조사절차의 투명성, 정상가격과 수출가격의 비교, 피해 및 인과관계의 판단문제 등에 관하여 반덤핑관세 조치국가와 수출국 간 마찰의 소지를 줄일 수 있는 개선안이 마련되어야 할 것이다.

제 2 절 ■■■

상계관세제도

1. 상계관세제도의 배경

보조금이란 정책당국이 특정한 정책목표를 달성하기 위하여 산업 및 기업활동에 제공하는 각종지원을 의미한다. 이러한 보조금의 사용은 원칙적으로는 각국 정부의 고유권한이라고 할 수 있다. 그러나 어떤 종류의 보조금은 특정산업이나 기업의 경쟁력 구조를 인위적으로 변화시키며 그 결과 상당한 정도의 수출촉진이나 수입억제 등의 무역왜곡효과(trade distortion effect)를 초래함으로써 타국의 경쟁산업이나 기업에게 피해를 야기할 수 있다. 이와 같은 이유로 보조금의 지급행위는 일찍부터 국제적인 규제의 대상이 되어 왔으나 보조금의 개념에 대한 명확한 정의 및 상계관세조치의 부과를 위한 기준과 절차의 투명성이 결여되어 그동안 이를 둘러싸고 국제적인 분쟁이 끊이지 않았다.

WTO 보조금 및 상계조치협정(ASCM)이 발효되기 전에는 GATT 제6조, 16조 및 동경라운드에서 채택된 보조금 및 상계관세협약에 의해 보조금이 규율되었다. 그러나 주요 선진국들은 상계관세제도를 자국 산업의 보호수단으로 사용하여 왔고 많은 국가들이 각종 형태의 산업지원금 등을 계속 지급하였으며, 규제대상 보조금의 범위와 상계관세 조치의 발동 절차 등이 명확하지 않아 각국의 경쟁적 보조금 지원과 이에 대한 상계관세 부과로 국제분쟁이 빈발하였다. 또한 선진국들을 중심으로 상계관세제도를 자국 산업의 보호수단으로 남용하는 사례가 증가하였다.

이에 따라 무역에 영향을 미치는 보조금 및 상계조치에 관련된 GATT 규정 및 동경라운드 협정의 개선을 추진하게 되었으며, 이러한 배경과 문제의식 속에서 추진된 보조금 및 상계조치 협정은 보조금의 범위와 기준을 명확히 하고, 상계관세의 발동절차를 분명히 규정함으로써 각국의 보조금 지급과 관련된 분쟁을 완화하고자 하는 데서 출발하였다.

1995년 1월 1일 발효된 WTO 보조금 및 상계조치에 관한 협정(SCM)은 과거 GATT 협정과는 달리 보조금의 정의를 보다 명확히 규정하고 분류함으로써 무역왜곡을 초래하는 보조금에 대한 규율을 보다 강화하였다. 그러나 동 협정은 제조업부문의 보조금만을 다루고 있다.

보조금협정은 보조금을 정부의 직·간접적인 자금지원으로서 이에 따른 혜택이 발생하는 경우로 정의하고, 무역왜곡 정도에 따라 보조금을 금지보조금(prohibited subsidies), 상계조치가능보조금(actionable subsidies), 허용보조금(non-actionable subsidies)으로 분류하고 있다. 수출보조금 및 수입대체보조금은 무역왜곡 정도가 가장 큰 금지보조금에 해당되며 원천적으로 사용이 금지되어 있다. 상계조치가능보조금은 특정한 산업, 기업 또는 지역에 공여됨으로써 타 회원국의 이익에 부정적 효과가 있는 보조금이다. 이 경우 상대국은 WTO 분쟁해결절차 또는 자국법에 따라 대응조치(counter measures)를 취할 수 있다.

허용보조금은 일정한 객관적 기준에 따라 일반적으로 공여되어 특정성(specificity)이 없는 보조금이다. 또한 특정성이 있더라도 연구개발보조금, 환경보조금, 지역개발 관련 보조금은 일정 요건하에서 허용보조금에 해당된다.

2. WTO 보조금 및 상계조치협정

WTO 보조금 및 상계조치협정은 11부 32개 조항 및 7개의 부속서로 구성되어 있다.

1) 정의(제1조)

제1조에서 규율하고 있는 보조금의 성립요건은 첫째, 회원국의 영역 내에서 정부의 재정적 기여가 있거나 또는 GATT 제16조에 명시된 가격 및 소득지지가 있어야 하며, 둘째, 이로 인하여 수혜자에게 혜택이 부과되어야 하는 조건들이 충족되어야 한다. 즉 정부의 재정적 기여나 가격 및 소득지지가 아닌 정부의 조치는 보조금규율의 대상이 아니며, 또한 비록 이와 같은 형태의 지원이 있을지라도 수혜자에게 혜택이 부여되지 않으면 보조금으로 정의될 수 없다는 것이다.

정부의 재정적 기여란 공공계정상의 부담을 의미한다. 공공계정상의 부담은 무상지원, 채무감면, 대출, 지분참여 등과 같이 민간에게 자금이 직접 이전되거나 대출보증과 같이 민간에게 자금이 잠재적으로 이전되거나 민간의 채무를 대신 부담하거나 세액공제와 같이 정부가 세입을 포기하거나 일반 사회간접시설 이외에 정부가 민간에게 재화나 용역을 제공하거나 또는 민간으로부터 재화를 구매하는 경우에 발생한다. 단 정부의 공공계정에 부담을 발생시키지 않고 정부가 민간 활동에 개입하는 것은 보조금에 해당되지 않으나 정부의 재정적 부담이 직접적으로 발생하지 않더라도 정부의 지시를 받은 민간기관의 계정에 부담이 발생하게 되면 정부의 재정적 기여에 해당된다.

WTO 보조금 및 상계조치협정에서는 수혜자의 혜택 개념이 새로이 도입되면서 보조금에 대한 정의가 새로이 확립되었다. 수혜자의 혜택 개념을 적용하게 되면 정부의 공공계정에 반드시 부담이 발생하지 않더라도 정부의 우대조치로 인해 기업이 혜택을 받으면 보조금이 존재하게 된다. 수혜자에 대한 혜택은 정부의 재정적 기여의 방법에 따라서 다르게 나타나는데 정부의 지분참여부문에 있어서 민간투자가의 통상적인 투자관행에서 벗어나지 않으면 혜택이 발생하지 않는 것으로 본다. 즉 정부가 당해 기업으로부터 직접 구입한 주식의 가격이 일반투자가가 당해 기업으로부터 구입한 주식의 시장가격과 차이가 나지 않으면 혜택은 발생하지 않는다. 이때 재무상태가 불량하여 주식의 시장가격이 형성되지 않는 기업에 대한 정부의 지분참여는 주로 해당기업의 투자수익률과 동종업체의 전국평균투자수익률의 차이를 근거로 하여 기업에 대한 혜택부여 여부를 결정하게 된다.

2) 특정성(제2조)

협정 제2조는 특정성(specificity)에 관하여 규정하고 있다. 보조금 공여에 있어서 특정성의 존재유무는 보조금을 지급하는 데 있어서 '정부가 특정조치의 수혜 범위를 제한하고 있는가' 하는 사전적인 제한성의 문제와 사후적으로 '대상기업들이 동조치를 공평하게 이용하였는가' 하는 실질적인 이용가능성의 문제를 말하고 있다. 보조금이 특정성을 띠어 타 회원국의 경제적 이익에 불리한 효과를 발생시켰다면 그 회원국은 사후적으로 상계조치를 부과할 수 있게 되는 것이다. 바꾸어 말하면 보조금이 특정성을 띠지 않을 경우에는 동보조금의 공여로 인해 비록 타 회원국의 경제적 이익에 불리한 효과가 초래된다고 할지라도 쌍무 간 또는 WTO 다자간 채널을 통해서 대응조치를 취할 수 없게 되는 것이다.

사전적인 제한성을 언급하고 있는 제2조 1항 (a) 및 (b)는 공여기관 또는 관련 법률이 보조금의 지급을 법률상 또는 사실상 관할지역 내에 있는 어떤 기업이나 산업 또는 기업군이나 산업군에 대하여 명백히 제한하면 특정성이 존재한다. 이때 '어떤 기업'이란 관할지역 내에 '모든 기업'이 아닌 어떤 수의 기업이나 산업을 망라하는 개념이다. 따라서 관할지역 내의 모든 기업을 대상으로 하여 보조금을 공여하면 특정성 문제 발생하지 않는다.

보조금의 수혜대상을 몇 개의 특정기업에 국한되게 되면 특정성이 발생한다. 그러나 산업이나 상업군의 범위가 어느 정도로 제한되면 특정성의 문제가 발생하는가에 대해서는 아직까지 산업분류체계 등을 이용한 객관적인 기준이 설정되어 있지 않지만 특정성에 영향을 줄 수 있는 모든 요인들을 동시에 고려하여 종합적으로 결정하고 있다.

정부가 사전적으로 그 수혜범위에 제한을 두지 않고 보조금을 공여하더라도 사후적으로 일부 기업이나 산업에 의해 보조금이 주로 사용되거나 또는 정부가 공여대상을 선별적으로 결정하면 사실상 특정성이 있는 것으로 판단된다. 보조금협정 특정성조항(2조 1항(c))에는 보조금의 사후적이고 실질적인 이용가능성에 관하여 규정하고 있는데, ① 몇 개의 제한된 기업이 보조금을 사용하는 경우, ② 몇 개의 기업에 의해 보조금이 주로 사용된 경우, ③ 몇 개의 기업에게만 비례적이지 않게 보조금이 많이 공여되는 경우, ④ 공여기관이 선별적으로 보조금 공여를 결정하는 경우 등에 있어서는 사후적으로 특정성의 문제가 발생하게 된다. 이런 경우 특정성 유무에 대한 판단은 보조금이 집행되는 기간과 보조금을 공여받는 기업이나 산업의 경제적 활동의 다양성까지를 종합적으로 고려하여야만 한다.

또한 특정성 문제에 있어서 특정지역에 관해서도 규정하고 있는데(보조금협정 2조 2항), 공여기관이 관할지역 내의 특정지역에 있는 어떤 기업에게 보조금을 제공하면 특정성이 존재하는 것으로 간주하고 있으며 보조금협정 제3조에서 규정하고 있는 금지보조금(prohibited subsidy)은 예외 없이 특정성을 지니고 있기 때문에 이해관계회원국에 의해서 상계조치의 대상이 된다고 규정하고 있다.

3) 보조금의 유형

WTO 보조금 및 상계조치협정은 보조금체계를 금지보조금, 조치가능보조금, 조치불능보조금으로 분류하였다. 금지보조금은 원천적으로 사용할 수 없고, 조치가능보조금은 사용은 할 수 있으나 타 회원국에 부정적인 효과를 주면 상계조치의 대상이 되며, 조치불능보조금은 상계조치에 구애됨이 없이 사용할 수 있다. 또한 각 보조금은 유형별로 구제(remedy)절차를 달리함으로써 WTO 다자간 채널을 통한 분쟁해결의 과정을 보다 명확히 하고 있다.

① 금지보조금(제3조 및 부속서 1)

금지보조금은 수출보조금과 수입대체보조금으로 구분된다. 수출보조금은 보조금협정 부속서 1에 명시된 수출보조금 예시목록을 포함하여 유일한 또는 여러 가지 다른 조건 중의 하나로서 법률상 또는 사실상 수출성과에 따라 공여되는 보조금을 말한다(보조금협정 3조 1항 (a)). 수출보조금은 보조금의 지급이 법률적으로는 수출성과와 직접 관련이 없으나 실제로 예상되는 수출 또는 실제의 수출이나 수출로 인해 발생되는 소득과 연관되어 있는 경우를 포함한다. 수출성과란 기본적으로 수출에 근거한 활동을 의미하며, 수출에 약간이라도 관계되는 모든 활동을 포함하는 개념은 아니다. 수출기업에게 보조금이 제공된다는 사실만을 가지고서 동보조금을 수출보조금으로 분류할 수는 없다. 어떤 다른 조건보다도 수출실적에 기초하거나 또는 수출의무를 이행하는 조건으로 지급되는 보조금이 수출보조금이다.

수입대체보조금은 동경라운드의 보조금 및 상계조치협약에서 국내보조금으로 분류되었으나 WTO 보조금 및 상계조치협정에서는 금지보조금으로 분류하고 있다. 수입대체보조금은 유일한 또는 다른 여러 가지 조건 중의 하나로서 수입물품 대신에 국내물품을 사용하는 경우에 공여되는 보조금이다(보조금협정 3조 1항(b)). 국산품 사용의무를 부과하거나 국산품 사용을 촉진하거나 또는 수입대체 등을 조건부로 하여 보조금을 제공하면 수입대체보조금이 되는 것이다.

② 조치가능보조금(제5조 및 6조)

WTO 보조금 및 상계조치협정은 엄격하게 조치가능보조금을 정의하고 있지는 않다. 제1조에서 보조금을 일반적으로 정의하면서 어떠한 보조금이 조치가능한지의 여부 결정은 주로 피해, 혜택의 무효화 혹은 침해, 심각한 손상 등을 포함하는 보조금의 무역효과(trade effects)에 초점을 맞추는 태도를 취하고 있기 때문이다.

WTO 회원국은 보조금의 정의와 특정성을 만족시키는 보조금을 통하여 타 회원국의 이익에 불리한 효과(adverse effects)를 초래해서는 안 되며, 만약 특정성이 있는 보조금을 공여한 결과 타 회원국의 이익에 불리한 효과를 초래한 경우에는 상계조치가 가능하다고 규정하고 있다.(보조금협정 제5조)

특정회원국은 타 회원국이 정부의 비용을 기준으로 하여 보조금률이 5%를 초과하는 보조금을 사용하거나 특정산업이나 기업의 영업 손실을 보전하기 위하여 보조금을 공여하거나 또는 직접적으로 채무감면을 해 주는 사실을 알았을 때에 제소할 수 있다. 이때 피제소국은 보조금의 공여로 인하여 국내시장에서 수입이 저하되거나 제3국 시장에서 타 회원국의 수출을 저해하거나 가격인하, 가격억제 및 하락을 초래하거나 또는 세계시장점유율이 증가하지 않았음을 입증하여야만 보조금을 계속 사용할 수 있다. 특정회원국이 보조금을 공여함으로써 타 회원국의 이익에 불리한 효과를 미치는 경우에는 일반적으로 피해를 입은 국가가 불리한 효과에 대하여 입증을 하여야 하는데, 심각한 손상의 경우에는 피해국이 아니라 보조금 공여국이 타 회원국에게 피해를 주지 않았음을 입증해야 하기 때문에 사전적인 금지성격을 일부 가지고 있다고 볼 수 있다.

심각한 손상의 존재 여부에 대해 제소할 경우 증거로서 사용할 수 있는 조건은 첫째, 상품가액(ad valorem) 기준으로 기업에 대한 또는 특정물품에 대한 총보조율이 5%를 초과하면 심각한 손상이 있는 것으로 간주된다. 이때 보조금액의 계산은 '수혜자의 수익' 개념이 아니라 '정부의 비용'을 기준으로 이루어진다.(보조금협정 6조 1항(a) 및 부속서 4)

둘째, 특정산업에서 발생하는 영업손실을 보전하기 위하여 정부가 보조금을 공여하면 심각한 손상이 있는 것으로 간주된다. 사양산업의 퇴출을 방지하기 위해 정부가 영업손실보전용으로 자금을 직접 공여하는 경우에는 심각한 손상이 존재하게 되는 것이다.(보조금협정 6조 1항(b))

셋째, 특정기업에서 발생하는 영업손실을 보전하기 위하여 정부가 보조금을 공여하면 심각한 손상이 있는 것으로 간주된다. 단 비반복적인 1회의 조치로서 심각한 사회문제를 방지하고 또한 장기적으로 문제를 해결하기 위해 필요한 시간을 확보하기 위한 목적으로 보조금이 공여되는 경우에는 심각한 손상에서 제외된다.(보조금협정 6조 1항(c))

넷째, 정부가 보유하고 있는 채권을 면제시켜 주거나 채무상환을 위해 무상지원을 하는 등 정부가 직접적으로 채무를 감면시켜 주는 경우에도 심각한 손상이 있는 것으로 간주된다.(보조금협정 6조 1항(d))

심각한 손상의 발생과 관련하여 신속하고 정확한 판단을 위하여 심각한 손상과 관련한 정보 개발절차에 관하여 규정하고 있는 부속서 5(Annex Ⅴ)에서 정보개발절차를 별도로 규정하고 있다.

③ 조치불능보조금

WTO 보조금 및 상계조치협정은 보조금규율의 통상적 적용이 면제되는 일정한 유형의 보조금을 규정하고 있다. 처음 공식적으로 도입된 조치불능보조금은 타 회원국에게 심각하게 불리한 효과가 초래되는 것과 같은 예외적인 경우를 제외하고는 보조금 지급을 사용할 수 있으나 우루과이라운드 협상 결과 연구개발보조금, 지역개발보조금 및 환경보조금으로 한정되었다.

특정성이 결여되어 일반적으로 이용 가능한 보조금을 의미하며, 특정성이 있다 하더라도 연구개발, 지역개발 및 환경보호를 목적으로 하는 보조금은 보조금 협정상 조치불능보조금에 해당된다.

연구개발보조금은 특정 부분에 대한 연구개발을 목적으로 기업 또는 기업과 계약을 맺고 있는 고등교육기관이나 연구소가 행하는 산업적 연구의 경우에 정부가 연구비용의 75%까지, 상업화 이전단계의 경쟁 전 개발활동에 대하여 정부가 개발비용의 50%까지 보조금을 무상지원할 수 있다.

지역개발을 위한 보조금은 일반적인 지역개발계획에 의거하여 회원국 영역 내의 낙후지역에 대하여 주어지는 지원(assistance to disadvantaged region)으로서 수혜자격을 갖춘 지역 내에서 비특정적으로 공여되는 보조금을 말한다.

환경보조금은 기업에 대한 보다 많은 제약과 재정적 부담을 초래하는 새로운 법률상 환경요건에 기존시설을 적응시키는 것을 촉진하기 위하여 지급되는 보조금이다. 최소한 2년 이상 운영되고 있는 공장이나 건물 같은 기존 설비를 새로운 환경관련법이나 규정에 적응시키기 위한 비반복적인 1회의 지원으로서 개선비용의 20%까지 무상지원할 수 있는 보조금이다. 그러나 이들 보조금이 공여 후 타 회원국의 경제적 이익에 심각하게 불리한 효과를 주게 되면 상계조치가 취해질 수 있다.

WTO 보조금 및 상계조치협정은 과거의 협정과는 달리 보조금 개념을 새롭게 정립하고 보조금의 종류를 세 가지 구분하여 무역왜곡효과가 큰 보조금만을 상계조치의 대상으로 하고 있다. 또한 상계조치를 위한 조건, 조사방법 및 절차 등에 관하여 상세히 규정하고 있어 이전의 협정보다는 구체적이고 명확한 체계를 갖추고 있다. 그러나 조치불능보조금상에 있어서 개발도상국에 국한하여 사용가능토록 하는 허용대상국의 한정, 상계관세조사 종결기준[55]에 관한 구체적인 기준의 설정 등 몇 가지 면에서 개선안이 마련되어야 할 것이다.

55) 상계관세조사 종결기준으로 보조금 지급비율과 수입량의 두 가지를 들고 있는데 보조금 지급비율의 경우는 1% 이하라고 명확히 규정되어 있으나 수입량의 경우 수입물량 또는 피해가 무시할 수 있는 경우라고만 표현되어 있어 실제 적용상 어려움을 초래할 가능성이 존재한다고 할 수 있다.

■■■ 제 3 절

세이프가드제도

1. 세이프가드제도의 배경

세이프가드(Safeguard)제도는 외국상품의 수입이 급격히 증가하여 국내산업이 심각한 피해를 받거나 받을 우려가 있을 때 조사를 실시하여 수입수량을 제한(quota)한다든지 관세율을 인상(tariff increase)하는 등의 구제조치를 취하는 산업피해구제제도를 말한다.

세이프가드는 넓게 해석하면 한 국가가 수입으로부터 발생하는 국제수지의 악화 및 국내산업에의 피해를 방지하기 위하여 사용하는 모든 무역제도적 장치를 의미한다. 즉 관세 및 비관세 조치를 포함한 모든 무역장벽의 설치뿐만 아니라 산업구조조정 및 지원 등 산업정책을 통한 경쟁력 강화를 추진하기 위하여 실시되는 모든 무역정책을 일컫는 것이다.

그러나 국제무역에서 일반적으로 사용되는 좁은 의미의 세이프가드조치는 특정물품의 수입이 급격히 증가해서 수입국의 전반적인 경제여건이나 국내경쟁 산업에 피해를 주거나 또는 피해를 줄 우려가 있을 때 GATT 1994 제19조와 UR협상결과에 따라 1994년 제정된 WTO세이프가드협정(Agreement on Safeguards GATT

1994)에 근거하여 실시하는 WTO 회원국의 대응조치를 의미한다.

WTO 세이프가드협정은 GATT 제19조를 적용함에 있어 종래 문제점으로 제기되었던 선별적 적용 가능성 여부, 세이프가드조치와 유사한 회색지대 철폐, 심각한 피해에 관한 개념, 조사개시 통보 및 협의, 조사절차의 투명성 제고, 조치 기간의 장기화문제 등에 관하여 UR협상에서 집중적인 논의를 거쳐 세이프가드협정을 제정하였다.

GATT 1994 제19조의 핵심규정은 1항(a)로서 "회원국은 예측하지 못한 사태의 진전과 WTO 협정에 의하여 회원국이 부담하는 의무(관세양허를 포함)를 이행한 결과, 특정 물품이 국내의 동종물품 또는 직접적 경쟁물품의 국내생산자에게 심각한 피해를 주거나 줄 우려가 있을 만큼 증가된 수량과 상황하에 자국 내에 수입되고 있을 때에 그 회원국은 해당물품에 대한 손해를 방지 또는 구제하기 위하여 필요한 한도 및 기간 동안 협정상 의무의 전부 또는 일부를 정지하거나 양허를 철회 또는 수정할 수 있다"라고 규정하고 있다. 이를 요약하면 WTO 회원국이 수입급증으로 인한 자국 내의 산업피해를 구제하기 위하여 일정한 발동요건과 절차에 의하여 수입수량을 제한하거나 양허의 철회를 통한 관세인상을 할 수 있다는 것이다. 그와 같은 규정이 수입규제조치와 관련된 GATT 1994의 다른 예외조항과 특이하게 구별되는 점은 세이프가드가 공정무역 관행으로 발생한 국내 산업피해 구제조치이므로 다른 조항에 비해 그 적용규정이 매우 까다롭다는 것이다.

세이프가드는 수입을 일시적으로 제한하여 피해를 입은 국내 경쟁산업에게 적절한 조정기회를 부여함으로써 해당산업의 경쟁력을 향상시키고 자원의 효율적 이동을 촉진시키는 데에 그 의미가 있다고 할 수 있다. 국제무역장벽이 낮아짐에 따라 상이한 체제 간에 무역으로 발생할 수 있는 급격한 개혁을 방지하는 국경조치로 사용함으로써 특정 산업과 노동자들을 불가피한 심각한 피해로부터 보호하고 자유무역경쟁에 적응할 수 있는 적절한 시간을 부여하고자 하는 것이다.

2. WTO 세이프가드협정

세이프가드협정은 14개 조항 및 1개의 부속서로 구성되어 있다. 세이프가드조치 발동조건, 적용범위, 잠정조치, 존속 기간, 특정조치의 금지 및 철폐, 통보 및 협의, 위원회 설치 및 감시 등을 포함하고 있다.

1) 세이프가드 발동조건(제2조)

특정상품이 동종 또는 직접 경쟁적인 상품을 생산하는 국내산업에 심각한 피해를 초래하거나 초래할 우려가 있을 정도로 증가된 물량이 수입되고 있다고 회원국이 판정한 경우 발동 가능하다. 세이프가드조치는 미리 제정된 조사절차에 따라 조사당국이 조사절차를 거쳐 특정 물품의 수입이 국내 생산에 비해 절대적 또는 상대적으로 증가함으로써 동종 물품 또는 직접 경쟁관계에 있는 국내산업에 심각한 피해 또는 피해 우려가 있다고 판정하는 경우 원산국에 관계없이 무차별적으로 적용하도록 발동요건과 적용원칙을 정하였다.

2) 사실상의 선별 적용 인정(제5조)

세이프가드제한조치는 모든 수출국(원산지)에 대해 동등하게 적용되는 것이 원칙이지만 특정회원국으로부터의 수입이 불균등한 비율로 증가하였고, 일탈의 사유가 정당화되고 일탈의 조건이 공평하다는 데에 대한 증명이 위원회에 제시되는 경우 세이프가드조치위원회 주관하에 특정수출국에 대해 상기 쿼터할당 기준으로부터의 일탈이 가능함을 규정하고 있다. 수량제한의 경우 통계가 입수 가능한 과거 대표적인 3년 동안의 평균 수입량 이하 불가하며, 쿼터할당 시 관련국과 합의를 모색하고, 합의가 어려울 경우 과거 총수입에서 차지한 비율에 따라 국별로 쿼터를 할당할 수 있다.

3) 잠정세이프가드조치의 적용(제6조)

세이프가드조치가 지연됨으로써 회복하기 어려운 손상을 초래할 중대한 상황에서 회원국은 증가된 수입품이 심각한 피해를 초래하거나 심각한 피해를 초래할 우려가 명백한 경우 예비판정에 따라 잠정적인 세이프가드조치의 적용이 가능하며, 동 잠정조치는 200일 이내에서 일시적으로 허용하되 수량제한은 할 수 없고, 관세 인상만 가능하다.

4) 세이프가드조치의 존속 기간(제7조)

세이프가드조치의 적용 기간은 원칙적으로 4년을 초과할 수 없으나 잠정조치 적용 기간과 세이프가드조치의 최초 적용 기간 및 연장 기간을 포함하여 최장 8년을 초과하는 것은 불가하다. 또한 WTO 협정 발효 이후에 취해진 세이프가드조치의 대상이었던 상품의 수입에 대하여는 최소한 2년간 세이프가드조치를 재적용하지 않는다.

5) 세이프가드조치의 적용에 대한 보상 면제(제8조)

세이프가드조치 적용 제안 또는 조치연장 희망회원국은 동 조치에 의해 영향을 받는 수출회원국과 적절한 보상 방법에 대하여 협의해야 하며, 합의가 이루어지지 않을 경우 영향을 받는 수출회원국은 특정 기간 이내에 긴급수입제한조치를 적용한 회원국의 무역에 대하여 94년도 GATT 양허 및 다른 의무의 적용 정지가 가능하다. 단 세이프가드조치의 실효성을 높이기 위해 최초적용 후 3년간은 수출 회원국에 의한 양허 또는 의무 적용 정지의 권리는 행사되지 않는다. 즉 세이프가드조치를 발동 또는 연장하는 국가는 관련국과 보상수단에 대하여 협의할 수 있으며, 협의 개시일부터 90일 이내에 합의에 도달하지 못할 경우 영향을 받는 수출국은 일정 기간 경과 후 발동국에 동등한 양허와 기타 의무의 적용을 정지할 수 있도록 하였다.

6) 개도국 우대조치(제9조)

개도국은 세이프가드조치의 적용 기간을 최장 2년까지 연장할 수 있는 권리를 가지며, 수입시장점유율이 3%를 초과하지 않는 개도국의 점유율의 합이 관련상품 총수입의 9%를 넘지 않을 경우 개도국이 원산지인 상품에 대하여 세이프가드조치를 적용할 수 없다.

7) 기존 세이프가드조치의 종료시한 명시(제10조)

세이프가드조치의 최초 적용된 날로부터 8년 이내, 또는 협정 발효 후 5년 이내 중 늦게 도래하는 시한 이내에 종료되어야 한다.

8) 특정조치 또는 회색조치 철폐(제11조)

수출자율규제, 시장질서유지협정 또는 그 밖의 유사한 조치들의 적용을 금지한다. 동 조치에는 2개국 또는 그 이상의 회원국 간 체결된 협정, 약정 및 양해에 따른 조치뿐 아니라 단일회원국에 의한 조치도 포함한다. 각국이 현재 발동 중인 회색조치의 단계적 폐지는 WTO 협정 발효일로부터 180일 이내에 세이프가드위원회에 제시되는 일정표에 따라 수행하며, 동 일정표는 수입회원국별로 존속 기간이 연장되지 않는 한 WTO 협정 발효일로부터 4년을 초과하지 않는 기간 내에 회색조치를 단계적으로 폐지하거나 본 협정과 일치시키도록 규정하고 있다. 즉 회원국은 수출자율규제 등 회색조치를 앞으로 할 수 없으며, WTO 협정의 발효일 당시에 시행 중인 회색조치는 이 협정에 일치시키거나 철폐시켜야 한다. 회원국은 WTO 협정 발효일로부터 180일 이내에 세이프가드 위원회에 철폐에 관한 일정표를 제출하고 그에 따라 철폐하도록 하였다.

9) 정보와 기회의 제공(제12조)

회원국은 조사개시결정, 피해판정, 세이프가드조치 적용 및 연장 결정시에는 세이프가드조치 위원회에 통고함과 아울러 적절한 정보를 제공하여야 한다. 또한 회원국은 관련 수출국가에 정보제공, 의견교환, 양국 간 협의를 할 수 있는 기회를 제공하여야 한다.

10) WTO 분쟁해결절차 적용(제14조)

세이프가드조치에 관한 회원국 사이의 분쟁은 원칙적으로 “분쟁해결에 관한 양해(DSU)"가 적용된다.

WTO세이프가드협정은 조치와 관련된 수입의 증가 및 국내산업의 피해판정 등 실체적 요건과 조사개시 및 조사절차, 수출국과의 협의 및 WTO 통고 등 절차적 요건을 규정함으로써 WTO회원국들의 산업피해구제법을 규율하고, 세이프가드조치 발동과 관련하여 통일적 기준을 마련하게 되었다고 평가할 수 있다.

제 7 장

한국의 무역구제제도

우리나라는 1980년대 후반기 이후 국제무역 거래에서 흑자를 기록하면서 주요 무역상대국으로부터 시장개방을 위한 거센 통상압력을 받아 왔다. 그럼에도 불구하고 WTO가 출범하기 이전인 1994년까지 우리나라와 관련되어 관세와 무역에 관한 일반협정(GATT: General Agreement on Tariffs and Trade)에 공식적으로 제기된 무역분쟁은 많지 않았다. 1993년 폴리아세탈수지에 대한 우리나라의 반덤핑 조치에 대해 미국이 제소한 바가 있고, 그 이전에는 1988년에 미국, 호주, 뉴질랜드 등이 각각 우리나라의 쇠고기 수입제한조치에 대해 GATT에 제소한 것이 GATT시대를 통틀어 다자 차원에서 제기된 것이 무역분쟁의 전부였을 정도였다.

그러나 우리나라 관련 무역분쟁의 발생빈도 및 양상은 WTO 출범 이후 크게 달라졌다. 분쟁의 빈도가 잦아졌을 뿐만 아니라 관련 분야도 매우 다양해졌다. 또한 GATT 체제에서와 같이 우리나라가 일방적으로 피소만 당하는 것이 아니고 무역상대국의 부당한 조치나 관행에 대해서는 과감하게 제소를 하는 적극적인 자세를 취하고 있다.

WTO 출범 이후 우리나라와 관련된 무역분쟁은 국제적 추세에 따라 크게 증가하고 있고, 현재의 대내외 무역환경을 감안할 때 앞으로도 무역분쟁이 더욱 증가할 가능성은 매우 높다고 할 수 있다. 한·미 간에는 하이닉스 반도체 지원, 쇠고기, 자동차, 지적재산권보호, 의약품, 철강 등과 관련된 문제들이 이미 무역분쟁으로 발생하였거나 언제라도 무역분쟁으로 발전할 수 있을 만큼 중요한 양자 간 통상현안으로 남아 있다. 유럽연합(EU)과도 조선문제, 하이닉스 반도체 지원 문제가

WTO 분쟁으로 이어졌고, 최근 들어 일본과 중국도 우리나라에 대해 통상정책을 강화하는 조짐을 보이고 있다. 특히 중국이 WTO 회원국이 됨으로 인하여 중국의 불투명한 국내법규 및 제도 등이 다발적 분쟁의 대상이 될 가능성이 높다. 또한 최근 들어 선진국뿐만 아니라 개도국들에 의한 반덤핑조치가 크게 증가하고 있다는 점도 분쟁 증가의 가능성을 더해 주고 있다.

따라서 WTO 출범 이후의 전 세계 및 우리나라 관련 분쟁의 현황과 전망은 우리 경제에 시사하는 바가 매우 크다고 할 수 있으며, 우리나라가 분쟁을 최소화하고 무역분쟁 발생 시 효과적으로 대응할 수 있기 위해 대내외적으로 추진해 가야 할 많은 과제를 부여하고 있다.

제 3 절

무역구제법의 기초

무역구제제도라 함은 특정 물품의 덤핑수입, 외국정부로부터의 보조금이나 장려금의 수령 또는 특정 물품의 수입증가로 인하여 국내산업이 피해를 입거나 입을 우려가 있는 경우, 이해관계인의 신청 등에 의하여 수입과 그로 인한 국내산업의 피해사실을 조사하여 당해 물품의 수입관세에 추가하여 덤핑방지관세[56](이하 반덤핑관세라 한다) 또는 상계관세를 부과하거나 수입수량 등을 제한함으로써 공정한 무역을 지향하고 아울러 국내 산업을 보호하는 제도를 말한다. 이는 국가 간 자유무역주의를 지향하는 WTO 체제하에서 예외적으로 인정되는 국내산업보호제도로서 여러 나라에서 공정한 무역 및 자국의 산업보호를 위하여 시행하고 있는 제도이다.

우리나라에서도 1967년에 개정된 관세법에서 반덤핑관세제도와 상계관세제도를 도입하고, 1986년 제정된 대외무역법에서 세이프가드조치제도를 각 도입한 이후 특히 2001년에 제정된 불공정무역행위조사 및 산업피해구제에 관한 법률(이하 "산업피해구제법"이라 함)을 통하여 이러한 무역구제제도에 관한 구체적 규정을 보완함으로써 공정한 무역을 도모하고 국내산업을 보호하고 있다.

---

56) 현재 우리나라 관세법에서 반덤핑관세가 아니라 덤핑방지관세라는 용어를 사용하고 있다. 이는 덤핑되는 물품이 국내시장으로 유입되어 국내산업의 타격, 고용기회의 상실 등 경제적인 혼란을 방지하기 위한 방어적인 차원에서 부과하고 있기 때문이다. 그러나 일반적으로 사용하고 있는 반덤핑관세라는 용어를 사용하기로 한다.

2001년 2월 3일 산업피해구제법이 제정되면서 무역위원회가 출범한 지 13년 만에 우리나라는 독립된 무역구제법을 갖게 되어 보다 독립적이고 공정한 무역구제제도 확립과 운영의 기틀이 마련되었다. 무역구제법은 자유무역을 지향한 국제무역 규범체제의 일부로서 자유무역원칙을 실행하는 과정에서 부딪치게 되는 불공정무역 등의 문제를 해결하기 위해 국제사회에서 예외적으로 허용한 무역구제수단이라고 할 수 있다.

1. 산업피해구제법의 특징과 범위

1) 산업피해구제법의 특징

① 문제해결 지향성

산업피해구제법은 문제해결 지향의 절차법적 특징을 갖고 있다. 무역의 기본체제, 이념적 방향 등을 규정하는 실체적 무역기본법과 구별된다. 따라서 실체적 내용 못지않게 절차적 투명성과 공정성이 중요시된다.

② 적용대상 제한성

산업피해구제법을 적용함에 있어서 그 대상이 제한된다. 국제무역과정에서 발생한 문제를 대상으로 하지만 공정경쟁여건(level playing field)의 보전이라는 공익적 관점에서 문제해결을 위해 정부 또는 국제기구의 관여가 필요하다고 국제사회에서 인정된 분야로 제한되므로 수출자와 수입자 간의 단순한 계약위반과 같은 사적분쟁은 제외된다.

③ 국제규범성

산업피해구제법은 그 규범 근거를 국제법에 두고 있다. 국제사회에서 문제해결 수단으로서 일반적으로 합의된 규칙, 즉 WTO 관련규정이 적용된다. 따라서 국제법 해석의 일반이론이 적용되며, 국내법으로서의 한국무역구제법은 국제규범의 국내이행법적 성격을 갖는다.

④ 구제조치성

산업피해구제법은 징벌이나 배상이 아닌 구제조치(remedy)가 주목적이다. 반덤핑조치의 예를 들면 반덤핑관세의 부과는 덤핑으로 인한 불공정 경쟁우위를 상쇄(offset)시키는 데 일차적인 목적을 두고 있다. 따라서 반덤핑관세의 부과로 인하여 징수된 관세수입이 제소자에게 귀속되지 않으며, 약탈적(predatory) 덤핑 등을 이유로 피제소자에게 형벌이나 징벌적 배상을 부과할 수는 없다.

⑤ 정책성

산업피해구제제도 운용에 있어서 법리적 판단 외에 정책적 고려가 필요하다. 산업경쟁력지원, 구조조정 촉진, 통상관계에 미치는 영향 등을 고려해야 한다.

2) 산업피해구제법의 적용범위

산업피해구제법은 그 특징에 의해 특수성을 가지고 있으며, 이러한 특수성에 의하여 산업피해구제법을 몇 개 부문으로 나누어 법의 일반적인 적용범위를 살펴보면 다음과 같다.

① 무역구제기구법

산업피해구제법은 무역구제기구에 관한 법이다. 무역구제업무를 담당하는 기관의 설치 및 운영에 관한 규정으로서 조사 및 판정업무의 공정성 및 투명성 확보가 핵심이다.

② 세이프가드조치법

산업피해구제법은 수입급증에 대응하기 위한 세이프가드 조치에 관한 법이다. 불공정하지 않은 수입의 급증으로 인한 산업피해까지 적용대상으로 한다.

③ 반덤핑 및 상계관세법

산업피해구제법은 반덤핑 및 상계관세법이다. 국제사회에서 대표적인 불공정한 무역행위로 규정된 덤핑수입 및 보조금지급 물품의 수입행위를 대상으로 한다.

④ 불공정무역행위규제법

산업피해구제법은 지적재산권침해 등 불공정 무역행위 규제에 관한 법이다. 이는 행위 자체가 불법적이어서 권리로서 구제되어야 한다는 전제에서 출발한다.

⑤ 분쟁해결법

산업피해구제법은 분쟁해결법이다. 국가 단위의 구제조치 결과 교역상대국의 권리가 침해되었다고 주장될 때 WTO 차원에서 발동된다. 분쟁해결을 위한 절차 및 방법 등이 주된 내용이다.

2. 산업피해구제법의 주요 내용

산업피해구제법은 불공정한 무역행위와 수입의 증가 등으로 인한 국내산업의 피해를 조사 및 구제하는 절차를 정함으로써 공정한 무역질서의 확립과 국내산업의 보호를 도모하고, WTO 등 무역에 관한 국제협약의 이행을 위하여 필요한 사항을 규정함을 목적으로 하고 있다.[57] 이러한 산업피해구제법은 그 목적에서도 알 수 있듯이 우리나라 최초의 종합무역구제법이라 할 수 있을 것이다.[58]

1) 불공정무역행위에 대한 실효성

산업피해구제법은 불공정무역행위 조사의 절차적 투명성을 높이고, 실효성 있는 구제 및 시정조치가 가능하다. 첫째, 산업피해구제법에 의해 금지대상으로 규정되어 조사대상이 되는 불공정무역행위를 지적재산권 침해물품 등의 수출입・국내판매・제조행위, 원산지표시 위반행위, 수출입질서 저해행위로 구체화되어 있다.

둘째, 조사신청 후 30일 이내에 조사를 개시하도록 하고, 조사개시 결정시에 판정의 목표시한을 정하고 있다. 이는 조사진행 과정의 투명성을 높이고 가능한 한 신속하게 조사절차를 진행하기 위한 것이다.

셋째, 조사진행 중 불공정무역행위로 인하여 회복할 수 없는 피해를 받거나 받을 우려가 있는 경우 잠정조치를 신청할 수 있으며, 잠정조치 신청의 남용을 방지하기 위해 담보를 제공하도록 하고 있다.

---

57) 산업피해구제법 제1조.

58) 산업피해구제법의 구성체계를 살펴보면, 입법인 산업피해구제법은 총 8장 42조 부칙 3항으로 구성되어 있으며, 대통령령으로 되어 있는 산업피해구제법시행령은 26조 부칙 3항으로 구성되어 있다. 특이한 사항은 제4장(덤핑 및 보조금 등으로 인한 산업피해조사 등)은 관세법이 정하는 바에 따르도록 했다는 점이다.

넷째, 피해구제 및 시정조치의 실효성을 제고하기 위해 행위중지명령, 반입배제 및 폐기처분, 정정광고 명령, 법위반사실의 공표 등 다양한 형태의 발동가능한 조치내용을 규정하고 있다. 과징금 수준도 거래액의 100분의 30(5억 원 한도) 이내로 되어 있다. 이는 과거 3천만의 과징금에 비하여 상향 조정된 것으로 불공정무역행위에 대해서 그 처벌을 강화한 것이라 할 수 있다.

다섯째, 지적재산권침해행위, 수출입질서저해행위에 대해서는 무역위원회 위원장이 구제조치 또는 시정명령을 직접 하도록 하여 무역위원회가 처분기관으로서의 위치를 가지고 있다.

2) 세이프가드제도의 WTO 부합성 제고

GATT 제19조 및 세이프가드협정이 보다 충실히 반영되도록 관련규정을 보완하는 한편 제도운용과정에 통상관계 등 제반 요인이 고려되어 있다. 첫째, 세이프가드협정이 규정하고 있는 필요 최소적용원칙, 잠정조치 적용 기간 제한, 재적용 금지 기간 등 중요 사항은 법률에서 규정하여 제도의 투명성을 높였다.

둘째, 무역위원회가 세이프가드조치를 결정함에 있어서 관련 산업, 물가, 통상관계 등에 미치는 영향을 고려하고, 조치시행 주무부처도 구제조치를 확정 · 시행함에 있어서 관계부처의 의견을 듣도록 하여 정부 차원의 종합검토가 이루어지도록 하고 있다.

셋째, 산업피해 긍정판정 후 구제조치의 건의 및 시행에 소요되는 기간을 현행 3개월에서 2개월로 단축하여 가능한 한 신속하게 구제절차가 진행된다.

넷째, 섬유 및 의류에 관한 세이프가드조치와 서비스에 관한 세이프가드 조치에 관하여 규정하고 있다.

3) 산업경쟁력 영향조사 제도화

사후적 구제조치만으로는 이미 발생한 산업피해의 치유에 그칠 수밖에 없으므로 산업구조조정 촉진 및 경쟁력 강화를 지원하는 데 한계가 있다. 그러므로 제도화된 무역위원회의 산업경쟁력 조사는 업종 중립적 입장에서 객관적으로 경쟁력 실태를 분석하는 데 의미가 있다. 따라서 농산물에 대한 농림부, 공산품에 대한 산업자원부의 경쟁력 조사와는 다르다고 할 수 있다. 미국의 ITC 등 주요 선진국의 산업피해구제기관은 이 같은 중립적인 경쟁력 조사결과를 관계기관 및 업계에 경쟁력향상 관련 정보로 제공하고, 수입으로 인한 산업피해 조사업무에도 참고자료로 활용하고 있다.

4) 무역위원회 전문성 및 독립성 강화

준사법적 무역구제기관으로서의 독립성 및 책임성을 높이고, 조사 및 심의·의결과정에 전문성과 공정성이 강화되었다. 첫째, 무역위원회 위원의 자격요건을 기업경영·무역진흥 등 산업관련 분야, 법률학·경제학 등 전문 분야, 판사·검사 또는 변호사의 직에 10년 이상 있던 자 등으로 규정하여 전문성이 강화되어 있다. 둘째, 위원장 및 위원의 신분보장과 함께 연임이 가능하도록 하여 보다 독립적으로 책임 있는 업무수행을 할 수 있고, 심의·의결에 참여할 수 없는 제척사항을 구체화하여 공정성 보장이 철저히 이루어지고 있다. 셋째, 산업피해 및 경쟁력 조사 등 각종 조사의 전문성을 강화하기 위해 조사단 구성에 관계기관 소속공무원 및 관련 분야의 외부전문가가 참여할 수 있다.

제 2 절

한국무역위원회(KTC)

우리나라의 무역구제기관은 산업자원부 산하 준사법적기관인 한국무역위원회(KTC: Korean Trade Commission, 이하 무역위원회라 한다)로서 덤핑수입 및 외국정부로부터 보조금을 지급받은 물품의 수입 또는 특정 물품과 서비스의 수입 급증으로 국내산업이 피해를 입거나 입을 우려가 있을 경우 이를 조사 판정하여 적절한 구제조치를 도모하고 있다.

한편 우리나라의 무역위원회에 비견되는 미국의 국제무역위원회(ITC)는 대통령 직속의 준사법기관으로서의 지위를 갖는 독립규제위원회로서 도피조항(Escape Clause)[59]의 운영(통상법 제201조), 지적재산권침해 등 불공정 무역관행에 대한 조사(관세법 제337조), 반덤핑과 상계 관세제도의 운영(관세법 제7편), 농무성의 농업프로그램의 진행을 방해하는 수입에 대한 규제(농업조정법 제22조), 산업경쟁력조사(관세법 제332조) 등 일반적인 사실조사 등의 실질적인 기능을 수행하고 있다.

그러나 여기서 우리나라와 미국의 산업피해구제기관의 역할과 위상에 차이가 있음을 알 수 있다. 미국의 국제무역위원회는 대통령 직속의 준사법기관인 데 반하여 우리나라의 무역위원회는 대통령 직속이 아닌 산업자원부 산하에 놓여 있다는 점이다. 이로 인하여 무역위원회는 그 역할 수행에 있어 제약이 따르고 있으므로

59) 미통상법 201조(Section 201)에 근거하고 있는 흔히 도피조항(escape clause)으로 불리는 1974년 미 통상법 201조를 지칭한다. 수입품의 증가로 인해 미국기업이 심각한 피해를 입거나 피해 입을 위험이 있는 경우 safeguard 조치를 통해 구제해 주는 조항이다.

그 위상을 제고할 필요성이 있다.

1. 무역위원회의 연혁

무역위원회는 1986년 12월에 제정된 대외무역법 제38조의 규정에 의거하여 1987년 7월 위원장 1명, 위원 4명, 직원 8명의 조직으로 설립되었다. 설립 당시 무역위원회는 수입으로 인한 산업영향 조사결과 및 대외무역법 위반사항에 대하여 상공부장관의 구제조치 및 행정처분에 앞서 심의·의결하는 자문적 성격의 기능을 수행하였다.

이후 1989년 12월 대외무역법의 개정으로 산업영향조사제도가 폐지되고 순수한 세이프가드제도인 긴급수입제한제도로 대체됨에 따라 무역위원회는 산업피해의 조사개시 여부, 산업피해유무의 판정과 구제조치 건의 여부 등을 자체적으로 결정하여 위원회 명의로 관계행정기관의 장에게 건의하는 합의체 행정기관으로 탈바꿈하였다. 또한 기능도 확충되어 덤핑방지관세 및 상계관세제도와 관련된 산업피해의 조사·판정업무가 무역위원회의 기능으로 추가되었다. 이와 함께 1990년 4월에는 무역위원회의 조직이 대폭 확대되어 무역위원의 정원이 위원장 포함 5명에서 9명으로 증원되고, 무역위원회의 사무를 처리하기 위한 사무국 조직으로 4개과 50명을 정원으로 하는 무역조사실이 신설되었다.

그러나 1990년대 들어 무역자유화 조치에 따른 수입개방으로 반덤핑 및 세이프가드제도에 대한 관심이 고조되면서 당시 복잡하고 장기간이 소요되었던 반덤핑조사절차의 개선 필요성이 제기되어 1993년 12월 반덤핑제도를 대폭 정비하게 되었다. 즉 덤핑방지관세 부과신청의 접수 및 조사개시 여부의 결정업무를 재무부에서 무역위원회로 이관하고, 조사개시 여부 결정시한을 신청 후 3개월 이내에서 1개월 이내로 단축하였으며, 예비조사제도를 도입하여 조사가 예비조사 3개월 및 본조사 3개월 등 총 6개월 내에(4개월 연장가능) 완결되도록 조정하는 한편, 잠정 및 최종 덤핑방지관세의 부과조치는 무역위원회의 조사결과를 접수한 후 원칙적으로 1개월 이내에 결정하도록 하였다.

1995년 1월 WTO 체제의 출범으로 국내시장의 개방화·자유화가 급속히 진전되면서, 발동요건과 보상조치 면에서 까다로운 세이프가드제도보다는 반덤핑제도의 이용수요가 증대됨에 따라, 동 제도의 개선이 재차 이루어졌다. 즉 그간 관세청에서 담당하던 덤핑률 조사업무를 무역위원회에 이관하여 무역위원회가 종전의 산업피해유무 판정결과 외에 잠정 및 최종 덤핑방지관세율과 부과 기간을 검토하여 재정경제부장관에게 건의토록 하였다. 이로써 무역위원회는 덤핑방지관세·상계관세·세이프가드제도 등 산업피해구제제도를 실질적으로 운용하는 명실상부한 산업피해구제 조사 및 심결기관이 되었고, 조직 면에서는 무역조사실에 덤핑률 및 보조금율 조사 전담조직인 가격조사과를 신설하게 되었다.

나아가 2001년 2월 "불공정무역행위조사 및 산업피해구제에 관한 법률"을 제정하여 그동안 수행하였던 산업피해구제 기능과 불공정무역행위 등에 대한 조사 및 시정 조치 등 제재조치를 강화함으로써 무역위원회 역할을 한층 강화하게 되었다.

2. 무역위원회의 기능

우리나라 산업피해구제기관인 무역위원회는 산업피해구제제도 및 불공정무역행위조사제도의 운용, 산업경쟁력 영향조사 사업 수행, 국제무역 관련 조사 연구 수행하는 기능을 수행하고 있다.

(1) 산업피해구제제도의 운용

외국물품의 덤핑수입, 외국정부로부터 보조금을 지급받은 물품의 수입, 특정 물품 및 무역·유통서비스의 수입증가 등으로 인하여 국내 산업이 피해를 입거나 입을 우려가 있을 경우 이를 구제하기 위한 조사판정 및 구제조치 건의하는 기능을 담당하고 있다.

(2) 불공정무역행위조사제도의 운용

지적재산권 침해 물품 수출입행위, 원산지표시위반 물품 수출입행위, 기타 수출입질서 저해행위 등에 대한 조사와 시정조치 기능을 담당하고 있다.

(3) 산업경쟁력 영향조사 사업의 수행

외국으로부터의 물품의 수입 또는 서비스의 공급이 국내산업의 경쟁력에 미치는 영향을 조사하여 산업피해 발생에 대한 사전대응 기능을 수행하고 있다.

(4) 국제무역 관련 조사 연구 수행

국제무역에 관한 관련 법규, 제도 및 분쟁사례에 관한 조사와 연구의 역할을 수행하고 있다.

3. 무역위원회의 조직

무역위원회는 위원장 1인을 포함한 9인 이내의 위원으로 구성하도록 되어 있으며, 현재는 위원장 1인, 상임위원 1인, 비상임위원 7인으로 구성되어 있다. 위원장 및 위원은 산업자원부 장관의 제청으로 대통령이 임명하고, 임기는 3년이며, 연임할 수 있다. 또한 조사 등 무역위원회 제반 업무를 처리하기 위해 무역조사실을 두고 있으며, 무역조사실은 조사총괄과, 산업피해조사과, 가격조사과, 수출입조사과의 4개과로 구성되어 있다.

1) 조사총괄과

조사총괄과는 무역구제제도 운영 관련 기본정책의 수립과 조정, 무역구제법운용, 무역위원회 및 공청회 운영, 무역구제제도 교육 및 홍보, 계간 무역구제 발간 배포하는 등의 기능을 담당하고 있다.

2) 산업피해조사과

산업피해조사과는 덤핑방지관세 및 상계관세 부과신청에 따른 국내산업피해 유무, 조사개시 여부의 결정에 관한 사항, 조사개시결정에 따른 국내산업피해의 조사, 판정, 구제조치 및 구제조치의 재검토와 재심사에 관한 사항 등을 담당하고 있다.

3) 가격조사과

가격조사과는 반덤핑관세 부과신청에 따른 덤핑사실 및 덤핑률 조사, 상계관세 부과신청에 따른 보조금 지급물품 수입사실 및 보조금률 조사하는 기능을 담당하고 있다.

4) 수출입조사과

수출입조사과는 수출입증가로 인한 국내 산업피해 조사(세이프가드), 불공정무역행위 조사, 지적재산권 침해 물품, 원산지 표시의 의무 위반 물품, 수출입질서 저해행위, 특정물품의 수입 등이 산업의 경쟁력에 미치는 영향을 조사하는 기능을 담당하고 있다.

4. 무역위원회의 운영과 과제

1) 무역위원회의 운영

무역위원회의 회의는 재적위원 과반수의 출석으로 개의하고 출석위원 2분의 1 이상의 찬성으로 의결된다. 위원장과 위원의 신분보장을 위하여 위원장과 위원은 금고 이상의 형의 선고를 받은 경우와 장기간의 심신쇠약으로 인하여 직무를 수행할 수 없게 된 경우를 제외하고는 그 의사에 반하여 면직되지 않는다.

위원장은 무역위원회의 회의를 소집하고 그 의장이 된다. 위원장이 회의를 소집하고자 할 때는 회의의 일시, 장소 및 부의안건을 정하여 회의 개최 7일전까지 각 위원에게 서면으로 통지하여야 하나 긴급을 요하거나 부득이한 사유가 있는 때에는 예외로 하고 있다.

또한 상임위원을 제외한 무역위원회에 출석한 위원, 참고인, 감정인 및 전문가 등에 대하여 예산의 범위 안에서 수당이나 여비 등을 지급할 수 있다. 다만 공무원인 위원이 그 소관업무와 직접적으로 관련하여 회의에 참여하는 경우에는 수당을 지급하지 않는다.

위원장 및 위원은 자기와 이해관계가 있는 사항, 배우자 관계에 있는 자와 관계있는 사항, 자기가 증인, 감정인 또는 대리인으로 된 사항 등 제척(除斥)의 사유에 해당되면 이에 관한 심의·의결에 관여할 수 없다. 또한 무역위원회에서 조사 중인 사건의 당사자는 위원에게 심리 및 의결의 공정을 기대하기 어려운 사정이 있는 경우 무역위원회에 기피신청을 할 수 있다. 이에 대하여 무역위원회는 기피신청이 타당하다고 인정하는 때에는 기피의 결정을 해야 하며, 위원 본인이 제척 사유에 해당하는 경우에는 스스로 그 사건의 심리·의결을 회피할 수 있다.

무역위원회의 심리와 의결은 공개해야 하지만 이해관계인의 영업상 비밀을 보호하거나 공익상 필요가 있다고 인정하는 때에는 그러하지 아니하며, 무역위원회 의결을 위한 합의는 공개하지 않는다. 산업피해구제법에 정한 것 외에 무역위원회의 조직 및 운영 등에 관한 필요한 사항은 대통령령으로 정하며, 이와 관련하여 무역위원회의 운영에 관한 세부적인 사항은 무역위원회가 정하고 있다.

2) 무역위원회의 과제

WTO 체제가 출범한 이래로 세계 각국은 무역구제법의 운용을 적극화하는 추세를 보이고 있다. WTO의 새로운 국제협정의 시행으로 세계 각국은 물론 개발도상국의 시장개방은 확대일로에 있고, 국가와 기업 간의 경쟁이 심화되면서 덤핑 수출, 지적지산권 침해 등 불공정무역의 발생소지는 더욱 커지고 있는 실정이다. 이에 따라 국가 간 무역분쟁 또한 빈번히 일어나고 있고 더욱 증가되고 있다. 이렇듯 세계 각국의 무역구제의 적극적인 운용은 WTO 체제에서 예외적으로 인정하고 있는 산업보호 수단이라 점에서 앞으로 더욱 활용될 것이다.

우리나라 경우 외국으로부터의 불공정무역 시비의 증가와 함께 특히 국내에서의 외국기업에 대한 반덤핑 제소 및 지적재산권 침해 등에 대한 조사요청도 1990년대 중반 이후 증가 추세를 보이고 있다. 따라서 해외 수출시장에서 우리기업들의 불공정무역행위 피제소에 효과적으로 대응하는 문제나 외국 수출기업의 불공정무역행위 등으로부터 국내산업을 보호하는 문제는 이제 정부와 업계가 함께 풀어나가야 할 중요한 과제가 아닐 수 없다.

그렇다면 WTO 체제의 이 같은 국제무역환경하에서 효율적으로 대처할 수 있는 대안은 어떤 것이 있을까 하는 물음에는 우리나라 무역구제기관인 무역위원회의 위상을 높이는 것에서부터 시작해야 할 것이다. 이와 더불어 전문성과 효율성으로 무장된 역량 있는 산업피해구제기관으로 거듭나야 할 것이다. 미국의 국제무역위원회(ITC)의 위상과 역할은 좋은 사례라 할 수 있다. 미국이 자유무역을 가장 강력히 주장하는 이면에는 ITC와 같은 전문가집단으로 잘 짜여진 강력한 조직을 보유하고 있다는 점이며, 이를 무시할 수는 없을 것이다. 시장을 개방할수록 그리고 자유무역의 혜택을 최대한 이용하려고 할수록 무역구제와 같은 법적 방어책에 대한 전략적 고려는 아무리 강조해도 지나침이 없을 것이다.

시장개방의 확산이 공산품에 이어 농수산물 및 서비스산업까지 그 확대폭을 넓히고 있고 세계시장의 통합이 가속화되고 있는 상황에서 국제기준에 부합하는 무역구제제도와 법체계를 갖추고 나아가 이러한 역할을 수행하는 독립적이며, 권위 있는 무역구제기관을 운용하는 일일 것이다.

제 3 절

무역구제제도

1. 반덤핑관세제도

우리나라는 1963년에 관세법에 관련 규정을 도입함으로써 반덤핑제도운영의 기초를 마련하였고, 1967년에 GATT의 당사국이 된 이래 1986년 동경라운드 반덤핑협정에 가입, WTO 가입 등을 거치면서 수차례의 개정을 거쳐 국제협정의 내용을 국내법적으로 수용해 왔다. 현재 우리나라의 반덤핑제도는 관세법 제51조 내지 제56조, 동법 시행령 제58 내지 제71조, 산업피해구제법 제23조[60] 등에 법적 근거를 두고 운용되고 있다.

반덤핑조치의 요건이 충족되는 경우[61]에 정상가격과 덤핑가격과의 차액의 범위내에서 덤핑방지관세를 부과함으로써 불공정한 무역행위인 덤핑수입으로부터 국내산업을 보호하고 있으며 그 조치건수는 WTO 체제 출범 이후 관세 및 비관세장벽이

60) 산업피해구제법 제23조(덤핑으로 인한 산업피해조사 등) 덤핑으로 인한 산업피해의 조사개시 결정, 덤핑사실의 조사, 덤핑으로 인한 산업피해의 조사·판정, 덤핑방지조치의 건의, 재심사 등은 관세법 제51조 내지 제56조에서 정하는 바에 따른다.

61) 외국에서 정상가격 이하로 판매되는 물품의 수입으로 인하여 국내 산업이 실질적인 피해를 받거나, 받을 우려가 있거나 또는 국내산업의 확립이 실질적으로 지연되었을 경우를 말한다.

제거됨에 따라 계속 증가하고 있고 특히 1996년 이후로 현저한 증가추세에 있다.

조사 및 판정을 하는 산업피해구제기관은 무역위원회이며, 반덤핑관세부과는 재정경제부장관이 하고 있다. 특히 1996년 1월 1일 이후 덤핑률 조사업무가 관세청에서 무역위원회로 이관됨에 따라 덤핑조사기능은 무역위원회로 일원화되었으며, 반덤핑관세부과에 관한 사항도 무역위원회의 잠정조치 및 확정조치건의를 재정경제부장관이 대부분 그대로 수용함으로써 실질적으로는 무역위원회가 중요한 기능을 담당하고 있다.

1) 반덤핑관세의 부과 신청자격과 신청방법[62]

반덤핑관세의 부과를 신청할 수 있는 자는 덤핑수입으로 인해 실질적인 피해 등을 받은 국내 산업에 이해관계가 있는 자 또는 당해 산업을 관장하는 주무부장관이다.

여기서 '국내산업'이라 함은 동종물품을 생산하는 국내생산자 전체 또는 그러한 국내생산자 중 당해 물품의 생산량의 합계가 당해 물품의 국내총생산량의 상당 부분을 점유하고 있는 국내생산자들을 말하며,[63] '국내산업의 이해관계자'라 함은 실질적인 피해 등을 받은 국내 산업에 속하는 국내생산자와 이들을 구성원으로 하거나 이익을 대변하는 법인·단체·개인을 의미한다. 이러한 신청자격이 있는 자는 수입으로 인한 실질적인 피해 등의 사실에 관한 충분한 증거를 포함한 신청서 3부를 작성하여 무역위원회에 제출함으로써 조사신청을 갈음할 수 있다.

---

62) 관세법 제51조 및 시행령 제59조.

63) WTO반덤핑협정 및 관세법 시행규칙 제12조 3항에서도 반덤핑관세부과요청에 대하여 찬성 또는 반대의사를 표시한 국내생산자들의 동종물품 국내 생산량 합계 중 찬성의사를 표시한 국내생산자들의 생산량 합계가 100분의 50 이하인 경우와 찬성 의사를 표시한 국내생산자들의 생산량 합계가 동종물품 국내총생산량의 100분의 25 미만인 경우는 조사개시를 하지 않는 것으로 규정하고 있다.

2) 반덤핑관세의 부과신청 후 진행절차와 소요 기간[64)]

무역위원회(KTC)는 업계의 신청을 접수하면 조사개시 여부결정,[65)] 예비조사 및 판정, 본조사 및 판정 등의 절차를 거쳐 구제조치를 취하고 있다. 신청접수에서 구제조치까지는 통상 8개월 정도가 소요되나 일반적으로 예비판정 이후 1개월 이내에 잠정반덤핑관세가 부과되기 때문에 실질적인 구제조치는 약 5개월 정도가 소요된다고 볼 수 있다.

진행절차와 내용을 간단히 살펴보면 먼저 신청이 접수되면 무역위원회는 신청서에 제시된 증거가 정확하고 적절한지의 여부와 신청자가 제소적격을 갖추고 있는지의 여부를 검토하여 조사개시 여부를 결정하게 된다.

그러나 덤핑수입 사실 또는 실질적인 피해 등의 사실에 관한 충분한 증빙자료를 제출하지 아니한 경우, 덤핑차액, 수입실적, 산업피해 등이 경미하여 반덤핑관세 부과요건에 미달되는 경우, 조사신청서를 제출한 자가 신청자격이 없는 자일 경우, 조사개시 전에 국내 산업에 미치는 유해한 영향을 제거하기 위한 조치를 취하는 등 조사 개시가 불필요한 경우, 조사신청자가 국내 산업을 대표할 자격에 미달될 경우에는 조사 기각 사유가 된다.

또한 덤핑차액이 덤핑가격의 100분의 2 미만이거나 덤핑수입물량이 동종물품 국내수입물량의 100분의 3 미만의 점유율을 보이는 공급국들로부터의 수입량의 합계가 국내수입량의 100분의 7 이하인 경우에는 무역위원회가 당해 신청을 기각할 수 있다.

조사개시가 결정되면 바로 예비조사[66)]에 착수하는데 통상 이 단계에서는 답변서 분석, 현지조사 및 이해관계인의 의견청취 등의 방법으로 조사를 진행하여 그 결과를 토대로 예비판정을 하며 예비 조사 결과 덤핑혐의가 없다고 인정되는 경우에는 조사는 종결된다.

예비조사결과 긍정판정이 나온 사건에 대해서는 잠정반덤핑관세를 부과할 수 있으며, 수출국 현지실사와 공청회 등을 통하여 예비조사에서 조사되지 않았거나 보

64) 관세법 제51조, 제53조, 제54조 및 제54조 1항 내지 2항, 관세법시행령 제60조, 제61조, 제64조 및 관세법시행규칙 제16조.

65) 무역위원회는 조사신청을 받은 때로부터 1개월 이내에 조사개시 여부를 결정하여야 한다.

66) 예비조사와 예비판정은 조사개시일로부터 3개월 이내이다.

완이 필요한 사항을 구체적이고도 상세하게 조사하여 덤핑과 산업피해 여부에 대한 최종판정을 내린다.[67]

마지막으로 덤핑과 산업피해에 대한 최종 긍정 판정 시 재경부장관이 무역위원회의 본조사 결과보고서가 제출된 날로부터 1월 이내에 반덤핑관세를 부과함으로써 덤핑으로 인한 산업피해는 구제될 수 있다.[68]

3) 잠정조치[69]

최종판정에 따른 확정관세 부과 전이라도 조사 기간 중 계속되는 덤핑의 피해를 방지하기 위한 장치가 마련되어 있는데, 무역위원회는 조사 기간 중에도 덤핑수입이 계속되어 긴급히 조치를 하지 아니하면 당해 산업이 회복될 수 없을 정도로 피해를 받거나 받을 우려가 있다고 인정되는 때에는 직권 또는 이해관계인의 신청에 의하여 최종판정 전이라도 당해 물품과 기간을 정하여 잠정적으로 추계된 덤핑차액에 상당하는 금액 이하의 잠정반덤핑관세를 부과하거나 또는 관세액에 상당하는 담보의 제공을 명하는 등 잠정조치를 할 수 있다.

이와 같은 잠정조치는 예비조사결과 덤핑과 산업피해에 대한 긍정예비판정이 있는 경우로서 예비조사결과를 재경부장관에게 제출하면서 잠정조치를 건의하는 형식으로 이루어진다. 이 경우 재경부장관은 1월 이내에 잠정반덤핑관세 부과에 관한 사항을 결정하게 되는데 통상적으로 무역위원회의 건의가 그대로 받아들여지고 있다.

잠정조치는 당해 조사개시 후 최소한 60일이 경과된 날 이후부터 적용할 수 있

---

67) 산업피해유무 판정 시 ① 생산고, 판매액, 시장점유율, 이익, 생산성, 투자이익률 또는 조업도에 있어서 현실적이고 잠재적인 저하, 국내가격에 영향을 주는 요인과 ② 자금순환, 재고, 고용, 임금, 성장, 자본조달, 투자능력 또는 기술개발에 대한 실재적 또는 잠재적인 부정적 영향 등과 같은 당해 산업의 상태에 관계가 있는 적절한 요인과 지표에 대한 평기를 검토히어야 한다.

68) 최종조사와 최종판정은 본조사 개시 후 3개월 이내이다.

69) 관세법시행령 제66조.

으며 그 적용 기간은 4개월 이하이나 당해 물품의 주요 공급자가 요청하는 경우에는 그 적용 기간을 6개월까지 연장하여 적용할 수 있다.

잠정조치의 기간은 국제규범상 조치일로부터 200일을 초과할 수 없으며, 최종판정 시 산업피해가 없다고 판정되거나 최종판정에 의한 구제조치가 시행될 경우 잠정조치의 효력은 자동적으로 소멸된다.

4) 약속(Undertakings)[70]

약속(undertakings)이란 덤핑으로 인한 피해를 제거시키기 위한 당사자와 조사당국 간의 합의라 할 수 있으며, 이러한 약속에는 가격을 인상시키겠다는 가격인상약속과 수출을 중지하겠다는 수출중지약속이 있다. 약속을 제의하고자 하는 조사대상물품의 수출자는 덤핑과 산업피해에 관한 예비판정 이후부터 최종판정 이전까지 제의하여야 한다.

조사대상물품의 수출자는 조사가 개시되어 덤핑과 그로 인한 산업피해에 대한 예비조사결과 긍정판정이 내려질 경우 덤핑으로 인한 피해가 제거될 정도의 가격수정이나 덤핑수출의 중지에 관한 약속을 서면으로 무역위원회에 제의할 수 있다. 이렇게 제의된 약속의 내용이 즉시 가격을 수정하거나 약속일로부터 6개월 이내에 덤핑수출을 중지하는 것인 때에는 재정경제부장관이 그 약속을 수락할 수 있다. 약속이 수락된 경우 재정경제부장관은 잠정조치 또는 반덤핑관세의 부과 없이 조사를 중지 또는 종결하며, 잠정조치가 이미 취해진 경우에는 당해조치를 철회한다.

---

70) 관세법 제54조 1항 내지 2항.

5) 재심사[71)]

반덤핑관세는 피해를 야기하는 덤핑의 효과를 없애는 데 필요한 기간 및 한도까지만 그 효력이 지속되어야 한다는 것이 WTO 반덤핑협정의 기본원칙이다.[72)] 따라서 합리적인 기간이 지난 이후 이해관계인이 검토의 필요성에 관한 실증적 증거를 제시하여 요청하는 경우에는 덤핑방지관세를 계속 부과할 필요성이 있는지를 검토해야 하는데 이를 재심사라고 한다.

이러한 재심사를 요청할 수 있는 자는 ① 동종물품의 생산자 또는 그 단체, ② 당해 반덤핑조치대상 물품의 공급자·수입자 또는 그 단체, ③ 기타 이해관계가 있다고 재경부장관이 인정하는 자이며, 반덤핑관세 또는 약속의 시행일부터 1년이 경과된 날 이후에 할 수 있으며, 반덤핑관세 또는 약속의 효력이 상실되는 날 6개월 이전에 요청하여야 한다.

재심사의 진행절차는 이해관계인이나 당해 물품의 주무부장관이 재정경제부장관에게 재심사를 요청하게 되면 재정경제부장관은 2개월 이내에 재심사의 필요 여부를 결정하여야 하며, 재심사의 필요성이 있다고 결정한 때에는 무역위원회에서 조사를 하게 된다.

무역위원회는 재정경제부장관의 재심사개시결정 이후 6개월 동안 조사를 진행하게 되며, 그 결과를 재정경제부장관에게 제출하여야 한다. 무역위원회의 조사결과 반덤핑관세부과를 연장할 필요성이 인정되지 않으면 반덤핑관세부과는 종결되며, 반대로 필요성이 인정될 경우 재정경제부장관은 조사결과를 제출받은 날로부터 1개월 이내에 반덤핑 관세부과 연장조치를 하게 된다.

71) 관세법 제56조 제1항 및 관세법시행령 제70조.

72) WTO 반덤핑 협정에는 소위 일몰조항(Sunset Clause)이 있는데 반덤핑관세의 부과는 5년 이내에 소멸한다고 규정되었다.

6) 시 효73)

반덤핑관세의 부과나 수락된 가격 등의 약속은 재정경제부령으로 그 적용시한을 따로 정하는 경우를 제외하고는 당해 반덤핑관세 또는 약속의 시행일부터 5년이 지나면 그 효력을 상실하며, 덤핑과 산업피해를 재심사하고 그 결과에 따라 내용을 변경하는 때에는 재정경제부령으로 그 적용시한을 따로 정하는 경우를 제외하고는 변경된 내용의 시행일부터 5년이 지나면 그 효력을 상실한다.

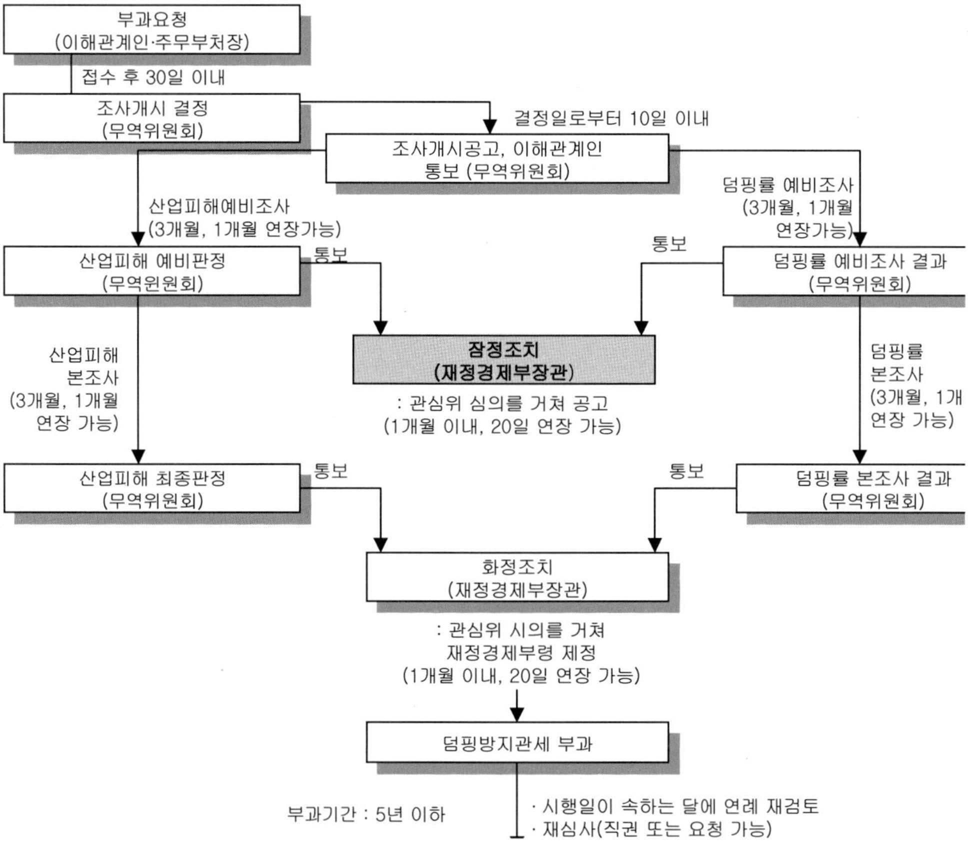

〈그림 7-1〉 덤핑방지관세제도 운용절차

---

73) 관세법 제56조 제2항.

2. 상계관세제도

WTO 보조금 및 상계조치협정은 보조금의 '정의'와 '특정성'에 관한 개념을 새로이 도입하고 보조금의 유형을 재분류하면서 구제절차도 보조금 유형별로 상이하게 적용하고 있다.

우리나라는 관세법 제57조 내지 제62조와 동법 시행령 제72조 내지 제85조 및 산업피해구제법 제24조[74] 등에 상계관세에 관한 규정을 두고 있다.

이 규정에 따라 외국에서 제조·생산 또는 수출과 관련하여 직접·간접으로 보조금 또는 장려금을 받은 물품의 수입으로 국내 산업이 실질적인 피해를 받거나 받을 우려가 있거나 또는 국내산업 개발이 실질적으로 지연되었음이 조사를 통하여 확인되고 당해 국내 산업을 보호할 필요가 있다고 인정될 때에는 그 물품과 수출자 또는 수출국을 지정하여 당해 물품에 대하여 기본관세 외에 당해 보조금 등의 금액 이하의 관세를 추가하여 부과할 수 있도록 하고 있다. 이러한 상계관세제도는 수출국정부의 보조금이나 장려금에 관한 사항을 제외하고는 기본적으로 반덤핑제도의 조사기관, 신청자격, 조사절차, 판정 및 구제조치, 재심사와 시효 등 유사하다고 할 수 있다.

1) 보조금의 정의[75]

우리나라 관세법상으로는 '보조금 등'이라 함은 정부 또는 공공기관의 재정지원

74) 산업피해구제법 제24조(보조금등으로 인한 산업피해조사 등) 보조금 등으로 인한 산업피해의 조사개시 결정, 보조금 등의 지급사실의 조사, 보조금 등으로 인한 산업피해의 조사 · 판정, 상계조치의 건의, 재심사 등은 관세법 제57조 내지 제62조에서 정하는 바에 따른다.

75) 관세법시행령 제72조 및 시행규칙 제21조.

등에 의한 혜택 중 특정성이 있는 것을 말하는데, 특정성은 있으나 연구·지역개발 및 환경관련 보조금 등으로서 국제협약에서 인정하고 있는 보조금 등은 제외하고 있다.

여기서 '특정성'이라 함은 보조금 등이 일부 기업이나 기업군 또는 특정한 지역에 한정되어 지급되거나 기타 국제협약에서 인정하고 있는 특정성의 기준에 부합되는 경우를 말한다.

이와 같은 보조금 등의 금액을 산정함에 있어서는 ① 지분참여의 경우에는 당해 지분참여와 통상적인 투자와의 차이에 의하여 발생하는 금액 상당액에 의하고, ② 대출의 경우에는 당해 대출 금리에 의하여 지불하는 금액과 시장금리에 의하여 지불하는 금액과의 차액 상당액에 의하며, ③ 대출보증의 경우에는 당해 대출에 대하여 지불하는 금액과 대출보증이 없을 경우 비교가능한 상업적 차입에 대하여 지불하여야 하는 금액과의 차액 상당액에 의하고, ④ 재화·용역의 공급 또는 구매의 경우에는 당해 가격과 시장가격과의 차이에 의하여 발생하는 금액 상당액에 의한다.

2) 상계관세 부과절차

① 상계관세 부과신청[76)]

보조금 등을 받은 물품의 수입으로 실질적인 피해 등을 받은 국내 산업에 이해관계가 있는 자가 상계관세의 부과를 요청하고자 할 때에는 다음 사항을 기재한 신청서에 관계증빙자료를 첨부하여 무역위원회에 제출하여야 한다.

(1) 당해물품의 품명·규격·특성·용도·생산자 및 생산량
(2) 당해물품의 수출국·수출자·수출실적 및 수출가능성과 우리나라의 수입자·수입실적 및 수입가능성

76) 관세법시행령 제73조.

(3) 당해물품의 수출국에서의 공장도가격 및 시장가격과 우리나라에서의 수출가격 및 제3국에의 수출가격
(4) 국내의 동종·동질물품 또는 유사물품의 품명·규격·특성·용도·생산자·생산량·공장도가격·시장가격 및 원가계산
(5) 보조금 등을 받은 물품의 수입으로 인한 관련 국내산업의 실질적인 피해 등에 관한 사항
(6) 수출국에서 당해물품의 제조·생산 또는 수출에 관하여 지급한 보조금 등의 내용과 이로 인한 당해 물품의 수출 가격 인하효과
(7) 국내 동종·동질물품 또는 유사물품 생산자들의 당해 조사신청에 대한 지지 정도
(8) 첨부한 자료를 비밀로 취급할 필요가 있는 경우에는 그 사유
(9) 기타 재정경제부장관이 필요하다고 인정하는 사항

② 실질적인 피해 등의 조사 및 판정

보조금 등의 금액 및 실질적인 피해 등의 조사 및 판정에 대해서는 덤핑방지관세에 관한 규정 시 준용되는데 보조금 등의 금액은 수혜자가 실제로 받는 혜택을 기준으로 하여 다음의 기준에 따라 계산한다.

(1) 지분참여형태의 경우: 당해 지분참여와 통상적인 투자형태와 차이에 의하여 발생하는 금액 상당액
(2) 대출의 경우: 당해 대출금리에 의하여 지불하는 금액과 시장금리에 의하여 지불하는 금액과의 차액 상당액
(3) 대출보증의 경우: 당해 대출에 대하여 지불하는 금액과 대출보증이 없었을 경우 비교가능한 상업적 차입에 대하여 지불하여야 할 금액과의 차액 상당액
(4) 재화·용역의 공급 또는 구매의 경우: 당해 가격과 시장가격과의 차이에 의하여 발생하는 금액 상당액
(5) 기타 국제협약에서 인성하고 있는 기준에 의한 금액

재정경제부장관은 상계관세의 부과 여부를 결정하기 위하여 조사가 개시된 물품

이 보조금 등을 받아 수입되어 국내 산업에 실질적인 피해 등이 발생된 사실이 있다고 추정되는 충분한 증거[77]가 있음이 확인되는 경우로서 국내 산업을 보호하기 위하여 필요하다고 인정될 경우 조사가 종결되기 전이라도 그 물품의 수출자 또는 수출국 및 기간을 정하여 보조금 등의 추정액에 상당하는 금액 이하의 잠정상계관세를 부과하거나 담보의 제공을 명하는 조치를 할 수 있다.[78]

상계관세의 부과 여부를 결정하기 위한 조사가 개시되어 보조금 등의 지급사실과 보조금 등을 받은 물품의 수입으로 인한 국내산업 피해에 대한 예비조사결과 긍정판정이 내려진 경우에 재정경제부장관 또는 당해 물품비 수출국정부는 당해 물품에 대한 보조금 등을 철폐 또는 삭감하거나 국내 산업에 대한 피해효과를 제거하기 위한 적절한 조치에 관한 약속을 제의할 수 있으며, 당해 물품의 수출자는 수출국정부의 동의를 얻어 보조금 등의 국내 산업에 대한 피해효과가 제거될 수 있을 정도로 가격을 수정하겠다는 약속을 제의할 수 있다.[79]

약속이 수락될 경우 재정경제부장관은 잠정조치 또는 상계관세의 부과 없이 조사를 중지 또는 종결되게 하여야 하며, 잠정조치가 취하여진 때에는 당해 조치를 철회하여야 한다. 다만, 재정경제부장관이 필요하다고 인정하거나 수출국정부가 피해조사를 계속하여 줄 것을 요청한 때에는 그 조사를 계속할 수 있다. 잠정조치, 약속에 관한 사항, 재심사, 상계관세·잠정조치의 적용시한 및 부과방법 등에 관한 사항은 반덤핑관세에 관한 규정이 준용된다.

③ 세계무역기구통보 및 심사

WTO보조금상계조치협정 제25조와 GATT 1994 제16조제1항에 따라 회원국들은 매년 6월 30일 이전에 자국 영역 내에서 부여되거나 유지되고 있는 특정성 있는 모든 보조금을 보조금상계조치위원회에 통보하여야 한다. 통보내용은 타 회원국이 무역효과를 평가할 수 있고 보조금제도의 운용을 이해할 수 있을 만큼 충분히 상

---

77) 약속을 철회하거나 위반한 경우와 당해 약속의 이행에 관한 자료를 제출하지 아니한 경우에는 이용 가능한 최선의 정보 등을 포함한다.

78) 관세법시행령 제80조.

79) 관세법시행령 제81조.

세해야 하며 이에 따라 기본적으로 보조금의 형태와 목적, 단위당 보조금, 보조금의 지속 기간과 무역효과측정용 통계자료가 포함되어야 한다.

한편 WTO 보조금 및 상계조치협정은 매 3년마다 보조금심사특별회의를 개최하여 각국이 제출한 신규 및 완전통보서(new and full notification)내용을 심사하고, 특별회의 개최연도의 중간연도에 제출된 보완통보(updating notification)는 보조금상계조치위원회의 정기회의에서 심사하도록 규정하고 있다. 기본적으로 보조금 통보는 회원국의 보조금 운영에 있어 투명성을 확보하고 협정의 이행을 간접적으로 확보하기 위한 것으로 보조금 미통보, 통보지연, 통보누락에 대한 명시적인 규제규정은 없으나 미통보 보조금에 대하여 타 회원국이 보조금상계조치위원회에 주의를 환기시키거나 직접 통보할 수 있도록 하고 있다.

3. 세이프가드제도

우리나라의 세이프가드제도(Safeguards)는 그동안 1989년 12월 및 1992년 12월에 개정된 대외무역법상의 산업피해구제제도와 관세법상의 긴급관세제도 및 특별긴급관세제도에 그 법적 근거를 주고 있었다. 그러나 현재 세이프가드제도는 2001년 2월 3일 새로이 제정된 불공정무역행위조사 및 산업피해구제에 관한 법률(이하 산업피해구제법이라 한다)과 관세법 제65조 긴급관세제도 및 제68조 특별긴급관세제도에 근거를 두고 있으며, 특히 산업피해구제법 제15조에서 제22조의 3 및 산업피해조사의 운영절차 등에 관한 규정 등의 절차규정으로 구체화되고 있다.

국제규범상 일반적으로 통용되는 세이프가드의 개념은 특정상품의 수입급증이 수입국의 전반적인 경제여건이나 국내 경쟁 산업에 심각한 피해를 주거나 또는 피해를 줄 우려가 있을 경우 GATT 제19조에 근거하여 취하는 긴급수입제한조치를 의미한다.

세이프가드는 무역상대국의 공정한 무역관행으로부터 발생한 국내산업의 피해를 구제하기 위한 조치라는 점에서 여타 산업피해구제제도에 비해 그 적용이 매우 까다롭다는 특징이 있다. 이를 반영해서 WTO 세이프가드협정에서는 세이프가드는 심각한 피해를 방지하거나 치유하고 구조조정을 용이하게 하는 데 필요한 정도로만 취해져야 하며, 수입국은 세이프가드 조치를 취할 경우 원산지에 관계없이 해당물품의 수출국에게 협의할 기회를 제공하고 적절한 보상을 해 줄 것을 권고하고 있다. 그리고 협의결과가 만족스럽지 못할 경우 당해 물품의 수출국이 수입국에 대해 보복조치를 취할 수 있도록 허용하고 있다.

1) 개　관

(1) 세이프가드의 신청자격과 신청방법

세이프가드의 신청자격은 특정한 물품의 수입증가로 인하여 동종물품 또는 당해 물품과 직접적인 경쟁관계에 있는 물품을 생산하는 국내 산업이 심각한 피해를 받거나 받을 우려가 있을 때 당해 국내 산업에 이해관계가 있는 자 및 당해 국내 산업을 관장하는 관계행정기관의 장이 피해를 조사하여 줄 것을 신청할 수 있다.

여기서 당해 국내 산업에 이해관계가 있는 자라 함은 당해 물품의 국내생산량의 100분의 20 이상을 생산하는 자 또는 그 집단, 당해물품의 생산자 수가 5인 이상의 생산자 집단으로 구성된 농림수산업의 경우를 제외한 당해 물품의 국내생산자 수의 100분의 20 이상인 생산자집단, 산업별 노동조합 또는 당해 산업을 관장하는 관계 중앙행정기관의 장이 설립을 허가한 당해 물품의 국내 생산자로 구성된 협회·조합 등을 말한다.

국내산업의 이해관계인은 특정한 물품의 수입 등이 국내 산업에 미치는 피해에 대하여 조사하여 줄 것을 신청하고자 할 때에는 그 내용을 증명할 수 있는 자료를 첨부하여 무역위원회에 제출하면 된다.

(2) 세이프가드의 진행절차

무역위원회는 해당 국내산업 이해관계인의 신청을 접수하면 조사개시여부결정, 산업피해조사, 산업피해유무판정, 구제조치건의 등의 절차를 거쳐 구제조치를 취하게 된다.

먼저 신청이 접수되면 무역위원회는 산업피해조사 개시의 필요성과 신청서에 제시된 증거의 타당성은 물론 조사개시결정과 관련한 의견에 대하여 관계행정기관의 장과 협의하여 신청일로부터 30일 이내에 조사개시 여부를 결정한다.

조사개시가 결정되면 무역위원회는 조사단을 구성하여 질문서, 공청회, 현지조사 등의 방법을 통하여 조사를 실시하고, 조사 개시일로부터 4개월 이내에 당해 산업에 미치는 피해의 유무를 판정하여야 하지 조사의 내용이 복잡하거나 신청인이 정당한 사유로 요청하는 경우에는 2개월의 범위 내에서 조사 기간을 연장할 수 있다.

그리고 조사 결과 국내 산업에 피해가 있다고 판정한 때에는 그 판정일로부터 1개월 이내에 당해 산업을 관장하는 관계행정기관의 장과 협회·조합 등의 의견을 종합적으로 검토한 후 관계행정기관의 장에게 관세율의 조정, 수입물품 수량의 제한 등 구제조치를 건의할 수 있다.

구제조치의 건의를 받은 관계행정기관의 장은 그 건의를 받은 날로부터 1개월 이내에 국제통상관계는 물론 국민경제에 미치는 영향 등을 고려하여 구제조치의 여부를 결정하여 피해를 구제하게 된다.

(3) 세이프가드조치의 유형

무역위원회는 특정상품의 수입증가로 인한 국내산업의 피해를 조사한 결과 국내산업에 피해가 있다고 판정한 때에는 그 판정일로부터 1개월 이내에 관계행정기관의 장에게 구제조치를 건의하게 되는데 그 유형에는 다음과 같은 것들이 있다.

첫째, 수입물품의 수량제한이다. 이는 교역량에 일정한 제한을 가하는 수량 위주의 수입제한조치로서 대표적인 수단으로는 쿼터 설정 등의 조치가 있을 수 있다.

둘째, 관세율의 조정이다. 이는 국내시장에 접근하는 공급자의 영업행위에 금전적 과세를 함으로써 수입을 감소시키는 가격 위주의 수입제한조치라고 할 수 있다.

셋째, 국내산업의 구조조정을 촉진시키기 위한 조치가 있다. 이는 국제무역을 위축시키는 수입제한이나 관세율 인상 조치보다 산업에 대한 금융 등의 지원을 통해 구조조정을 지원해 주기 위한 것이다. 무역위원회는 이와 같은 구제조치를 건의할 때는 국제통상 관계 및 국민경제에 대한 영향 등을 고려하여 가장 적절한 구제조치의 유형을 결정하여야 한다.

2) 무역구제법과 세이프가드

(1) 신청자격

세이프가드조치의 신청자격은 당해 국내 산업에 이해관계가 있는 자 및 당해 국내 산업을 관장하는 관계 중앙행정기관의 장이다. 여기에서 당해 국내 산업에 이해관계가 있는 자는 당해 산업에서 차지하는 생산량 또는 업체수의 비중이 20% 이상인 생산자 또는 생산자집단(다만, 농림수산업인 경우는 5인 이상의 생산자집단)이나 산업별 노동조합 또는 당해 산업을 관장하는 중앙행정기관장이 설립허가한 당해물품의 국내생산자 단체(협회. 조합)이다.

(2) 신청요건

특정물품의 수입증가로 인하여 동종물품 또는 직접적인 경쟁관계에 있는 물품을 생산하는 국내 산업이 심각한 피해를 입고 있거나 입을 우려가 있어야 하고,[80] 당

80) 대외무역법 제26조(수입수량제한조치) ① 산업자원부장관은 특정물품의 수입증가로 인

해 물품에 관한 사항, 수출자, 수입자, 수입실적과 예상수입량, 국내의 동종 또는 직접적인 경쟁관계에 있는 물품에 관한 사항, 특정한 물품의 수입으로 인하여 국내 산업이 심각한 피해를 받거나 받을 우려가 있는 사항 등에 관하여 자료를 통해 증명하여야 한다.

(3) 조사절차

무역위원회는 신청인으로부터 조사신청서를 접수한 날부터 30일 내에 관계 중앙행정기관의 장의 의견을 들어 특정물품의 수입증가로 인하여 동종물품 또는 직접적인 경쟁관계에 있는 물품을 생산하는 국내 산업이 심각한 피해 등을 입었는지에 대한 조사의 개시 여부를 결정하고 그 개시를 결정하는 경우 신청인에게 그 내용을 통지하고 공고한다. 그 이후 무역위원회는 개시 결정일부터 4개월(2개월 이내 연장 가능) 내에 현지조사, 공청회 등을 통하여 당해 국내 산업에 미치는 심각한 피해의 유무를 조사하여 판정하여야 한다.

(4) 판정 및 조치

무역위원회는 산업피해에 관한 긍정판정을 내리는 경우 1개월 내에 당해 국내산업의 심각한 피해를 방지하거나 구제하고 산업구조조정을 촉진하는 데 필요한 범위 내에서 중앙행정기관의 장에게 관세율의 조정, 수입물품수량의 제한, 구조조정 촉진조치를 시행할 것을 건의할 수 있다. 이러한 조치와 기간을 건의할 때 관련

하여 동종 물품 또는 직접적인 경쟁관계에 있는 물품을 생산하는 국내산업(이하 이 조에서 "국내산업"이라 한다)이 심각한 피해를 입고 있거나 입을 우려(이하 이 조에서 "심각한 피해 등"이라 한다)가 있음이 불공정무역행위조사및산업피해구제에관한법률 제27조의 규정에 의한 무역위원회(이하 "무역위원회"라 한다)의 조사를 통하여 확인되고 심각한 피해 등을 구제하기 위한 조치가 건의된 경우로서 당해 국내 산업을 보호할 필요가 있다고 인정되는 때에는 당해 물품의 국내 산업에 대하여 심각한 피해 등을 방지하거나 치유하고 조정을 촉진하기 위하여 필요한 범위 안에서 물품의 수입수량을 제한하는 조치(이하 "수입수량제한조치"라 한다)를 시행할 수 있다.

산업, 국내물가, 소비자의 이익, 통상관계 등에 미치는 영향을 종합적으로 고려해야 하고, 조치 기간은 4년을 초과해서는 안 된다.

무역위원회는 조사 기간 중에 조사신청인으로부터 조사신청물품에 대하여 잠정적인 조치를 신청받은 경우로서 그 조사 기간 중에 발생하는 피해 등을 방지하지 아니하면 당해 물품의 수입증가로 인하여 동종 물품 또는 직접적인 경쟁관계에 있는 물품을 생산하는 국내 산업이 회복하기 어려울 정도로 심각한 피해를 입거나 입을 우려가 있다는 명백한 증거가 있다고 판정한 때에는, 관계중앙행정기관의 장에게 200일을 초과하지 않는 범위 내에서 잠정적으로 세이프가드조치의 시행을 건의할 수 있다

관계 중앙행정기관의 장은 무역위원회의 건의를 받은 날부터 1개월 내에 세이프가드조치의 내용을 확정하여 시행할 수 있다. 세이프가드조치는 무차별원칙이 적용됨에 따라 원칙적으로 원산지에 관계없이 수입되는 모든 물품에 대하여 시행된다.

정부는 수입수량제한조치를 시행하고자 하는 때에는 이해당사국과 수입수량제한 조치의 부정적 효광 대한 적절한 무역보상에 관하여 협의할 수 있다.[81)]

(5) 재검토

무역위원회는 세이프가드조치의 기간이 3년 경과한 후 그 기간의 2분의 1이 경과되기 6개월 전에 직권 또는 조사신청인의 신청에 따라 세이프가드조치에 대한 완화 또는 해제 여부를 다시 검토하여 세이프가드조치를 완화 또는 해제할 필요가 있다고 판정한 때에는 이를 관계중앙행정기관의 장에게 건의할 수 있다. 관계중앙행정기관의 장은 무역위원회로부터 건의를 받은 날부터 1개월 내에 시행 여부, 조치내용 및 그 기간을 결정하여야 한다.

---

81) 대외무역법 제26조(수입수량제한조치) ③ 정부는 수입수량제한조치를 시행하고자 하는 때에는 이해당사국과 수입수량제한 조치의 부정적 효과에 대한 적절한 무역보상에 관하여 협의할 수 있다.

(6) 시 효

세이프가드조치는 원칙적으로 4년을 초과하여서는 안 되지만 조사신청인의 연장 신청에 따라 국내산업의 심각한 피해를 방지하거나 구제하기 위하여 필요하다고 판정한 때에는 최초의 세이프가드조치 기간과 그 연장 기간을 합산하여 8년을 초과하지 않는 범위 내에서 세이프가드조치를 연장할 수 없다.[82]

3) 섬유 및 의류에 관한 세이프가드 조치

(1) 조사신청[83]

섬유 및 의류에 관한 협정이 적용되는 섬유 및 의류의 수입증가로 인하여 동종 물품 또는 직접적인 경쟁관계에 있는 물품을 생산하는 국내 산업이 심각한 피해를 입고 있거나 입을 우려가 있는 때에는 당해 국내 산업에 이해관계가 있는 자 또는 당해 국내 산업을 관장하는 관계 중앙행정기관의 장은 무역위원회에 당해 국내산

82) 대외무역법 제26조(수입수량제한조치) ⑤ 수입수량제한조치의 적용 기간은 4년을 초과하여서는 아니 된다.
⑧ 산업자원부장관은 수입수량제한조치의 대상이었거나 관세법 제65조의 규정에 의한 긴급관세(이하 "긴급관세"라 한다) 또는 동법 제66조의 규정에 의한 잠정긴급관세(이하 "잠정긴급관세"라 한다)의 대상이었던 물품에 대하여는 당해 수입수량제한조치의 적용 기간, 긴급관세의 부과 기간 또는 잠정긴급관세의 부과 기간이 종료한 날부터 그 적용 기간 또는 부과 기간에 해당하는 기간(적용 기간 또는 부과 기간이 2년 미만인 경우에는 2년)이 경과되기 전까지는 다시 수입수량제한조치를 시행할 수 없다. 다만, 다음 각 호의 요건을 충족하는 경우에는 180일 이내의 수입수량제한조치를 시행할 수 있다.
1. 당해 물품에 대한 수입수량제한조치가 시행되거나 긴급관세 또는 잠정긴급관세가 부과된 후 1년이 경과될 것.
2. 수입수량제한조치를 다시 시행하는 날부터 소급하여 5년 이내에 당해 물품에 대한 수입수량제한조치의 시행 또는 긴급관세의 부과가 2회 이내일 것.

83) 산업피해구제법 제21조 제1항.

업의 피해를 조사하여 줄 것을 신청할 수 있다.

(2) 조치건의[84)]

무역위원회는 조사신청을 받았을 때 조사의 개시 여부를 결정하고, 조사를 통하여 당해 국내 산업이 심각한 피해를 입고 있거나 입을 우려가 있다고 판정한 때에는 섬유수입수량제한의 세이프가드조치(섬유세이프가드조치) 및 그 기간을 결정하여 산업자원부장관에게 섬유세이프가드조치의 시행을 건의할 수 있다.

(3) 잠정섬유세이프가드조치[85)]

무역위원회는 조사 기간 중에 조사신청인으로부터 조사신청물품에 대하여 잠정적인 조치를 신청받은 경우 그 조사 기간 중에 발생하는 피해 등을 방지하지 아니하면 당해 물품의 수입증가로 인하여 동종 물품 또는 직접적인 경쟁관계에 있는 물품을 생산하는 국내 산업이 회복하기 어려운 심각한 피해를 입거나 입을 우려가 있다고 판정한 때에는 산업자원부장관에게 잠정적으로 섬유수입수량제한의 세이프가드조치(잠정섬유세이프가드조치)의 시행을 건의할 수 있다.

(4) 조치결정과 통보[86)]

산업자원부장관은 무역위원회로부터 섬유세이프가드조치 또는 잠정섬유세이프가드조치의 시행을 건의 받은 때에는 그 시행여부・조치내용 및 그 기간을 결정하고 이를 무역위원회에 통보하여야 한다.

---

84) 산업피해구제법 제21조 제2항.
85) 산업피해구제법 제21조 제3항.
86) 산업피해구제법 제21조 제4항.

(5) 제반절차[87)]

섬유세이프가드조치 및 잠정섬유세이프가드조치의 조사신청 절차, 국내산업의 범위, 이해관계가 있는 자의 범위, 조사의 개시 여부 결정 기간 등에 관하여 필요한 사항은 대통령령으로 정한다.

4) 서비스에 관한 세이프가드 조치

(1) 조사신청[88)]

외국인에 의한 서비스의 공급증가로 인하여 동종의 서비스 또는 직접적인 경쟁관계에 있는 서비스를 공급하는 국내 산업이 심각한 피해를 입고 있거나 입을 우려가 있는 때에는 당해 국내 산업에 이해관계가 있는 자 또는 당해 국내 산업을 관장하는 관계 중앙행정기관의 장은 무역위원회에 당해 국내산업의 피해를 조사하여 줄 것을 신청할 수 있다.

(2) 조치건의[89)]

무역위원회는 조사신청을 받은 때에는 조사의 개시 여부를 결정하고 조사를 통하여 당해 국내 산업이 심각한 피해를 입고 있거나 입을 우려가 있다고 판정한 때에는 세이프가드조치(서비스세이프가드조치) 및 그 기간을 결정하여 관계중앙행정

---

87) 산업피해구제법 제21조 제5항.
88) 산업피해구제법 제22조 제1항.
89) 산업피해구제법 제22조 제2항.

기관의 장에게 그 시행을 건의할 수 있다.

(3) 조치결정과 통보[90)]

관계중앙행정기관의 장은 무역위원회로부터 서비스세이프가드조치의 시행을 건의받은 때에는 그 시행여부·조치내용 및 그 기간을 결정하고, 이를 무역위원회에 통보하여야 한다.

(4) 제반절차[91)]

서비스세이프가드조치의 조사신청 절차, 국내산업의 범위, 이해관계가 있는 자의 범위, 조사의 개시 여부 결정 기간 등에 관하여 필요한 사항은 대통령령으로 정한다.

90) 산업피해구제법 제22조 제3항.
91) 산업피해구제법 제22조 제4항.

제 8 장

WTO 국제무역분쟁해결제도

WTO 분쟁해결절차는 각 회원국 사이에서 발생하는 무역분쟁에 대하여 다자간 규범의 적용을 보장함으로써 WTO 각종 협정의 권위를 강화하고 효율성을 확보하는 수단이라고 할 수 있다. 즉 어느 일방의 회원국(member)이 타 회원국의 조치로 인하여 WTO 협정하에서 자국에게 직·간접적으로 연관되는 이익의 침해를 받았을 경우에 해당 사안을 신속히 해결함으로써 WTO 협정의 효과적 능력수행뿐만 아니라 회원국들의 권리와 의무 간의 적절한 균형을 유지해 주는 제도라 할 수 있다.

분쟁해결절차는 다자간 무역체제에 안정성과 예측가능성을 제공하는 핵심요소로서 WTO 협정하의 권리와 의무를 보존하고 기존의 제반 GATT 규범을 명확히 하고자 하는 데 그 의의가 있다고 하겠다.

WTO 협정의 적용을 받는 분야에 있어서 협정상의 의무위반이 있는 경우에 대해서는 물론이고 협정을 위반하지 않는 조치라고 하더라도 그로 인하여 일방 회원국의 이익이 침해를 받은 경우에는 분쟁해결절차를 그의 광범위한 적용이 가능하다는 점이 특징이다. 따라서 WTO 협정에 대한 신뢰도는 궁극적으로 분쟁해결절차의 효과적인 운영에 좌우된다고 할 수 있으므로 다자간 무역체제에 대한 신뢰회복을 위해서도 분쟁해결절차의 중요성이 대단히 크다고 할 수 있겠다.

■■■ 제 1 절

분쟁해결 규칙과 절차에 관한 양해각서

1. WTO 무역분쟁해결의 배경

분쟁을 해결할 수 있는 수단 없이 규범에 기초한 체제는 그 규범을 집행할 수 없기 때문에 무용지물이라 할 수 있다. 이러한 의미에서 WTO 분쟁해결절차는 법의 규칙을 강조하고 더욱 안정적이고 예측 가능한 교역체제를 제공해 준다.

WTO의 분쟁해결절차를 규정하는 협정은 분쟁해결 규칙과 절차에 관한 양해각서(DSU: Understanding on Rules and Procedures Governing the Settlement of Disputes)이다. 이 양해각서는 총 27개 조항 및 4개의 부속서로 구성되어 있다. 제1조는 적용범위, 제2조는 시행기구인 분쟁해결기구(DSB: Dispute Settlement Body)의 설립, 제3조는 일반규정을 규정하고, 제4조부터는 해결절차에 관하여 규정하고 있다. 부속서 1은 이 규정이 적용되는 협정의 목록을 마련하였고, 부속서 2는 협정대상에 포함되는 특별 또는 추가 규칙 및 절차에 관하여 부속서 3은 작업절차, 부속서 4는 전문가검토그룹에 관하여 규정하고 있다. DSU에 나타난 WTO의 분쟁해결 특성은 과거 GATT 체제에서는 분쟁해결에 관하여 GATT 규범 22조와 23조의 2개 조항만 있었으나 DSU에서는 분쟁해결 및 절차에 관하여 상세히 규정하고 있다.

DSB는 WTO의 분쟁해결을 시행하기 위하여 DSU에 의하여 새로이 설치된 기구로서 DSB는 WTO의 모든 회원국으로 구성되기 때문에 WTO의 일반이사회의 구성원들이 DSB를 구성하게 된다. 기존의 GATT 분쟁해결은 여러 개의 위원회와 이사회가 관련 분쟁을 단편적으로 다루어 왔는데 WTO의 분쟁해결은 모든 분쟁을 취급할 뿐만 아니라 패널(Panel)의 설치, 보고서 채택, 권고와 판정의 이행에 관한 감시, 보복조치의 허가 등 모든 기능을 수행하는 일관된 체계를 갖추고 있다. 또한 WTO는 분쟁해결기구와 별도로 상소기구(Appellate Body)를 설치하여 상소를 심의하게 된다. 상소기구는 7명으로 구성되며 이 중 3명이 구체적인 분쟁사건의 심리를 진행한다.

분쟁해결기구는 분쟁해결과 관련하여 매우 광범위한 기능을 수행한다. 대상협정은 상품무역뿐만 아니라 서비스, 지적재산권 등 모든 다자간 무역협정이 포함된다. 그리고 분쟁해결과 관련하여 패널의 설치, 구성, 보고서 채택, 결정 및 권고의 이행 감시, 허가 및 기타 의무 정지 허가 등 분쟁해결기관의 설치, 구성에서 분쟁해결의 진행, 그 결과의 이행 등 모든 것을 담당하고 있다.

2. 분쟁해결협정의 구성과 주요 내용

분쟁해결협정(DSU)은 총 27개 조항 및 4개의 부속서로 구성되어 있다.

1) 적용범위(제1조 및 부속서 1, 2)

WTO 설립 협정 및 이에 부속된 다자간 무역협정상의 모든 분쟁해결에 적용한다. 반덤핑협정(AD), 기술장벽협정(TBT), 보조금 및 상계조치 협정(SCM) 등에 별도로 규정된 분쟁해결 절차는 본 분쟁해결 양해에 의한 분쟁해결 절차의 특별 또는 추가적인 규칙과 절차에 따를 것을 조건으로 적용된다. 복수국간 무역협정의 경우 동 협정회원국들이 분쟁해결절차를 결정하며, 동 결정에 의하여 WTO 분쟁해결절차의 적용이 가능하다.

2) 분쟁해결기구(Dispute Settlement Body)의 설치(제2조)

DSB는 패널설치, 패널 및 상소기구 보고서의 채택, 판정 및 권고의 이행 상황 감독, 보복조치에 대한 허가 등의 권한을 보유하며 실질적으로는 WTO 일반이사회가 DSB로 기능을 담당하고 의사결정은 컨센서스(전원합의)에 의한다. DSB에 의한 분쟁해결절차는 협의단계, 제소단계, 상소단계, 집행단계의 4단계로 나누어진다.

3) 일반규정(제3조)

분쟁해결 제도의 목표는 분쟁에 대한 긍정적 해결책의 확보에 있다. 따라서 상호 수락할 수 있는 해결책이 선호되어야 한다. 상호 합의된 해결책이 없을 경우 협정에 부합하지 않는 조치의 철회가 분쟁해결제도의 첫 번째 목표이며, 그러한 조치의 즉각적인 철회가 어려울 경우 잠정조치로서 보상을 제공하고 관련 협정상의 양허나 기타의무의 정지는 최후의 구제수단이다.

본 양해는 세계무역기구의 발효일 이후에 이루어진 새로운 협의 요청에 대해서만 적용하며 세계무역기구 발효일 이전에 협의요청이 이루어진 분쟁의 경우 과거의 분쟁해결절차 적용한다.

4) 협의(제4조)

협의 요청이 있을 때는 10일 이내에 동 요청에 답변하고 30일 이내에 협의 개시하여야 한다. 타방의 협의거부 또는 60일 이내 분쟁해결 실패 시 패널 설치 요구가 가능하다. 제3국이 협의 참여 희망 시 10일 이내에 동 의사를 협의당사국 및 DSB에 통고하여야 한다.

5) 주선, 조정 및 중개(good offices, conciliation and mediation)(제5조)

주선, 조정 및 중개는 분쟁당사국이 합의할 경우 시간에 구애됨이 없이 분쟁해결절차의 전 기간에 걸쳐 자발적으로 개시 및 종료가 가능하다.

6) 패널(제6조-제16조)

(1) 패널의 설치

DSB에 패널(Panel) 설치요청이 상정되면 패널설치가 컨센서스(consensus)에 의해 부결되지 않는 한 패널이 설치된다. 패널은 5인으로 구성키로 합의되지 않는 한 3인으로 구성된다. 사무국이 패널위원의 지명을 제안하며, 분쟁 당사국은 불가피한 사유(compelling reasons)가 없는 한 동 지명 수락할 의무가 있으며 선진국과 개도국 간 분쟁 시 개도국이 요청하는 경우 패널위원 중 적어도 1인은 개도국 인사를 포함하여야 한다.

패널 설치 후 20일 이내에 패널 위임사항(terms of reference) 설정하고, 이해관계가 있는 제3국은 패널에 참여, 의견을 제시할 기회를 보유할 수 있으며 제소국이 다수일 경우에도 단일패널 설치 가능하다.

(2) 패널절차

분쟁당사자가 상호 만족할 만한 해결책을 강구하는 데 실패하는 경우 패널은 조사결과를 서면보고서로 분쟁해결기구에 제출한다. 패널조사는 패널 구성 및 위임사항 등에 관한 합의시점으로부터 최종보고서가 분쟁당사국에 제시되는 시점까지 원칙적으로 6개월 초과가 불가하다. 긴급한 경우 3개월 내에 완료되어야 하며, 불가피하게 연기되는 경우에도 9개월 초과 불가하다.

패널조사 과정에서 과학적·기술적 사안에 관한 검토를 위해 전문가 검토 그룹의 보고를 청취하며 패널심의는 비공개로 한다. 패널은 최종보고서 제출 이전 분쟁당사국에 잠정 보고서를 제시하여 일정 기간 내에 견해 표명기회를 부여받는다. (잠정 검토단계 설정)

(3) 패널 보고서의 채택

DSB는 회원국에 패널 최종보고서를 배부하고 20일 이상 검토 기간 부여한다. 일방 당사국이 DBS에 공식적으로 상소의사를 통보하거나 DSB가 컨센서스에 의해 패널 보고서를 채택하지 않기로 결정하지 않는 한 동 보고서는 배부일로부터 60일 이내에 자동 채택된다.

7) 상소심의(제17－19조)

상소 업무를 관장하는 상설 상소기구(Appellate Body)를 설치하고, 위원은 7인으로 구성하며, 그중 3인이 특정사안을 심의한다. 제3국이 아닌 분쟁당사국 일방만이 패널의 결정에 대해 상소가 가능하며 상소는 패널보고서상의 법률문제 및 패널에서 제기된 법률 해석에만 국한된다.

일반 당사국에 의한 상소의사의 공식 통보일로부터 상소기구에 의한 판정일까지는 원칙적으로 60일을 초과할 수 없으며, 어떠한 경우에도 90일 초과가 불가하다. 상소기구 보고서는 DSB가 채택하지 않을 것을 컨센서스에 의해 결정하지 않는 한 회원국들에게 배포된 후 30일 이내에 자동 채택되며 분쟁당사국은 동 보고서를 무조건 수락해야 한다.

8) 분쟁해결기구의 결정시한(제20조)

원칙적으로 패널 설치일로부터 패널 또는 상소보고서의 채택을 심의하기까지는 상소하지 않는 경우 9개월, 상소하는 경우에는 12개월 초과가 불가하다.

9) 권고 및 판정의 이행(제21조)

DSB의 패널·상소기구 보고서 채택 후 30일 이내에 분쟁당사국은 권고 및 결정의 이행의사를 통보해야 한다. 필요 시 합리적 이행 기간의 제시는 가능하나 패널 설치일로부터 이행 기간 종결까지 원칙적으로 15개월 초과가 불가하다. DSB는 채택된 권고나 결정의 이행을 계속해서 감시할 의무 부담을 갖는다.

10) 보복조치(보상 및 양허의 정지)(제22조)

보상 및 양허나 기타 의무의 정지는 권고 및 결정사항이 이행되지 않을 경우 DSB의 승인을 받아 임시조치를 취할 수 있으며 DSB는 제소국의 요청을 기각할 것을 컨센서스에 의해 결정하지 않는 한 합리적 이행 기간의 종료 후 30일 이내에 이를 승인하여야 한다.

보복은 동일한 분야에 우선적으로 적용하고 침해수준과 동등한 수준으로 적용하며 교차보복(cross retaliation)이 허용된다. 즉 동일 분야 적용이 비현실적이거나 효과적이지 못한 경우 여타 분야에도 적용이 가능하다.

11) 다자간체제의 강화(제23조)

회원국이 관련 협정상의 의무위반이나 이익 침해 등의 행위를 시정하고자 할 때 본 양해상의 분쟁해결 규칙과 절차를 따를 것을 의무화하여 회원국의 일방적 조치의 억제한다.

12) 최빈개도국에 대한 특별절차(제24조)

분쟁해결 절차의 모든 단계에서 최빈개도국의 특수상황을 특별히 고려하고 제소국은 보상, 양허의 정지, 기타 의무적용의 정지요청을 자제하여야 한다.

13) 중재(Arbitration)(제25조)

분쟁당사국의 상호 합의하에 중재의뢰를 허용한다.

14) 협정상의 규정을 위반하지 않은 사안에 대한 분쟁(제26조)

협정상의 규정을 위배하지 않은 특정조치로 인한 분쟁의 경우 패널이나 상소 기구는 관련 회원국에게 상호 만족할 만한 조정(mutually satisfactory adjustment)을 하도록 권고한다.

■■■ 제 2 절

분쟁해결절차

다자간 무역체제의 중심축으로서 세계경제 안정을 위해 WTO가 공헌한 다양한 측면을 논함에 있어서 분쟁해결제도를 언급하지 않고서는 완전한 평가가 이루어질 수 없을 것이다. 새로운 WTO 체제는 과거 GATT 체제보다 더욱 강력하고, 의사결정이 더욱 자동적(automatic)이며, 더욱 신뢰할 수 있게 되었다. 이는 분쟁해결절차를 이용하는 다양한 국가들이 최종판정에 이르기 전에 법정 밖에서(out of court), 즉 협의과정에서 분쟁사안을 해결하려는 경향에서 잘 알 수 있다. WTO 분쟁해결절차는 단순히 판정을 이끌어내기 위한 것이라기보다는 무엇보다도 당초에 의도된 바와 같이 분쟁의 해결을 촉진하고 조정(conciliation)하기 위한 수단으로서 운영되고 있다. 이는 또한 일방적 조치(unilateral actions)를 취할 수 있는 여지를 감소시킴으로써 약소국들(less powerful countries)에게 공정한 무역을 보장해 주는 하나의 수단이 되고 있다.

분쟁해결은 일반이사회의 또 다른 모습의 하나인 DSB의 책임하에 있다. 다만 분쟁해결기구는 분쟁을 심의하기 위하여 전문가들로 구성된 패널을 설치하고 패널의 평결내용 또는 상소의 결과를 채택하거나 거부할 수 있는 권한만을 가지고 있다. 또한 분쟁해결기구는 패널의 판정결과 및 권고사항의 이행 여부를 감시하고, 분쟁에서 패소한 국가가 패널의 결정에 따르지 않을 때 보복조치를 승인할 수 있는 권한을 가지고 있다.

1. 협의단계

분쟁당사국들이 어떠한 다른 조치를 취하기 이전에 그들 스스로 분쟁을 해결할 수 있도록 상호 간에 협의를 해야 한다. 협의 요청을 받은 당사국은 상호 간에 다른 합의가 없는 한 협의요청을 받은 후 10일 이내에 입장표명을 하여야 한다. 또한 분쟁당사국 간의 만족스러운 해결에 이르기 위하여 30일 이내에 성실하게 협의를 개시하여야 한다. 그러나 협의 요청 후 10일 이내에 답변이 없거나 30일 이내에 협의가 개시되지 않을 경우 그리고 협의 요청 후 60일이 지나도록 협의에 의한 분쟁이 해결되지 않을 경우 협의 요청국은 패널의 설치를 요구할 수 있게 된다.

2. 제소단계

분쟁당사국 간의 협의에 실패한 경우 제소국은 패널[92)]의 설치를 요구할 수 있다. 패널의 구성은 협의가 실패한 후 제소국의 패널 설치 요청에 의하여 패널이 설치되어 45일 이내에 패널이 구성된다. 이때 중요한 것은 패널설치 시 분쟁당사

92) 패널은 일반법정과 같으나 통상적인 법정과 다른 점은 패널리스트들이 분쟁 당사국들 간의 협의에 의해 선정된다는 점이다. 분쟁당사국 간의 합의도출에 실패했을 경우 WTO 사무총장이 패널리스트를 지정할 수 있으나 이것은 아주 드문 일이다. 패널은 각국이 제시한 증거를 검토하여 누가 옳고 그른지를 판단할 각각 다른 국가의 3인(경우에 따라 5인)의 전문가로 구성된다. 패널보고서는 분쟁해결기구에 제출되며, 만장일치에 의해서만 동 보고서를 거부할 수 있다. 각각의 분쟁에 대해 패널리스트들은 자격을 갖춘 후보자들의 등록명부에서 또는 다른 방법으로 선정될 수 있다. 패널리스트들은 각각 개인적인 자격으로 역할을 담당하며, 어느 정부로부터도 명령을 받을 수 없다.

국 중 피제소국이 패널설치를 거부할 때에는 패널이 설치되지 않는다는 점이다. 즉 피제소국은 패널설치를 한차례 저지할 수 있다. 그러나 두 번째 패널 설치 요청 시 피제소국이 설치를 반대하더라도 패널은 설치된다. 즉 패널설치를 더 이상 저지할 수 없다는 것이다.

패널(Panels)의 구성에 있어 패널은 재판소와 비슷하기도 하지만 좀 특수한 면을 지니고 있다. 패널리스트들은 대개 분쟁 당사국들과 협의를 통해 선출된다. 단 양측이 패널리스트의 선출에 합의하지 못하는 경우에만 예외적으로 WTO 사무총장이 임명하게 되어 있다.

패널은 서로 다른 국가의 3명 또는 5명의 전문가로 구성되며, 증거를 조사하여 누가 옳고 그른지를 결정한다. 패널의 구성과 관련하여 선진국과 개도국 사이의 분쟁 시 개도국이 요청하는 경우 패널리스트 중 적어도 1인은 개도국의 인사를 포함하여야 하며, 또한 개도국이 취한 조치와 관련된 협의에 있어서 분쟁당사국들은 협의 기간을 연장하도록 합의할 수 있다. 개도국을 상대로 하는 제소에 있어서 패널은 개도국이 자국의 주장을 정리하고 제시하는 데 필요한 충분한 기간을 부여하여야 하지만, 전체적인 분쟁해결기한을 초과하여서는 안 된다. 그리고 개도국이 분쟁당사국인 경우 패널은 대상협정에 명시되어 있는 개도국 우대에 관한 관련 규정이 분쟁해결절차에 어떠한 형태로 고려되었는지를 패널보고서에 명시하여야 한다.

각각의 사례를 취급하기 위한 패널리스트들은 상설명단(permanent list)에 등재된 적격자들 중에서 선출하거나 또는 그 밖의 다른 곳에서 선출된다. 패널리스트들은 독립된 자격으로 근무하며, 그 어떤 정부로부터도 명령이나 지시를 받을 수 없다.

공식적으로 패널은 분쟁해결기구가 판정이나 권고를 하는 데에 도움을 준다. 다만 패널보고서가 분쟁해결기구에서 합의에 의해 거부될 수는 있으나, 그 결과가 번복되기는 대단히 어렵다. 또한 패널의 판결내용은 관련 협정에 기초해야 한다. 그리고 패널의 최종보고서는 규정상 6개월 이내에 분쟁당사국들에게 제출되어야 한다. 다만 부패성 물품 등을 포함한 긴급 사안에 대해서는 최종시한이 3개월로 단축된다.

패널 보고서는 총의에 의해서만 동 보고서의 채택을 거부할 수 있는 DSB에 제출되게 된다. 패널의 운영에 있어 주요 운용 절차를 간단하게 살펴보면 다음과 같다.

1) 제1차 구두심리(Oral hearing) 이전

패널이 설치되면 패널은 위임사항을 설정하게 되고, 분쟁당사국들은 패널에 서면으로 자국의 입장을 제출한다.

2) 제1차 구두심리(공격과 방어)

제소국, 피제소국 및 당해 분쟁과 이해관계가 있다고 주장하는 제3자 참여국들은 패널의 제1차 구두심리에서 자국의 주장을 제출한다.

3) 제2차 구두심리와 반론

분쟁 참여국들은 패널의 제2차 회의에 반론을 서면으로 제출하고 구두 주장을 할 수 있다.

4) 전문가 검토그룹

일방 당사국이 과학적 또는 기술적인 문제를 제기하였을 경우 패널은 전문가에게 의견을 묻거나 자문보고서를 작성하기 위한 전문가 검토그룹을 선정할 수 있다.

5) 1차 초안

패널은 분쟁당사국들에게 패널보고서의 기술적 부분(사실 및 논거)을 제출하게 되며, 분쟁당사국들은 2주일 동안의 검토 기간이 주어진다. 그러나 이 보고서는 패널의 평결 및 결론부문을 포함하지 않는다.

6) 잠정보고서

1차 초안의 검토 이후 패널은 분쟁당사국들에게 패널의 평결 및 결론을 포함한 잠정보고서를 제출하게 되며, 분쟁당사국들은 재검토를 요청할 수 있는 1주일간의 기간이 주어진다.

7) 재검토

재검토 기간은 2주일을 초과하지 않아야 하며, 재검토 기간 중 패널은 분쟁당사국들과 추가 회의를 개최할 수 있다.

8) 최종보고서

패널의 최종보고서는 분쟁당사국들에게 제출되며, 3주 후에 WTO의 모든 회원국에게 회람된다. 분쟁을 야기한 무역조치가 WTO 협정 또는 그 의무를 위반하였다고 패널이 결정할 경우, 패널은 패소국의 무역조치가 WTO규범을 따르도록 개정할 것을 권고한다. 패널은 이러한 권고사항을 이행할 수 있는 방안을 제시할 수 있다.

9) 판정결과로서의 패널보고서

만장일치에 의하여 패널보고서를 거부하지 않는 한 패널보고서는 60일 이내에 분쟁해결기구의 판정결과 또는 권고사항이 된다. 모든 분쟁당사국들은 패널의 결정(패널보고서 전체 또는 일부 사안)에 대해 상소할 수 있다.

3. 상소단계

분쟁당사국 중 일방 당사국은 패널의 결정에 대해 상소할 수 있으며, 가끔 양측 모두가 상소하기도 한다. 상소는 법률해석과 같이 법적 측면에 기초해야 한다. 즉 상소기구는 기존의 증거들을 재검토하거나 새로운 증거를 검토할 수 없다.

각각의 상소는 분쟁해결기구에 의해 설립되고 WTO회원국을 골고루 대표하는 상소기구(Appellate Body)의 상임위원 7인 중 3인의 위원에 의해 심리가 진행된다. 상소기구 위원들은 4년 임기로 종사하며, 법률 및 국제무역 분야에서 권위를 인정받는 인물이어야 하며 어떠한 정부와도 특별한 관계를 갖지 않아야 한다.

상소는 패널의 법적인 평결(findings) 및 결론(conclusions)을 지지, 수정, 철회(reverse)할 수 있다. 통상적으로 상소는 60일을 초과할 수 없으며, 60일 이내에 상소보고서를 제출할 수 없다고 판단될 경우 최대 90일까지 가능하다.

상소기구의 검토 이후 분쟁해결기구는 30일 이내에 상소보고서를 채택하거나 기각해야 하며, 상소보고서의 기각은 컨센서스에 의해서만 가능하다.

4. 집행단계

분쟁해결 사안이 결정되었다 하더라도 반드시 곧바로 이행을 하거나 보상 및 보복을 할 수 있는 것은 아니지만 그와 같은 취지는 적용된다. 즉 어느 국가가 잘못된 조치를 취했을 경우 당해 국가는 잘못된 조치를 신속히 바로잡아야 한다. 그리고 만일 해당 조치가 협정을 계속 위반할 경우 당해 국가는 보상을 제공하거나 일부 피해가 예상되는 적절한 벌칙을 감내해야 한다.

분쟁에 대한 판정이 내려지더라도 무역보복조치가 부과되기 이전에 많은 절차가 남아 있다. 이 단계에서의 우선적인 과제는 패소국(the losing defendant)이 자국의 정책을 판정결과 또는 권고사항에 일치시키는 일이다. 분쟁해결절차에 관한 양해는 분쟁해결기구의 권고사항 또는 결정을 신속히 따르는 것이 모든 회원국들의 이익을 위한 분쟁의 효과적인 해결 보장에 필수적임을 강조하고 있다.

피제소국이 패소한 경우 패소국은 패널보고서 또는 상소보고서의 권고사항을 따라야 한다. 패소국은 이 보고서의 채택을 위해 30일 이내에 개최되는 분쟁해결기구 회의에서 판정결과에 따르겠다는 의사를 밝혀야 한다. 만일 바로 권고사항을 따르는 것이 불가능하다고 판명될 경우, 패소국이 권고사항을 이행할 수 있도록 '합리적 기간'이 주어진다. 그러나 합리적 기간 내의 이행에 실패할 경우 패소국은 상호수용 가능한 보상 예를 들어 제소국 관심 분야에서의 관세인하 등의 결정을 위해 제소국과 협상을 해야 한다.

합리적 기간 만료 후 20일이 경과하였으나 만족스러운 보상에 합의하지 못한 경우 제소국은 피소국에 대해 양허 또는 대상협정상의 다른 의무를 일시 정지하는 등의 제한된 무역보복조치를 부과할 수 있도록 허용해 줄 것을 분쟁해결기구에 요청할 수 있다. 분쟁해결기구는 이 요청이 만장일치로 기각되지 않는 한 합리적 기간의 만료 이후 30일 이내에 보복조치를 허가해야 한다.

원칙적으로 무역보복조치는 해당분쟁과 동일한 분야에 대해 취해져야 한다. 만일 동일 분야에 대한 보복조치가 비현실적이거나 효과적이지 않다면 동일한 협정상의 다른 분야에 대해 보복조치를 부과할 수 있다. 또한 동일 협정상의 다른 분야에 대한 보복조치가 비현실적 또는 효과적이지 않으며 그 상황이 충분히 심각하다고 판단될 경우에는 다른 대상협정하에서 보복조치를 취할 수 있다. 이는 효과적인 보복조치를 허용하는 동시에 무관한 분야까지 보복조치가 확대되는 것을 최소화하는 데 그 목적이 있다. 모든 분쟁에 있어서 분쟁해결기구(DSB)는 채택된 판정결과가 어떻게 이행되는가를 감시하여야 하며 미해결된 분쟁은 그 사안이 해결될 때까지 의제로 존속시키고 있다.

〈부록〉 우리나라의 주요 국제무역 분쟁 사례

WTO가 1995년 출범한 이후 WTO분쟁해결제도를 통해 회원국 간 무역분쟁을 해결하려는 노력이 꾸준히 전개되어 왔다. 회원국들이 타 회원국을 WTO에 제소하는 건수가 매년 30-40여 건에 이르고 있으며, 1995년 1월 WTO 출범 후 2004년 5월 말 현재까지 WTO에 제소된 총분쟁건수는 311건을 기록하고 있다. 우리나라와 관련된 분쟁 건도 같은 기간 중 모두 22건에 이른다. 우리나라는 버드수정법 등 10건을 제소한 반면, 주세제도 등 12건을 제소 당한 바 있다.

1. 우리나라가 상대국을 제소한 분쟁

〈사례 1〉 미국의 한국산 칼라 TV 반덤핑 부과

(1) 경 위

- 1984.2.23 미국, 한국산 칼라 TV 덤핑 최종 판정
- 1996.1.19 미국, 한국산 칼라 TV 우회덤핑조사 개시
- 1997.7.10 우리나라, 미국의 조치를 WTO에 제소
- 1997.11.7 우리나라, 패널 설치 요청

- 1997.12 미국, 우회덤핑 조사 종결
- 1998.8.27 미국, 반덤핑 규제 철회

(2) WTO 제소사유

- 한국산 칼라 TV의 직수출 중단 및 삼성의 6년 연속 미소마진 판정에도 불구하고 반덤핑조치 계속 유지
- '덤핑부재'를 이유로 한 반덤핑조치 철회 재심신청을 하였으나, 미국은 형식적인 요건 미비로 기각
- 미 정부는 삼성의 96년 철회신청에 대하여는 재심을 개시하였으나, 제소자측 압력에 의해 철회 지연
- 한국산 칼라 TV에 대한 일방적인 '우회 덤핑' 조사

(3) 평 가

- 칼라 TV 반덤핑 건은 우리 정부가 무역상대국의 불공정 무역행위를 WTO 분쟁해결 절차에 회부하여 성공을 거둔 최초의 사례
- 84년부터 계속되어 온 미국의 부당한 반덤핑 규제에 대해 WTO 분쟁해결 절차를 활용하여 해결한 통상외교의 대표적 성공사례

〈사례 2〉 미국의 스테인리스 스틸 반덤핑 부과

(1) 경 위

- 1999.3－6 미국, 한국산 스테인리스 후판(plate) 및 스테인리스 판재(sheet)에 대하여 각각 반덤핑 관세 부과
- 1999.7.30 정부, 미국의 덤핑마진 계산방식이 WTO / 반덤핑협정에 위반된다고 WTO에 제소
- 1999.9.17 양자 협의 개최
- 1999.11.17 패널 설치
- 2000.12.14 패널보고서 배포

- 2001.2.1 패널보고서 채택(미국 상소 포기)
- 2001.4. 이행 기간 합의(7개월: 2001.9.1까지)
- 2001.8 이행 완료

(2) 주요 승소사항

- 미국의 아래 덤핑마진 계산방식이 WTO 협정에 위반된다고 판정
  - 수출가격 산정 시 회수하지 못한 수출대금은 비용으로 처리
  - 원화가격이 급격히 하락하였던 97.11~12를 전체 조사 기간에서 분리하여 다른 방식으로 계산
  - 스테인리스 판재의 국내판매의 경우 미화표시 거래내용을 원화표시 거래로 취급

(3) 평 가

- 덤핑마진 산정과 관련된 관행을 개선함으로써 반덤핑제소 남용 억제에 기여

〈사례 3〉 미국의 한국산 DRAM 반덤핑부과

(1) 경 위

- 1993.5.10 미국, 한국산 DRAM 반덤핑 관세부과조치 확정
- 1996.5 한국산 DRAM 3년 연속 미소마진(deminimis (2%) 이하) 판정받고 96년 5월 규제철회 요청
- 1997.7.16 미국, 덤핑 재발가능성이 없음이 입증되지 않았다는 이유로 반덤핑 관세 존속 결정
- 1997.8.15 우리 측, 미국의 조치를 WTO에 제소
- 1997.10.9 양자협의 개최
- 1998.1.16 패널 설치
- 1999.1.29 패널 보고서 배포
- 1999.3.19 패널 보고서 채택

- 1999.5. 이행 기간 합의(99.11.19일까지)
- 1999.11.19 미국, 반덤핑조치 재심(관련 규정을 개정하여 재심을 진행하였으나, 덤핑 조치를 계속 유지하기로 결정)
- 2000.4.25 우리나라의 요청에 따라 이행적합성 패널 설치
- 2000.10 미국이 반덤핑조치를 철회함에 따라 종결

(2) 주요 승소사항

- 패널은 미국 상무부규정(CFR) 중 반덤핑 철회요건의 하나인 "장래 덤핑할 가능성이 없을 것(not likely)" 요건이 WTO 반덤핑협정에 합치하지 않으며, 동 규정을 근거로 내린 반덤핑조치 철회 거부 판정도 WTO 협정 위배라고 판정

(3) 평 가

- 우리나라가 GATT에 가입한 1968년 이래 우리 측의 제소로 패널이 설치된 첫 번째 분쟁에서 미국을 상대로 승소.
  - 미국의 반덤핑제도 자체를 제소대상으로 삼아 승소한 것에 큰 의의
- 상기 패널판정은 향후 미 상무부의 반덤핑 철회제도 운영에 큰 부담으로 작용
  - 미국으로부터 반덤핑관세를 부과받고 있는 우리업체들이 향후 철회조사를 받을 경우 유리하게 작용할 것으로 평가

〈사례 4〉 필리핀의 한국 합성수지 반덤핑 부과

(1) 경 위

- 2000.9.21 필리핀, 한국산 합성수지(PP resins) 제품에 대해 2.09%~39.42%의 반덤핑 관세부과 결정
- 2000.12.15 우리나라, 필리핀의 반덤핑 조치를 WTO에 제소
- 2001.1.19 양자협의 개최
- 2001.11.8 필리핀의 조치 철회로 종결

(2) WTO 제소사유

○ 필리핀 반덤핑 판정의 절차적, 실체적 하자(덤핑마진 계산, 산업피해 판정, 인과관계 입증) 존재

- 덤핑마진 산정 시 Zeroing(덤핑마진이 마이너스인 부분을 0으로 계산하여 평균덤핑마진을 과대 산정하는 방식) 의존
- 판정 기간 설정의 자의성 및 산업피해 입증 불충분

(3) 평 가

○ 개도국의 수입규제에 대해서 적극적으로 대처함으로써 여타 개도국들의 보호주의적 수입규제 발동 억제에 기여

○ 우리 중소기업을 대상으로 한 수입규제조치에 대해 정부 주도로 WTO 분쟁해결절차를 수행함으로써 조치 철회 유도

〈사례 5〉 미국의 한국산 탄소강관 세이프가드

(1) 경 위

○ 2000.3.1 미국, 수입산 탄소강관에 대해 세이프가드 조치 부과

○ 2000.6.13 우리나라, 미국의 조치를 WTO에 제소

○ 2000.7.28 양자협의 개최

○ 2000.10.23 패널 설치

○ 2001.10.19 패널보고서 배포

○ 2001.11.19 미국, 상소

○ 2001.11.26 우리나라, 상소

○ 2002.2.15 상소기구 보고서 배포

○ 2002.3.8 패널 및 상소기구 보고서 채택

○ 2002.4.29 우리나라, 이행 기간 결정을 중재에 회부

○ 2002.7.16~24 중재와는 별도로 한·미 간에 비공식협의 개최

○ 2002.7.24 이행 기간을 6개월로 하는 등 이행문제 합의

(2) 주요 승소사항

○ 할당관세(TRQ)의 형태로 세이프가드 적용 시 기존 수입추세를 반영토록 규정한 GATT 13조 위배

○ 심각한 산업피해의 구제 또는 조정을 촉진하기 위하여 필요한 범위 내에서만 ("to the extent necessary") 조치를 적용하도록 한 규정에 위반하여 과도한 조치를 적용

○ 세이프가드 발동에 필요한 수입의 증가와 수입증가 외 요인을 충분히 구분하지 않아 수입증가와 심각한 피해와의 관계를 입증하지 못함.

○ 모든 수입국을 포함시킨 조사단계와 달리 적용단계에서 NAFTA 회원국을 제외한 것은 "Parallelism" 위반

(3) 평 가

○ 미 탄소강관 분쟁은 과거의 유사한 세이프가드 분쟁인 미국－Lamb Meat 분쟁, 미국－Wheat Gluten 분쟁보다 한 단계 더 나아가 미국의 세이프가드 조사절차뿐만 아니라 조치 자체가 WTO 협정에 비합치된다는 판정을 이끌어 냄으로써 향후 세이프가드 협정의 해석과 운용에 큰 기여를 한 것으로 평가

〈사례 6〉 미국 Byrd 수정법에 대한 공동 제소

(1) 경 위

○ 2000.10.28 Byrd 수정법 발효

○ 2000.12.21 9개국 WTO 공동제소
－우리나라, EC, 일본, 호주, 브라질, 칠레, 인도, 인니, 태국

○ 2001.2.6 양자협의 개최

○ 2001.6.1 캐나다, 멕시코 WTO 제소

○ 2001.8.23 9개국 공동제소 패널 설치

○ 2001.9.10 공동제소패널 및 캐나다, 멕시코건 패널 통합

○ 2001.9.21 Byrd 수정법 시행령 발효

- ○ 2001.10.25 패널 구성
- ○ 2002.2.5－6 1차 구두변론회의
- ○ 2002.3.12 2차 구두변론회의
- ○ 2002.7.17 패널 중간보고서 배포
- ○ 2002.9.16 패널 최종보고서 공식 배포
- ○ 2002.10.18 미국이 상소
- ○ 2003.1.16 WTO 상소기구, 패널의 주요 판정을 확인하는 최종 판정 발표

(2) 주요 승소사항

○ 상소기구는 공동제소국의 핵심 제소사유를 인정한 패널의 판정을 수용하여 Byrd 수정법이 WTO 협정에 위반된다고 판정

－동 법은 WTO 협정이 허용하지 않는 반덤핑 및 보조금에 대한 대응조치(반덤핑협정 제18.1조, 보조금·상계관세협정 제32.1조)를 도입

○ 그러나 상소기구는 동 법이 반덤핑 및 보조금 제소 적격기준(standing threshold; 반덤핑협정 제5.4조, 보조금·상계관세협정 제11.4조)을 왜곡했다는 원심패널의 판정은 번복함.

(3) 평 가

○ 금번 판정으로 Byrd 수정법에 따른 미국 내 기업에 대한 관세수입금의 추가 배분은 불가능하게 되었음.

○ 금번 판정으로 우리 정부가 WTO 출범 이후 단독 혹은 공동으로 제소한 7건의 WTO 분쟁 중 진행 중인 미국 철강 세이프가드를 제외한 6건은 모두 승소함.

미국 Byrd 수정법이란?

미국 민주당 Robert Byrd 상원의원 제안으로 2000.10.31. 발효된 법안으로써 2000.10.1. 이후 징수된 반덤핑 관세 및 보조금에 대한 상계관세 수입을 당해 반덤핑 및 상계관세 제소자인 국내 생산자들에게 제조설비 구입, 연구개발비 등의 명목으로 지원하는 것을 주요 내용으로 하고 있다. 2002년도 한 해 동안 동 법의 시행으로 외국 기업들에게 징수되어 미국기업들에게 배분된 총지원금은 3억 3천만 불로 이 중 우리 기업에 대한 반덤핑 및 상계관세부과 징수액에서 지급된 액수는 약 2천9백만 불이다.

〈사례 7〉 미국 철강 세이프가드

(1) 경 위

○ 2002.3.7 EU, WTO에 제소

○ 2002.3.20 한국 및 일본, 제소

○ 2002.3.26 중국, 제소

○ 2002.4.3 스위스, 제소

○ 2002.4.4 노르웨이, 제소

○ 2002.4.11 DSU 제4조상의 양자협의 개최(제네바)
－참여국: 한국, EU, 일본, 중국, 스위스, 노르웨이

○ 2002.5.21 브라질, 제소

○ 2002.6.24 EU, 한국, 일본 등 6개국 공동 WTO 분쟁 패널설치

○ 2002.7.8 뉴질랜드, 제소

○ 2002.7.15 7개국 공동제소건 패널 통합

○ 2002.10.29~31 1차 구두변론회의

○ 2002.12.9~11 2차 구두변론회의

○ 2003.3.21 중간보고서 배포

(2) WTO 제소사유

○ 98년 이후 철강 수입이 감소추세가 명백함에도 불구하고 금번 조치가 취해진

점(세이프가드 협정 제2.1조, 제4조 및 GATT 제19조 위반)

○ '동종 또는 직접적 경쟁 상품' 개념을 무시하고, 모든 판재류를 동일한 품목으로 간주하여 피해판정을 내린 점(세이프가드 협정 제2.1조 위반)

○ 주요 수출국인 멕시코를 캐나다와 함께 FTA 체결 국가라는 이유로 조치 대상에서 제외한 점(GATT 제1조, 세이프가드 협정 제2.1조 위반)

2. 우리나라가 피제소된 분쟁

〈사례 1〉 신공항건설공단(KOACA)의 정부조달 업체 참여 제한

(1) 경 위

○ 1999.2.16 미국, 인천공항건설공단이 정부조달협정(GPA) 대상임에도 불구하고 입찰절차를 GPA 규정에 따라 수행하지 않았다는 이유로 WTO 제소

○ 1999.6.16 패널 설치

○ 2000.4.7 패널 보고서 배포

○ 2000.6.19 패널 보고서 채택(미국 상소 포기)

(2) 주요 승소사항

○ 인천국제공항건설공단은 정부조달협정상의 양허기관이 아니라고 판정

－이에 따라 동 공단이 외국업체를 정부조달 대상에서 제외한 것은 WTO 정부조달협정 위반이 아니라고 판정

(3) 평 가

○ 피제소 분쟁으로서 효과적인 법적 대응을 통해 승소

〈사례 2〉 수입 쇠고기 구분판매제도

(1) 경 위

○ 1999.2.4	미국은 우리나라의 수입쇠고기 관리제도 및 구분판매제도가 WTO 규정에 위반된다고 주장하면서 WTO에 제소(호주, 뉴질랜드, 캐나다 3자 참여)
○ 1999.4.19	호주, 독자 제소
○ 1999.5.26	양자타결 실패로 미국이 요청한 패널이 설치
○ 1999.7.26	호주가 요청한 패널과 통합
○ 2000.7.31	패널 최종보고서 배포
○ 2000.9.11	상소기구에 상소
○ 2000.12.11	상소기구 판정
○ 2001.1.10	패널 및 상소기구 보고서 채택
○ 2001.4.19	이행 기간 합의(8개월: 2001.9.10까지)
○ 2001.9.10	이행완료(수입관리제도 및 구분판매제도 폐지)

(2) 패널 및 상소기구 판정 내용

○ 수입쇠고기 전문판매점 제도(쇠고기 구분판매제도) 등 수입쇠고기의 유통상 각종 제약은 GATT 제3조 내국민대우 조항에 위반

○ 한우산업에 대한 보조금은 상소심이 패널판정을 번복하여 WTO 위배 여부 판정을 보류함.

〈사례 3〉 혼합분유 세이프가드

(1) 경 위

○ 1997.3.17	농림부는 무역위원회의 국내산업 피해판정에 의거 혼합 분유에 대해 수입규제(쿼터) 조치 시행
○ 1997.8	EU는 동 세이프가드 조치가 WTO 협정에 위반된다고 주장하고

WTO에 제소

- 1998.7.23　패널 설치
- 1999.6.21　패널 판정
- 1999.9.15　우리 측 상소
- 1999.12.14　상소기구 판정
- 2000.1.12　패널 및 상소기구 보고서 채택
- 2000.5.20　이행완료(혼합분유에 대한 세이프가드 조치 철회)

(2) 패널 및 상소기구 판정내용

- 우리나라의 혼합분유 세이프가드 조치발동이 WTO / 세이프가드 협정에서 규정한 요건에 합치하지 않다고 판정
  - 혼합분유 수입으로 인한 국내 산업피해 여부 판정 시 세이프가드 협정 제4.2조의 요건에 대하여 검토가 불충분
  - 수량제한(Quota) 조치 선택 시 긴급수입제한으로 인한 피해를 치유하는 이상으로 수입을 제약하지 않는다는 것에 대한 입증 불충분

〈사례 4〉 주세제도 분쟁

(1) 경　위

- 1997.4.9　EU는 수입주류에 부과되는 주세가 국내산 소주에 비해 차별적이므로 WTO 협정에 위반된다는 주장하고 우리나라의 주세제도를 WTO에 제소
- 1997.5.28　미국도 EU와 동일한 이유로 독자 제소
- 1997.10.16　패널 설치
- 1998.9.17　패널보고서 배포(우리 주세제도가 WTO에 불합치 판정)
- 1998.10.20　우리 측 상소 제기
- 1999.1.18　상소기구보고서 배포(패널 판정지지)
- 1999.2.17　상소기관보고서 및 패널보고서 채택

- 1999.4.9 이행 기간 중재요청(2000.1.까지 이행 기간 부여)
- 1999.11.29 이행을 위해 주세법 개정
  (소주, 위스키에 72%의 동일 주세율 적용)

(2) 패널판정 내용

- 직접 경쟁관계 또는 대체관계에 있는 국내산 소주와 위스키 등 수입주류 간에 차등 주세를 부과하여 국내산 제품을 보호한 것은 GATT 제3조 '내국민대우'의무 위반

참고문헌

강경훈 외, 무역학개론, 두남, 1995.

강문성, "한·미 FTA의 경제적효과", KIEP, 2004.

강문성·김양희·김흥종·권경덕·이종화·정인교, "거대경제권과의 FTA 평가 및 정책과제", KIEP 정책연구 04－11, 2004.

강문성·김원호·박순찬·전종규·권기수·김진오·나수엽, "미주자유무역지대(FTAA)의 협상동향과 경제적 효과분석", KIEP 정책연구 03－11, 2003.12.

강용찬, 무역법규, 형설출판사, 1997.

강이수, 국제거래분쟁론, 삼영사, 1999.

강인수 외 7인, 국제통상론, 박영사, 1999.

고우복, 관세이론과 통관실무, 도서출판 두남, 1999.

김도훈외 6인, WTO의 평가와 신통상이슈, 산업연구원, 1996.12.

김선광 외, 국제통상학개론, 동성사, 1997.

김성준, WTO법의 형성과 전망, 1997.

김세영·박영기, "한·미 FTA 체결에 따른 문제점과 해결방안", 한국무역학회 2005년 춘계학술발표대회 발표자료, 2005.4.

김세영·박영기, "한·미투자협정의 난제와 제언", 한국관세학회, 관세학회지 제6권제2호, 2005.5.

김세영·신상식, "FTA 확산과 한국의 대응", 도서출판 두남, 2003.

김시경, 최신무역학개론, 삼영사, 1998.

김완순, "APEC의 개방적 지역주의", 통상법률, 법무부, 1995.8.

김완순·한복연, 국제경제기구론, 1998.

김인수 외, 국제통상론, 박영사, 1998.

김희철·이신규, 국제무역의 이해, 도서출판 두남, 2000.

도중권·라공우, 대외무역법, 도서출판 두남, 1999.

박번순, 한국이 FTA 전략, issue paper, 삼성경제연구소, 2003.

박번순, "세계 FTA 경쟁과 한국의 선택", CEO Information, 삼성경제연구소, 2004.

박종수, 국제무역의 이해, 두남, 1998.
박종수, 관세법, 법문사, 1998.
박종수, 국제통상무역관리, 삼영사, 1997.
박형래, 국제무역개론, 도서출판 두남, 2001.
박형래, 국제무역환경의 이해, 도서출판 두남, 2001.
박형래, 사례로 보는 WTO와 무역마찰의 이해, 도서출판 두남, 2005.
박형래 · 박영기, 국제무역환경론, 도서출판 두남, 2004.
박형래 · 박영기, 국제경제와 무역의 이해, 도서출판 두남, 2005.
박형래 · 박영기, 산업피해구제와 대외무역법, 도서출판 두남, 2006.
박형래 · 라공우, 관세론, 도서출판 두남, 2005.
서근태 외 5인, 국제통상론, 박영사, 1999.
신동수, 관세법, 법경사, 1997.
신동수, 대외무역법, 법경사, 1997.
신유균, 신교역질서와 한국의 선택, 한국무역경제, 1997.
외교통상부, 우리나라의 FTA 추진, 자유무역협정국 자료.
이남구, 국제지역경제, 무역경영사, 1989.
정상국, 국제통상협상론, 두남, 1999.
정인교, 지역무역협정의 확산과 우리의 대응방안, 대외경제정책연구원, 1998.12.
정인교, "미국 FTA 정책의 전개와 시사점", KIEP, 1999.
정인교, "한 · 미 FTA의 주요 이슈와 경제적 효과", KIEP · KITA · 전경련 공동연구 제 2차 FTA 세미나 발표자료, 2001.12.17.
한국문화정책개발원, "한국 스크린쿼터의 현황과 발전방안에 대한 연구", 한국문화정책개발원, 2002.
한홍열, 원산지규정 정책연구 92-05, WTO출범과 신교역질서, 대외경제정책연구원, 1994.
Anderson, Belina, "Unilateral Trade Measures and Environmental Protection Policy", Temple Law Review, Vol.66, 1993.
Bergsten, C. Fred and Marcus Noland, "Pacific Dynamism and the International Economic System", Institute for International Economics, Washington, D.C, 1993.
Bourgeois, Jacques H. J, "Subsidies and International Trade", Kluwer Law and Taxation Publishers, 1991.
Bronckers, "Selective Safeguard Measures in Multilateral Trade Relations", 1985.
Choi, In bom and Jeffery J. Schott(2001), Free Trade between Korea and the United

States? Washington, D.C: Institute for International Economics.
Daniel C Estsy, Greening the GATT, International Economic Institutes, 1994.
David Yoffice, "Power and Protectionism", New York: Columbia Univ. Press, 1983.
Doz Y. and Hamel G, "The Competitive Logics of Strategic Alliances", New York: Free Press, 1993.
Frank W. S. Kenneth R. R, L. B. Wenger, World Trade without Barriers, Vol. Ⅰ, Vol. Ⅱ, Michie Butterworth Law Publishers, 1995.
GATT, "Guide To GATT Law and Practice", GATT, 1994.
GATT Secretariat, "The Result of the Uruguay Round of Multilateral Trade Negotiations", June, 1994.
Hitiris, T, European Community Economics, 2nd ed, St. Martin's Press, 1991.
Hoekman, B. and Kostecki, M, The Political Economy of the World Trading System: From GATT to WTO, Oxford University Press, 1995.
Hufbauer, G. and J. Schott, "North American Free Trade: Issue and Recommendations", Washington, D.C, 1992.
ITC, The Economic Effects of Antidumping and Countervailing Duty Orders and Suspension Agreements, June 1995.
Jeffery J. Shott(2004), "Assessing US FTA Policy", in Shott. eds. Free Trade Agreements: US Strategies and Priorities, IES.
Kim, Young Han, "The Optimal Path of Regional Economic Integration between Asymmetric Countries in the North East Asia", 한국관세학회 추계학술대회 발표논문집, 2004.11.27.
Krishna, Pravin, "Regionalism and Multilateralism: A Political Economy Approach", The Quarterly Journal of Economics, February 1998.
USITC(1989), The Pros and Cons of Entering into Negotiations on Free Trade Agreements with Taiwan, the Republic of Korea, ASEAN, or the Pacific Rim Region in General. Report to the Senate Committee on Finance. Publication 2166. Washington, D.C.: USITC.
USITC(2001), U.S.-Korea FTA: The Economic Impact of Establishing a Free Trade Agreement between the United States and the Republic of Korea. Investigation No.332-425. USITC Publication No.3452. Washington, D.C: USITC.
대외경제정책연구원 http://www.kiep.go.kr
디지털말 http://www.digitalmal.co.kr

문화관광부 http://www.mct.go.kr
산업자원부, http://www.mocie.go.kr
삼성경제연구소 http://www.seri.org
세계무역기구, http://www.wto.org
스크린쿼터문화연대 http://screenquota.org
연합뉴스 http://www.yonhapnews.net
영화진흥위원회 http://www.kofic.or.kr
외교통상부 http://www.mofat.go.kr
외교통상부 자유무역협정국 http://www.fta.go.kr
한국무역위원회 http://www.ktc.go.kr

박 영 기

단국대학교 상경대학 무역학과 졸업(경영학사)
단국대학교 대학원 무역학과 석사과정 졸업(경영학석사)
단국대학교 대학원 무역학과 박사과정 졸업(경영학박사)
동해전문대학 무역과 강사
관동대학교 무역학과 강사
한국방송통신대학교 강사
강릉대학교 무역학과 TI사업단 부단장
현)강릉대학교 전자상거래지원센터 선임연구원
강릉대학교 사회과학대학 무역학과 강사
강릉대학교 경영정책과학대학원 전자상거래학과 강사

주요논저

「한국철강산업의 에너지 생산요소 대체가능성에 관한 연구」
「무역 관련 규칙에서 복합운송의 적용과 복합운송인의 책임한계에 관한 연구」
「WTO 보조금협정과 기업개선작업(Workout)하의 지원조치 특정성에 관한 연구」
「WTO국제규범과 우리나라 반덤핑제도와의 조화」
「전자 전송물의 국제거래에 대한 관세부과 방안 연구」
「한·미투자협정의 난제와 제언」
「중소지역 무역업체의 수출 애로요인과 수출활성화 전략」
「전자화폐를 이용한 디지털재화의 관세부과 메커니즘」
「한국의 선택: 한·미 자유무역협정 체결의 선결조건」
「인터넷 무역거래에서의 관세부과」
「한·미FTA 체결에 따른 문제점과 해결 방안」
「국제무역환경론」(공저)
「국제경제와 무역의 이해」(공저)
「산업피해구제와 대외무역법」(공저)
「전자 전송물과 관세」

WTO와 FTA로 살펴보는 국제무역질서의 이해

• 초판 인쇄 2008년 7월 10일
• 초판 발행 2008년 7월 10일

• 지 은 이 박영기
• 펴 낸 이 채종준
• 펴 낸 곳 한국학술정보㈜
경기도 파주시 교하읍 문발리 513-5
파주출판문화정보산업단지
전화 031) 908-3181(대표) · 팩스 031) 908-3189
홈페이지 http://www.kstudy.com
e-mail(출판사업부) publish@kstudy.com
• 등 록 제일산 115호(2000. 6. 19)
• 가 격 30,000원

ISBN 978-89-534-9685-9 93500 (Paper Book)
978-89-534-9686-6 98500 (e-Book)